CLÁSICOS DEL DISEÑO
DESIGN CLASSICS

LLUÍS DOMÈNECH I MONTANER

SANTA & COLE

CENTRE D'ESTUDIS DE DISSENY
E.T.S. DE ARQUITECTURA DE BARCELONA

UPC

La colección Clásicos del Diseño, bilingüe en castellano e inglés con miras a su mejor difusión internacional, es una coedición del Centre d´Estudis de Disseny (CED), adscrito a la ETS de Arquitectura de Barcelona (Universitat Politécnica de Catalunya) y Santa & Cole Ediciones de Diseño S.A. (S&C), y se complementa con ediciones autorizadas de diversos objetos pertenecientes a los autores publicados.

Comité editorial: Ignacio Bonmatí (CED), Pilar Cos (CED), Jordi Miralbell (S&C), Javier Nieto (S&C), Gabriel Ordeig (S&C), Xavier Puoplana (CED) y Santiago Roqueta (CED).
Coordinación: Deborah Bonner, Lourdes Figueras y Jordi Miralbell.
Traducciones: Deborah Bonner, Josep Mª Carreras, Patricia Mathews y Alexandra Ulbricht.
Fotografías: Maria Manadé.
Dirección gráfica y realización: Jordi Miralbell y César Viguera.

No se permite la reproducción total o parcial de este libro, ni su incorporación a un sistema informático, ni su trasmisión en cualquier forma o por cualquier medio, sea éste electrónico, mecánico, reprográfico, gramofónico u otro, sin el permiso previo y por escrito de los titulares del COPYRIGTH:
© 1994, Santa&Cole Ediciones de Diseño S.A.
© Centre d´Estudis de Disseny
Depósito legal: B. 8229-94
ISBN: 84-85424-28-X

Fotomecánica: Fotomecánica Barcelona
Impresión: IG Galileo
Encuadernación: Ars Libris
Impreso en España - *Printed in Spain*

Índice

Presentación 6
Nota del editor 7

Textos introductorios 9

    Domènech i Montaner, diseñador industrial
        Ll. Domènech i Girbau 11

    Lluís Domènech i Montaner: la búsqueda y la consolidación de un estilo
        Lourdes Figueras 21

Archivo de diseños/ *Design files* 33

    Colaboradores 140

Archivo bibliográfico 143

    A propósito de la exposición de artes suntuarias
        Ll. Domènech i Montaner 144

    En busca de una arquitectura nacional
        Ll. Domènech i Montaner 149

    Don Luis Domènech y Montaner
        J. Puig y Cadafalch 154

    Maestro Lluís Domènech i Montaner
        B. Bassegoda 165

    Lluís Domènech i Montaner. Fragmentos
        R. Serra i Pagès 166

    Lo decorativo en la obra de Domènech i Montaner
        J.F. Ráfols 169

    Cuadro histórico
        M. Coll i Alentorn 172

    El Palau de la Música Catalana
        D. Mackay 181

    La revitalización de las artes industriales
        O. Bohigas 190

    Lo decorativo en Domènech i Montaner: estructura y símbolo
        Ll. Domènech i Girbau 192

    Cronología biográfica 196

    Cronología de obras arquitectónicas 197

English versión 199

Presentación

Lluís Domènech i Montaner fue, junto a Beherns, Berlage y otros, el inspirador, que no el inspirado, del movimiento que, con su mensaje innovador, inicia en Europa la aventura de la arquitectura contemporánea.

Personalidades como las de Gaudí, Vilaseca, Domènech o Fontseré son las que dieron el paso que va desde una arquitectura todavía deudora del clasicismo hasta una serie de nuevos planteamientos que la liberaron del peso a menudo excesivo del pasado.

Por ello hoy nos resultan cercanos, compañeros y antecesores en la tarea de desarrollar el rico modelo que ellos mismos generaron.

Domènech fue durante muchos años (1900-1920) el director de la Escuela de Arquitectura en la que transmitió su mensaje absolutamente moderno, no siempre comprendido por las generaciones posteriores.

Santiago Roqueta
Director ETSAB

Nota del editor

La colección **Clásicos del Diseño** reune en lo posible todas las experiencias habidas en torno a la creación de objetos dentro de unos límites temporales abarcados ampliamente por el concepto de modernidad, desde que ésta se autodefine a principios del presente siglo hasta trabajos más recientes pero ya consolidados por una perspectiva histórica suficiente. Cada tomo es monográfico y podrá tratar de autores, obras o tendencias, con la doble finalidad de servir como fondo documental de una memoria a veces en peligro y como origen de un mayor debate crítico que estimule nuevas aportaciones futuras.

Tras los cuatro primeros títulos, dedicados a Antoni de Moragas, Arne Jacobsen, Lluis Domènech i Montaner y Antoni Torres Clavé, se encuentran en preparación los tomos de Barba Corsini, Santiago Marco, la Clínica Barraquer de Barcelona, el GATEPAC, José Antonio Coderch y otros, preparados por reconocidos autores cuya aportación representa una versión nueva de cada tema, y apoyados siempre por una documentación, en parte inédita, obtenida tras extensa investigación específica.

En líneas generales, las obras de la colección se estructuran según este esquema: una primera parte dedicada a textos introductorios de diversos autores; una segunda parte, profusamente ilustrada, formada por un archivo de diseños; y una tercera parte centrada en el archivo bibliográfico, que incluye textos del propio biografiado así como de otros autores representativos. A continuación figura un repertorio cronológico-biográfico, para finalizar con un apartado que ofrece la traducción inglesa de todos los textos.

Textos introductorios

Domènech i Montaner
Diseñador industrial

Lluís Domènech i Girbau

Consagrar un libro de una colección sobre diseño industrial a Lluís Domènech i Montaner puede parecer incoherente visto desde la idea, perfectamente asumida en nuestros días, de lo que son los problemas de esta disciplina (tecnologías, márketing, stiling, financiación, royalties, etc.). Domènech vivió en una época en que éstos problemas eran desconocidos y apenas nadie había reflexionado sobre los problemas ideológicos a los que la cadena "necesidad-trabajo-consumo" ha dado lugar en el campo del diseño.

Pero sí, en cambio parece pertinente decir que la producción de Domènech i Montaner se produce en un periodo en el que el contexto socio-económico está profundamente marcado por el inicio de la industrialización en Catalunya y que las actitudes y formas de pensar de éste arquitecto y de las personas que trabajan junto a él en proyectar determinados proyectos son muy sensibles a la temática anunciadora de lo que posteriormente denominaremos "diseño Industrial", de la misma manera que la arquitectura del autor del Palau de la Música puede ser leída como un antecedente de lo que será la arquitectura moderna.

El presente libro presenta una serie de objetos diseñados por Domènech i Montaner y pretende que en ellos puedan ser detectados ciertos caracteres que de forma embrionaria, emparentan con los que, hoy en día, consideramos comunes al mundo del "diseño industrial".

El "diseño industrial" es una consecuencia de la irrupción de la máquina en el quehacer humano y como dice Francastel: "Una idea generalmente admitida es que el factor dominante de nuestra época consiste en la determinación repentina y absoluta de las condiciones de la existencia humana por parte de la máquina. Es la ruptura producida en el desarrollo histórico de las culturas por la intrusión de las máquinas que opone las antiguas civilizaciones, cargadas todas ellas de cierta dosis de lejanos arcaismos, a la civilización actual, bruscamente liberada de todos sus soportes tradicionales".

Domènech i Montaner forma parte de la primera generación de hombres que fue sensible a este "factor dominante" y su conocido artículo "En busca de una arquitectura nacional", aunque no directamente, refleja el trasfondo de tan magno hecho.

Como ya es sabido, hacia mediados del Siglo XIX, se registra en Catalunya un vasto movimiento tanto cultural como político que aprovecha el distanciamiento respecto al resto de España producido por la industrialización catalana, para crear unas expectativas basadas en el progreso y en una recuperación de la identidad catalana. La misma idea de racionalidad y de pasión hacia lo nuevo que informa la literatura y el arte de la Renaixença, se convierte, en arquitectura, en una búsqueda de la claridad conceptual, en la utilización de los nuevos materiales, de los procesos lógicos de la construcción, nociones todas ellas "vividas" del mundo de la máquina.

Personalmente he podido investigar y comprobar como enraizaron en Domènech i Montaner las nuevas ideas científico-maquinistas y como su curiosidad sin límites cubrió este ámbito en perfecta coetaneidad con los hechos registrados por S. Gidion en su magnífico análisis de como el mundo de la técnica revolucionó la arquitectura de finales del siglo XIX. Ya se ha explicado en las más recientes investigaciones sobre la biblioteca privada de Domènech i Montaner y sus actividades en la Escuela de Arquitectura, su dedicación a temas técnico-científicos: Por una parte la existencia de los mejores libros alemanes y franceses del momento, profusamente anotados, sobre temas de topografía, máquinas en aplicación de las ciencias físicas, óptica. Por otra parte, su empeño en los primeros años de profesor de la escuela, en explicar asignaturas relacionadas con los temas antes reseñados, como si su intuición le dijera donde estaba la punta de lanza de las nuevas corrientes arquitectónicas.

Otro testimonio, más vivo, lo tengo de mi abuelo Pedro Domènech Roura, trasmitido seguramente por su padre: la tremenda afición por los dos paradigmas de la primera época industrial: El Tren y el gran Barco a vapor. Ambos temas estaban presentes en su vida, sea en sus libros, conversaciones, los intrincados viajes en tren !el recordado viaje en barco alrededor de Italia!, que dicha afición rebasó el nivel de las exquisitas miniaturas de ferrocarriles y vapores por él realizadas y, en la inmediata posguerra civil española, periodo de indigencia profesional, creó una pequeña fábrica de juguetes y modelos sobre dicho tema.

Es por tanto seguro que la fascinación por la máquina, por su lógica y por su eficacia, conformaron una potente línea de pensamiento en Domènech i Montaner.

Su propia vida de estudiante se desarrolla entre las máquinas de encuadernación de su padre y posteriormente entre las más sofisticadas de la "Montaner i Simón". De esta forma el arquitecto aprende las leyes del diseño gráfico y el implícito rigor y capacidad sintética de ésta disciplina influirán decisivamente en su obra arquitectónica y objetual.

A lo largo de su vida Domènech i Montaner diseñó diversos objetos, no muchos por las razones que posteriormente se explicarán, pero la serie de muebles, veletas y enseñas de edificios, rejas, libros, sellos, mosaicos, cabeceras de periódicos, piezas cerámicas especiales para zócalos, desagües, chimeneas, etc., son una considerable aportación en el terreno de lo que podríamos denominar "pre-diseño industrial" ya que de dicho campo disciplinar poseen las cualidades de racionalización interna, estilización conceptual para reproductibilidad mecánica, empleo de nuevos materiales, seriación, combinatoria, y, sobre todo, funcionalidad.

Si hubiera que caracterizar dicha producción domenequiana, con unos rasgos que la definieran y que al mismo tiempo, nos la mostraran tan alejada de lo que, hoy en día, es el mundo del diseño, habría que recurrir a categorías comunes a las que se han aplicado, también, para analizar la producción arquitectónica de Domènech i Montaner y en esto no sería su caso distinto al de muchos diseñadores-arquitectos actuales (Rossi, Venturi, Graves, etc.)

El sentido de **continuidad** interna sería la primera característica formal y compositiva en un análisis de cualquier obra de Domènech, continuidad en el sentido de engarce perfecto de episodios, entre sí distintos, pero cuya relación queda establecida mediante una estructura interna en que prima lo narrativo. (Figuras 1 y 2)

Tomemos por ejemplo el interior del Palau Montaner del que tenemos una magnífica perspectiva firmada por Domènech en 1890 y una foto de la época inmediatamente posterior a su inauguración. En la primera son perceptibles dos características: La clara estructura compositiva y la **continuidad** ambiental de manera que el dibujo establece con sus texturas mediáticas un traspaso imperceptible entre lo que son escaleras, balaustradas, paredes, bancos, zócalos, lucernarios, paneles decorativos, baldaquinos o colgaduras. En la fotografía vemos como esta misma continuidad sigue existiendo, pero concretada en elementos de materiales (piedra, cerámica, cristal, tela, pintura, estuco, etc.) y diseño bien distintos entre sí.

La arquitectura modernista se integra con dicha continuidad a las grandes corrientes de final de siglo europeas, desde el "estilo látigo" de Guimard, pasando por las estructuras escenográficas de Mackintosh y finalizando por los últimos coletazos del expresionismo alemán del teatro de Poelzig-Peter Behrens.

La "continuidad" modernista es un recurso sintáctico para acoger las grandes innovaciones formales y tecnológicas que quebraron el modelo clásico: Este modelo basado en la **estabilidad** venía señalado al mismo tiempo, desde siglos antes, la inmovilidad de un sistema social y de unas estructuras mentales, pero la crisis general de ideas que comporta la aparición de la máquina y por consiguiente del proletariado, hace entre otras cosas, que la arquitectura modernista, como sus homólogos europeos, busque una alternativa imposible de equilibrio en un estado de cosas que paulatinamente se va desmoronando. Diversos tratadistas como M. Tafuri y K. Frampton han realizado las grandes síntesis que intentan explicar la historia del traspaso de la idea burguesa de "continuidad" a la idea moderna y desclasada de "fragmentariedad", cuya representación formal vino definida por la pintura de vanguardia singularmente, aunque antítecamente, por el surrealismo y por el cubismo.

Domènech i Montaner es una de las personalidades más sensibles a la importancia de la **idea de continuidad**, concebida, no tanto desde el punto de vista de la "empatía" expresionista que en el caso gaudiniano lleva a sus últimas consecuencias la continuidad formal integrando ideas, paisaje, arquitectura y objetos, sino entendiendo la continuidad como necesaria ilación de un quehacer colectivo. El concepto de la creación domenequiana como "concierto" en el que diferentes artistas, artesanos, industriales y técnicos se integran en una estructura única aporta una considerable dosis de modernidad al proceso de superación del individualismo del artista romántico, y establece una serie de ejemplos magistrales de lo que se podría denominar la "continuidad de los fragmentos".

Ignasi Solá-Morales dice: "Que todo esto se produce en profundidad, es decir, a partir de una revisión que afecta a todos los niveles del diseño, es finalmente el hecho que conviene subrayar. Se trata de la reorganización del sector de la construcción en el que los nuevos técnicos y las nuevas tecnologías son incorporadas a los conocimientos de los viejos oficios artesanales. Unos y otros funcionan bajo la dirección del profesional arquitecto para incorporarse globalmente a la definición de la "totalidad del espacio habitable". El resurgir de los oficios no es una simple reutilización sin cambios profundos. El nivel de autoconocimiento de los propios conocimientos que en estos momentos adquieren estucadores y marmolistas, carpinteros y herreros, cristaleros y albañiles, es la prueba de que su colaboración bajo la ideología del trabajo compartido de la obra bien hecha, es en realidad el principio de una división social del trabajo organizado desde arriba, según una estructura piramidal de la que la profesión de arquitecto se hace portavoz y especialista".

Domènech establece unas ideas y un método de trabajo que permiten rescatar al "solitario artesano" para **la empresa**, en un proceso típico de la era industrial y así encontraremos en la consolidación del paisaje domenequiano personalidades tan destacadas como G. Homar, E. Arnau o M. Maragliano, cuya consideración, a nivel individual, es importantísima.

En el fondo, quizás sea esta una explicación plausible de la pequeña cantidad de objetos diseñados por el propio Domènech a lo largo de su obra y la dificultad en la adjudicación de autoría de algunos fragmentos de sus interiores (S. Pau, Palau de la Música), fragmentos engarzados en esta curiosa continuidad soportada por la idea superior de una voluntad de creación colectiva, al mismo tiempo expresión formal de un país en marcha.

Una segunda característica de los diseños de Domènech es la componente simbólica. Es este también un aspecto tratado a conciencia por todos los críticos del Modernismo y en general, de los movimientos artísticos de final de siglo. La operación, en Domènech, consiste en sugerir significados a partir de unos referentes a la Historia de Catalunya, a sus gestas militares y civiles, a sus letras y a su música, en general a todo lo que evoque un glorioso y a veces ideal pasado medieval de nuestro país. Sea la grácil dama que hace de pie en la copa diseñada como homenaje a Guimerá, sean los escudos intercalados en el enrejado de madera del arrimadero de la Fonda de España, existe un variado repertorio de signos en la producción de Domènech, con un elevado equilibrio entre su aspecto sintáctico y su aportación semántica, de modo que su inclusión en cualquier diseño no implica la más mínima distorsión o incomodidad formal y en cambio filtra con efectividad su mensaje.

Creo poder aplicar a esta situación los conceptos de un gran contemporáneo de Domènech, el arquitecto belga Henry van de Velde que mantenía una sutil distinción entre **ornamentación y ornamento**, argumentando "que la primera por el hecho de ser aplicada, no tenía relación con su objeto, en tanto que la segunda, por estar funcionalmente (es decir, estructuralmente) determinada, se integraba en él". La forma en que Domènech insufla los aspectos simbólicos a sus obras (recordemos los escudos del Café-Restaurant, (Fig. 3) las walkirias en el Palau, los repetidos anagramas de Pau Gil, mecenas del Hospital de S. Pau) pertenecería al tipo de "ornamento" razonado por Van de Velde.

En el fondo se trata de una operación compleja ya que como anunciaba Domènech en su obra "En busca de una arquitectura nacional" había que buscar un estilo nuevo, representativo de la época, pero al mismo tiempo utilizar la Historia, la propia Historia de Catalunya como patente de la identidad catalana, tantas veces puesta en peligro. Salto adelante pero mirando hacia atrás. Como diría Eduardo Valentí, "la actitud modernista pretende conservar algo (en este caso Catalunya o su cultura) insuflándole modernidad.

Quizás sea en este aspecto de lo simbólico donde se esconden las mayores diferencias entre el diseño de la época domenequiana y los diseñadores actuales. Lo simbólico, para que sea operante, parece estar siempre referido a una aspiración o historia colectiva y los problemas del mundo moderno han reducido los márgenes de solidaridad o de comunión de ideas hasta extremos considerables.

La tercera característica del diseño de Domènech que aparece como destello innovador también en los diseñadores de su generación es la extrema valoración de la **estructura**, en el doble sentido que dicha palabra tiene: Estructura como soporte ordenador de las partes que componen el todo. Estructura como meollo sustantivo, como mostración de la verdad interna de la constitución de los objetos.

La cita del maestro Viollet-le-Duc es obligada para buscar el origen de ambas acepciones ya que recogiendo la tradición arquitectónica del racionalismo clásico francés, elabora una propuesta sumamente operativa: "Sus ilustraciones para los "Entretiens" que en ciertos aspectos se anticiparon al Art Nouveau, indicaban ostensiblemente la clase de arquitectura que evolucionaría a partir de sus principios del racionalismo estructural. No sin envidia por parte de Ruskin, Viollet aportó algo más que un argumento moral. No sólo presentó modelos, sino también un método que liberaría teóricamente a la arquitectura, de las irrelevancias eclécticas del historicismo".

En Domènech este mensaje salvador es claramente asimilado y aún en los episodios más rebuscados de sus citas eclécticas es posible distiguir el criterio estructural como hecho ordenador y como forma definidora fundamental.

En todos los diseños de Domènech, sean mosaicos, portadas de libros o rejas de hierro forjado, existe un "pattern" que en la mayoría de las veces, por repetición o alternancia, funciona como motor de diseño.

Desde sus primeras composiciones de fachada en el concurso de las Instituciones Provinciales, ganado con Vilaseca (Fig. 4) hasta los elaborados dibujos de su última etapa para el panteón de Jaime I (Fig. 5) la estructuración repetitiva, tan diferente de la composición más "abierta" de Gaudí, se plantea como método infalible para sostener la tensión interna del objeto.

Volvemos aquí a la necesaria referencia al mundo industrial y al aprendizaje de nuestro arquitecto en los talleres de las imprentas familiares, en los que tantas veces vio utilizar la copia repetida y empalmada como técnica para definir viñetas, guardas, etc. y que posteriormente él utilizó profusamente. (Fig. 6)

La segunda acepción de estructura, como elemento resistente que reclama el protagonismo del proyecto y es a la vez construcción y forma, aparece en Domènech desde sus primeras realizaciones, por la influencia, ya relatada, del neogótico de Viollet-le-Duc.

Los arcos de hierro dejados vistos en el interior del Café-Restaurant, la estructura limpia de la "Montaner-Simón", el exhibicionismo gozoso de la estructura de cubierta del Palau, etc. etc., son una profesión de fe en un método de proyecto que se reflejaría en el más nimio de los objetos por él diseñados. (Fig. 7)

Continuidad, símbolo y estructura serían pues los parámetros sobresalientes de la actividad de Domènech como diseñador, tanto en la escala arquitectónica como en la de los objetos. Es evidente que esta generalización del método no llega a la globalidad que la arquitectura racionalista predicará posteriormente con su diseño "de la cuchara a la ciudad". Para Domènech la ciudad aún no era un territorio en el que el peso de la Historia y la excesiva dependencia de criterios morfológicos le impedían una visión estructuralmente completa. En cambio, el sutil método en que las determinaciones arquitectónicas imbricaban a los elementos de segundo orden dependientes de la arquitectura, formando este paisaje en el que se establecía la continuidad de la luz, las texturas y los colores, le permitió el salto metodológico de escala que los ejemplos de este libro muestran.

Domènech atesoró a lo largo de su vida una serie de conocimientos que le proporcionaron el material básico para diseñar. Su amor por la Historia, por los libros y por las nuevas técnicas, constituyen la terna de donde brotó el material del que una creadora libertad y un poder de síntesis ilimitado forjó su obra de arquitecto. Así preparó el marco para que sus colaboradores pudieran diseñar con total confianza.

Este libro, además de tratar desde un punto de vista muy específico, el del diseño, la obra de Domènech i Montaner, quiere ser, al mismo tiempo, un homenaje a dichos colaboradores, ya que de uno y de los otros la obra propia resulta muchas veces inseparable.

TEXTOS INTRODUCTORIOS

1,2. Palau Montaner.

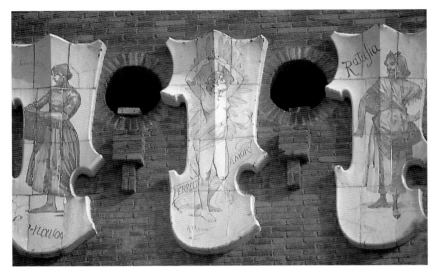
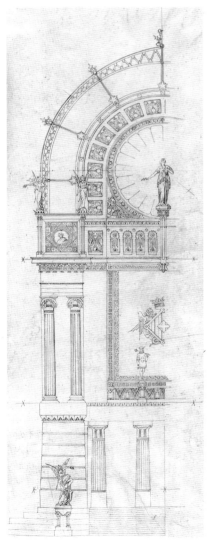

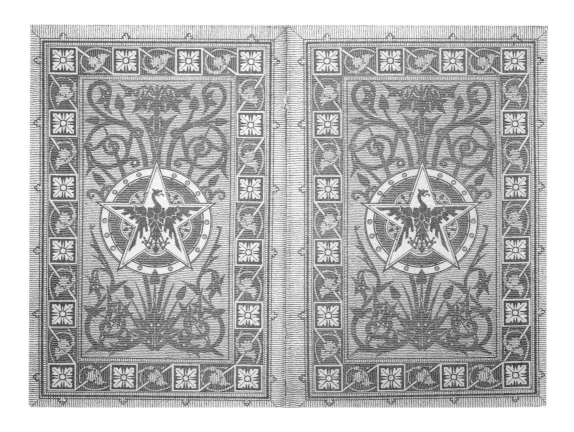

3. Café-Restaurant.
4. Instituciones Provinciales.
5. Panteón de Jaume I.
6. Guardas de libro.
7. Palau de la Música.

Lluís Domènech i Montaner
La búsqueda y la consolidación de un estilo

Lourdes Figueras

Cuantos han escrito sobre la obra de Domènech han coincidido en subrayar su decisiva aportación alrededor de las artes decorativas, sobre todo en lo que concierne al ámbito de las artes industriales.

Nos parece en este caso fundamental insistir en la especial repercusión que tuvo la determinante intervención de Domènech en cuanto a la renovación de la línea del diseño, y su relación con el pensamiento artístico moderno. Entendemos que es en este entorno, precisamente, donde cabe una lectura diferenciada y referida tanto a su intención innovadora como a los métodos empleados, a través de los que afloraron técnicas y temáticas revitalizadas, y un insólito -por novedoso- repertorio ornamental.

La presencia de Domènech se inscribe es este debate artístico de entresiglos, en busca de una nueva estilística, cuyo desenlace significó la consolidación de la libertad compositiva, alejada de toda imposición académica. Las artes menores, y dentro de ellas las artes aplicadas, fueron las grandes protagonistas de este largo proceso de metamorfosis que dio lugar a un nuevo estilo.

La saturación del modelo preestablecido que afectó de hecho a toda la estructura social del siglo XIX -desde los organismos estatales hasta los métodos de expresión artística- fue en realidad el revulsivo que abrió las puertas hacia una nueva concepción estética del pensamiento y del arte. El romanticismo, como movimiento alternativo, descubrió las posibilidades de una nueva belleza literaria y formal: la recuperación del pasado, el símbolo, la alegoría y la tradición, la devoción al modelo medieval como ejemplo de estructura social, el trabajo artesanal como vehículo de sublimación del artista y como medida de dignificación del entorno cotidiano, el rechazo a la industrialización que conlleva la despersonalización y banalización del arte del objeto. Y sobre todo, la sustitución de todos los programas establecidos por la relación directa con la naturaleza y todo cuanto emanaba de ella, el color, la luz y las formas. Este nuevo valor se convirtió en auténtico sentimiento, consolidándose en toda forma de expresión y en todas las teorías revisionistas que precedieron o se plasmaron en el Movimiento Moderno.

De todo ello surgirá una nueva concepción del arte, donde la creatividad y el sentido de la belleza transcurrirán por una vía común. La idea del ornamento se plantea con exclusividad; se piensa en él como elemento diferenciado a través del cual podrá transmitirse un nuevo lenguaje.

Paradójicamente, no fueron finalmente los artistas -entendidos como académicos- quienes impulsaron este revivalismo, sino los arquitectos y detrás de ellos una pléyade de artesanos, artistas independientes, dibujantes y diseñadores que, al margen de los intereses industriales, se sumaron a un proyecto integrador.

El espacio que ocupa Domènech en este inédito orden de valores viene precedido en nuestro país por un período de intensa búsqueda de soluciones estéticas destinadas, sobre todo, a cubrir este desfase formal existente en el marco del objeto artístico.

En Cataluña, el planteamiento de la revitalización de las artes se ve impulsado a través de múltiples condicionantes, iniciativas e intereses. En primer lugar -y principalmente- propiciado por el desarrollo industrial que generó, a su vez, un nuevo orden de valores sociales, una nueva concepción en cuanto a la demanda y, naturalmente una nueva orientación en los ámbitos de producción; y por otro lado, la determinante participación en el singular proceso europeo al academicismo y al inmovilismo artístico, lo que en nuestro país significó la más temprana consolidación de las ideas del Movimiento Moderno, en un estilo propio.

En nuestro caso, a pesar de que los gremios fueron abolidos oficial y definitivamente en 1835, las enseñanzas de los maestros de taller convivieron largo tiempo con la metodología de las escuelas particulares. Ello propició que el substrato emparentado con la tradición artística permaneciera, pese a la intromisión de esquemas tipificados y a la destacada ausencia de una eficaz programación estatal. Ello tendrá un efecto decisivo, como veremos, en la evolución de las distintas sugerencias aparecidas desde mediados del siglo XIX.

El proceso de «reeducación» oficial no fue más allá del intento asumido por las Academias, en cuanto a la formación de dibujantes y artistas cualificados. Pero, en realidad, no aportaron nada singular y siguieron los mismos esquemas que regían prácticamente desde sus inicios en 1744, primero como Real Academia de las Tres Nobles Artes de San Fernando y luego como Real Academia de San Fernando en 1783. El proteccionismo estatal hacia la producción industrial se reflejó, esencialmente, en el respaldo a los programas de las Manufacturas y Reales Fábricas, donde de hecho convivían el trabajo artesanal y el artístico en un sistema productivo semiindustrializado y en incentivar, no siempre, a las Juntas de Comercio en la celebración de manifestaciones o concursos.

La programación de la enseñanza sufrió desde sus inicios, respecto al modelo europeo, retrasos y deficiencias que llegaron a transformarse en males endémicos. El ámbito docente, a lo largo de todo el siglo XIX (nos referimos al estatal), reviste una extraordinaria dificultad a la hora de establecer un análisis acerca de su evolución y sus resultados, tal es la confusión que se produce alrededor de la «oficialización» de las Escuelas de Arte y su dependencia de los organismos públicos. El panorama de las escuelas cuyos programas de formación recaían sobre la dirección y gobierno de las Diputaciones locales fue absolutamente caótico, en cuanto a etapas, dedicaciones, disciplinas y duración de cada una de ellas. Por otra parte, la ausencia en las esferas oficiales de una clara visión constructiva afectó directamente tanto a los programas como al propio colectivo docente, de manera que apenas si podían distinguirse las competencias concernientes a los planes de enseñanza entre Artes y Oficios, Industrias, Artes Industriales y las implicaciones que éstas, a su vez, deberían tener con los programas de Bellas Artes o del Bachillerato.

Era impensable que de tamaña dispersión pudiera surgir algún resultado práctico y sobre todo acorde con las necesidades y vacíos creados en el ámbito de las artes, a lo largo de todo el siglo XVIII. La solución tuvo que venir de la iniciativa privada, de la que partió desde el principio el impulso regenerador.

En este aspecto, y como mejor ejemplo, convendrá recordar la temprana intervención de la Junta de Comercio con la creación, ya en 1775, de la primera clase de dibujo (Escuela Gratuita de Diseño), dedicada a cultivar las artes menores con el fin de atender las necesidades de las fábricas de los tejidos estampados, conocidos como «indianas». Ello debía hacerse, no solamente con la técnica industrial, sino bajo control y diseño de un cualificado artista. Se piensa -y obsérvese la modernidad del planteamiento- que es el diseño la base primordial de las artes aplicadas.

Lo que empezó siendo una disciplina con miras a los intereses del sector industrial (tejidos de algodón y seda) se convierte en breve tiempo en un amplio plan de materias artísticas dirigidas al cultivo y aprendizaje de las «Nobles Artes» en general, además de «... dar buenos conocimientos sobre manufacturas y artefactos a toda clase de gentes, el formar por medio de los principios del dibujo, perfectos pintores, escultores, grabadores, comunicar las luces precisas para crear y promover el buen gusto en las artes y los oficios, haciendo que se apliquen con acierto los talentos, se multipliquen y aclaren las ideas, se acostumbre a preferir las formas sencillas y naturales a las extravagantes y compuestas y, finalmente, el adelantamiento de las artes, fábricas y oficios mecánicos...» (fragmento del Reglamento de la Escuela de Nobles Artes y Oficios de la Llotja).

La Junta de Comercio a través de su «Escuela de Nobles Artes», a cuya iniciativa se debe también la creación de la primera **Aula de Arquitectura** (1817), siguió impulsando estudios, creando cátedras y dotando de becas y premios a los trabajadores superiores. Organiza además, como excelente método de difusión de sus resultados, exposiciones donde se combinan las muestras de artes industriales y las Bellas Artes, la primera en 1822, realizada en sus propios locales. Sus actividades continuaron hasta 1849, en que se creó la Academia de Bellas Artes de San Jorge, recayendo bajo el control de la Diputación la organización y la dirección de las disciplinas artísticas.

Siguiendo este ejemplo, y sobre una base eminentemente práctica, diversos colectivos constituyeron sus propios sistemas de enseñanza, a través de cursos, conferencias y, sobre todo, prácticas de dibujo. Fueron años de actividad incesante alrededor de las artes decorativas, entre 1844 y 1903, (digno por otra parte de un estudio detallado) durante los que aparecieron una gran cantidad de entidades con similares objetivos. Sus actividades se encuadraban en un amplio abanico de afiliaciones sociales, lúdicas, culturales, recreativas, laicas, confesionales o puramente artísticas, pero en todas se inscribía el deseo de mejorar, con su participación, la proyección de las artes en general y de las artes decorativas o industriales en particular, como el Instituto Industrial, la Associació Catalana d'Excursions Científiques (1876), el Centro de Maestros de Obras, el Círculo Artístico e Industrial, el Institut Català d'Artesans, el Círculo Artístico de Sant Lluc (1893), la Asociación Artístico-Arqueológica Barcelonesa..., todas ellas creadas a partir de la segunda mitad del siglo XIX.

Ello no implicaba, aún, que el ornamento y el objeto apareciesen como el resultado de una combinación sutil entre arte, técnica y buen gusto. Incluso podía representar, en algunos casos, todo lo contrario. No es extraño que también en nuestro repertorio, sujeto a las demandas de una burguesía deseosa de aparentar, pero poco informada de cómo hacerlo, apareciesen materiales y formas que remedaban texturas y composiciones incomprensibles o inexistentes. La producción seriada era un hecho, como lo eran también los modelos estereotipados, las copias de elementos arquitectónicos, procedentes de los diversos estilos históricos y representados bajo diferentes materias y procedimientos técnicos, desde la piedra artificial, la fundición o terracotas realizadas en molde y pintadas como si fueran piedra, mármoles o bronces. También la realización de productos de uso, objetos y elementos decorativos de diversa índole, de la misma manera que los motivos ornamentales, aplicables a la arquitectura, impuestos por el repertorio ecléctico, se elaboraban, ya a mediados del siglo XIX, mediante un proceso mecanizado de réplicas en serie. Buena prueba de ello serían los anuncios, las tarjetas, los logotipos de casas productoras, carpetas, álbumes y catálogos publicados, cuyo ejemplo paradigmático lo constituiría el **Álbum Enciclopédico-Pintoresco de los Industriales**, de Rigalt, editado en 1857 con la intención de ofrecer un repertorio de elementos ornamentales aplicables a la arquitectura y espacios interiores, con la idea de dar a conocer las ventajas del producto industrializado, frente a la nueva concepción económica y social.

Otra muestra significativa de la multitudinaria y diversificada participación entre talleres, escuelas e instituciones fue la influyente intervención del Ateneo Barcelonés desde 1872, resultado de la fusión del Centro Mercantil Barcelonés (1869) y del Ateneo Catalán (1860). Como máxima institución representativa de los elementos activos de la sociedad catalana, desde los culturales a los comerciales e industriales, impulsa con toda la energía de que era capaz, como entidad particular, el progreso económico y técnico del país.

La creación del Centro Industrial de Cataluña, con un programa exclusivamente dedicado a la enseñanza del dibujo y del diseño, dirigido a la estampación de indianas, la Asociación para el Fomento de las Artes Decorativas (desde 1877 y consolidada en el F.A.D. a partir de 1903), así como el caso del Centro de Artes Decorativas (1894) en el que se unieron los intereses de grandes grupos de expositores, artistas y artesanos. El primero incluye en su programación la creación, que no llegó a materializarse, de un museo de réplicas de estilos históricos al servicio de estudiantes, profesionales e industriales, siguiendo el método de las instituciones inglesas, como Malborough House o su posterior versión del South Kensington Museum. El segundo propició sobre todo el estudio y la investigación acerca de los repertorios naturalistas como el más positivo valor de renovación estética. Ambos intentarán asimismo identificarse alrededor de una afiliación propia, buscando la equivalencia referida al arte y a la industria, como diferencial y coadyuvante, y como una práctica, a través de la cual recuperar los oficios artísticos y los trabajos del objeto y la decoración doméstica.

Siguiendo un concepto parecido, se crearon en 1883 los talleres de Industrias Vidal, resultado de un proyecto de Frederich Masriera (1846-1932), platero, escultor y fundidor, y de Francesc Vidal y Jevelli (1847-1914), ebanista, decorador y fundidor; ambos de gran formación artística y dedicados a la producción y venta de productos artísticos. Su intención, en una primera versión de reunir artistas y artesanos con la finalidad de aplicarse en diversas especialidades, será la de construir grandes talleres de ebanistería, metalistería, forjados, fundición y estatuaria. Allí se instaló, en lo que pensamos pudiera ser un régimen de cooperativa, compuesta por varias secciones, un primer taller de Antoni Rigalt y Blanch (1861-1914), dedicado a experimentar la técnica de las pastas de vidrio al estilo Tiffany, un jovencísimo Gaspar Homar (1870-1935), en un taller instalado con su padre, donde ejercía de aprendiz (tenía 13 años), de mueblista y dibujante, el propio Masriera con su taller de fundición, y Santiago Marco (1870-1945), como decorador y mueblista, tras haber pasado su aprendizaje en el taller de Rigalt.

Existían, no obstante, diferentes matices en las organizaciones de estos centros, sobre todo en función de su contenido y proyección profesional. Hemos visto como el Centro Industrial de Cataluña tenía como programa y finalidad principal el diseño dirigido especialmente a las indianas, en tanto que el Fomento de Artes Decorativas tenía la intención de velar por el progreso de las artes referidas al conjunto del objeto. En general, el conjunto de organismos de la época, los que estuvieron creados a partir de los programas dirigidos a mejorar el panorama de las artes industriales, se manifestaban a través de dos finalidades específicas: la versión dedicada al progreso del diseño textil para su mejor comercialización y exportación, y la dedicada a mejorar el diseño en el ámbito de las artes decorativas para, a su vez, hacerlo progresar en versión mecanizada.

Tanto en Fomento como en el Centro de las Artes Decorativas -los más identificados con su intención de investigación y estudio- se mantienen posturas individualizadas, aun con proyectos similares, pero no colectivos ni acordes a una línea común. Con tal profusión de escuelas e instituciones preocupadas por los mismos temas y afines a los mismos intereses, la evolución hacia una concepción moderna del diseño hubiera tenido que ser más rápida. Sin embargo, no fue hasta la consolidación del Modernismo que se logró definitivamente la renovación del **concepto estético**; y ello no estuvo sujeto precisamente al proceso industrial, sino todo lo contrario. Únicamente la aportación individual, el pensamiento, la capacidad artística y la categoría humana de personajes como Domènech, como Gallissà, como Gaudí, motivaron y cambiaron, con su aportación inédita, los esquemas de todos los artistas, artesanos e incluso industriales. La consecución de esta línea de diseño, definida también en un estilo arquitectónico, asumió características y rango propio dentro de la renovación artística europea.

Una idea entre este conjunto de intenciones y realidades, propias de este período, se manifiesta en un artículo de Manuel Vega y March, escrito en 1903 -y obsérvese el tiempo transcurrido- para la revista «Arquitectura y Construcción», de la que era director, y a la sazón, también socio fundador del Fomento de Artes Decorativas, titulado **Artes decorativas e industriales**, donde comenta el interés que existía por la creación de escuelas de diseño industrial y anunciaba que «... el Fomento Nacional de Barcelona tiene en estudio un plan de enseñanzas técnicas tan vasto como, sin duda, conviene al atraso en que nos hallamos y a la necesidad de remediarlo cuanto antes..., todo parece indicar que ésta es la gran cuestión palpitante de nuestros **días**...»; denunciaba asimismo respecto a todas las escuelas, asociaciones y ateneos que se creaban «...la falta de relación existente entre ellas, disgregadas, sin nexo que las ligue, sin armonía, sin correlación, sin enlace, ni en el principio ni en el fin, como concepciones aisladas de inteligencias que no se comunican, que aprecian con mayor energía las circunstancias que sobre ellas obran inmediatamente que las que de un modo general deben influir e influyen sobre todas; así, el que todas ellas, sobre ser distintas, son en muchos casos divergentes, a veces hasta contradictorias, quizás perjudiciales las más con respecto a otras...».

La situación, pues, de las artes industriales a lo largo del siglo XIX, se plantea entre una clara conciencia de precariedad, en los medios de expresión artística, y una expresa dedicación a paliarla a través de organismos que pudieran instituirse como competentes. Pero faltos, a su vez, de una idea rectora y lejos aún de la capacidad de «descubrir» un nuevo planteamiento **de base** que afectase directamente a **la línea** de diseño.

La fuerte presión de un eclecticismo que acaparaba repertorios ornamentales, tanto en el modelo arquitectónico como en el objeto, privaron durante largo tiempo a las artes decorativas de su expresión moderna, aunque hubieran existido intentos de crear una propuesta diferenciada, como hemos visto en el caso de las instituciones antes citadas. Habría que destacar incluso que, curiosamente, ningún arquitecto de primera línea del Modernismo figuró entre sus maestros, tampoco entre sus componentes; ni Gaudí, ni Domènech, ni Vilaseca pertenecieron a estas asociaciones o fomentos, salvo en los casos concretos de la adscripción gaudiniana al Círculo de Sant Lluc y las colaboraciones de Domènech en la Asociación Artístico-Arqueológica de Barcelona y Tarragona, sobre todo en cuanto a la organización de exposiciones y a la redacción de artículos para sus boletines.

Todo ello nos remite, de nuevo, a la idea de que el proceso de renovación del diseño como concepción estética y como expresión artística tuvieron su máxima representatividad en esta generación de arquitectos y artistas que cifraron en la recuperación del trabajo artesanal y en la honradez de los materiales la esencia de su planteamiento moderno.

La coincidencia cronológica entre la eclosión del proceso industrial y el inicio de estos nuevos presupuestos artísticos fue, como vemos, paralelo pero no vinculante. Y esto se aprecia sobradamente ya en las primeras obras de Domènech y de Gaudí (entre 1879 y 1888), en donde todos los elementos, fácilmente identificables como característicos de este nuevo orden estético y formal, proceden de la aportación personal de los propios arquitectos y realizados a través de sistemas artesanales o semiindustriales.

En este mismo sentido, observamos que la propuesta artística de Domènech no se vincula necesariamente a los intereses industriales, como tampoco el hecho de convivir con su desarrollo produjo impacto alguno, ni distorsión en la original concepción de su diseño. El simple examen de su repertorio ornamental, extremadamente personal y con una evolución sígnica totalmente inédita, nos obliga a descartar la intención de un contenido extrapolable hacia la producción seriada.

Sin embargo, nunca existió confrontación alguna entre su pensamiento arquitectónico-artístico y el proceso de mecanización; todo lo contrario, su adscripción al progreso y a la incorporación de las ventajas tecnológicas aparecen claras desde el inicio de sus proyectos. No tenemos, por tanto, referencias de posturas de animadversión, en la línea de Ruskin o del mismo Morris (al principio de sus críticas a la industrialización) hacia ningún factor de modernización. Pero sabemos que su idea del arte, siempre próxima a la búsqueda del elemento diferencial y paradigmático, no se ajusta, de ninguna manera, a la vulgarización del modelo.

En el diseño de Domènech, como lo fue en el grupo de las Arts and Crafts, priman la funcionalidad y el concepto estético, lo que incluye la singularidad y la propiedad del objeto de uso o del proyecto arquitectónico. En esta integración de «formas» y de intención de «diseño», en este discurso entre el «qué» y el «cómo» convergen, a la vez, una nueva y revolucionaria idea del espacio y un repertorio de infinitas secuencias ornamentales. Es el resultado de una continua evolución de la línea hacia diferentes estadios formales. Ello lo convierte, pues, en un programa activo y, por tanto, difícilmente adaptable a la comercialización. Asimismo, su idea de ornamento, al que considera, como Ruskin, factor primordial de todo el proyecto arquitectónico, implica una permanente alternancia de materiales, técnicas, texturas y colores, cuya última consecuencia será la creación del modelo **único**.

Domènech se impuso desde el principio una absoluta independencia para manejar su propio lenguaje artístico-estructural; corresponde casi a una ley, cuyo inicio se adivina entre los puntos de su escrito-manifiesto **En busca de una arquitectura nacional** (1878); es una ley no formulada específicamente, pero de hecho constituirá su método y conformará un estilo que le será propio. Sin duda, ésta fue una de las aportaciones más rotundas de la obra de Domènech: esta firme e intransigente voluntad de regeneración, de creación de un recurso nuevo y, a la vez, único y emblemático. Aunque, paradójicamente, esta regeneración venga protagonizada por un retorno al pasado, una búsqueda de las raíces (la etapa medieval) y un aparente reciclaje de estilos históricos.

Ciertamente se trata de una contradicción vivificadora a través de la cual se inicia la ruptura con el presente. Es una mirada atrás aparente que se traduce en una mirada al futuro, en la misma medida que el romanticismo activo, que comportó una fuerza espiritual basada en un «revival» ideológico, se desarrolló más tarde en fuerza creativa.

En este mismo compromiso de recuperación de un proceso histórico es donde se encuentra la propuesta modernizadora del proyecto de Domènech, la cual, traducida en términos más generales, quedará expresada en esta extrema valoración de la «esencia» histórica de la evolución del arte, no como elementos aislados, sino como hecho consubstancial a la evolución del pensamiento humano. Es pues un sentimiento estético que se nutre de esta «esencia» de los diferentes estilos, de la expresión de sus colores, materiales y símbolos, en el propio sentido artístico. Por tanto, será principalmente en el estudio de la expresión, del sentimiento, y la participación humana de cada momento histórico, sobre lo que Domènech construirá su innovador programa.

La atracción de lo medieval, visible en la obra de Domènech, y común por otra parte al entorno europeo, se cifra en la aprehensión de los valores tradicionales y espirituales: en el **concepto** del **trabajo**, en la **concepción artística**, en el **sentimiento estético** y en la **participación humana** que ha hecho posible aquel resultado artístico que lo ha producido. Es, por otra parte, el interés hacia una etapa donde se dieron una serie de circunstancias sociales, culturales y artísticas, especialmente representativas en Cataluña, que confluyeron en un resultado conjunto, reflejado de manera fundamental en la arquitectura, y en la que Domènech depositará su atención como una de las manifestaciones guía. A ésta se asociará la atracción por Bizancio, Venecia y diversas expresiones del humanismo italiano, y como hecho también común a todo el movimiento artístico europeo, la influencia de lo oriental.

En esta línea se inscriben todos sus trabajos, hasta el final de su obra. Nos referimos a sus escritos y estudios históricos, a las actividades como profesor (1875-1920) y como director (1900-1920) de la Escuela de Arquitectura; a los laboriosos y eruditos estudios de heráldica y a las diversas actuaciones de carácter artístico, como las artes gráficas, paralelas a la arquitectura.

Consecuentemente, el edificio de la Editorial Montaner y Simón (1879-1885) y el realizado como Café-Restaurante para la Exposición Universal de Barcelona en 1888 -consideradas como obras manifiesto- representan esta dicotomía entre pasado y futuro, cuyo resultado será el inicio de un planteamiento espacial, estructural y ornamental absolutamente revolucionario. En ambos proyectos, Domènech presentará la misma relación espacial entre el plano vertical (doble altura para el centro del edificio), y el horizontal (división del espacio mediante balcón corrido o galería) y concentración de iluminación cenital; y un tratamiento de los materiales, hierro, ladrillo y cerámica en los que se advierte un diseño de características casi vanguardistas. Tanto las soluciones espaciales como el tratamiento de los planos exteriores; la presencia de los materiales vistos (hierro y ladrillo) y la idea concedida al ornamento, como elemento estético, representado a través de las técnicas artesanales recuperadas, nos sitúan ante una versión anticipada de lo que serán los programas del Art Nouveau europeo.

Un rápido análisis de estos conceptos estéticos y estructurales empleados, en relación con las primeras manifestaciones del Modernismo europeo, sería esclarecedor a la hora de establecer la importancia de la aportación de Domènech al pensamiento arquitectónico moderno.

Es evidente que la presencia de planos embebidos, la ausencia de masas superfluas, la continuidad espacial, la articulación de elementos ornamentales en estrecha convivencia con el módulo arquitectónico; la utilización de materiales vistos interior y exterior, la presencia del ladrillo, las grandes arcadas de hierro en su doble versión estructural y estética; y de una manera especial, las insólitas estilizaciones zoomórficas y florales, representadas primeramente en las rejas de la Editorial Montaner y Simón, y más tarde en la torre del Café-Restaurante, se avanzan en el tiempo y toman la iniciativa dentro del espacio del Modernismo europeo.

Este concepto racionalista y este innovador programa ornamental manifestado por Domènech entre 1879 y 1888 no tendrán otra interpretación europea hasta la aparición del proyecto H. P. Berlage (1856-1934), el edificio de la bolsa de Amsterdam, realizado entre 1898-1903 -paradójicamente dentro de las mismas características del Café-Restaurante de Domènech- y considerado durante mucho tiempo una de las máximas, y a la vez paradigmáticas, aportaciones a la arquitectura moderna.

Berlage presentó tres proyectos, visiblemente diferentes, hasta alcanzar la definitiva aceptación del Consejo Comunal (en 1885, en 1896 y en 1897 respectivamente). En ninguno de ellos se aproximó a los planteamientos realizados por Domènech en 1888. Fue el presentado en 1898, donde finalmente se expresan los mismos postulados racionalistas, diez años después del proyecto de Domènech.

De la misma manera, el desarrollo de los modelos zoomórficos dispuestos en las rejas de la fachada de la Editorial Montaner y Simón -a la altura del semisótano- a los que Domènech confiere un extraordinario dinamismo, expresan no solamente una de las primeras manifestaciones formales de sinuosidad, sino un claro avance al rechazo de la línea recta y una premonitoria presencia de lo que más tarde será el rasgo carismático, el llamado «coup de fouet», de la obra de Víctor Horta (1861-1945), de Héctor Guimard (1867-1942), y ampliamente representado en el Art Nouveau.

El programa de integración del trabajo artesanal, materiales y técnicas, cuya recuperación fue la base de todo su repertorio ornamental, tuvo su especial versión anticipada con la creación del taller Castell dels Tres Dragons (1889-1893) que Domènech instaló en el edificio del Café-Restaurante una vez finalizada la Exposición Universal. Siguiendo el ejemplo de W. Morris (1834-1896), Domènech propone estudiar los materiales en su propio proceso compositivo, y transferirles la intención de diseño a partir de una libre interpretación de modelos.

El Castell dels Tres Dragons fue la primera experiencia (a excepción hecha de la asociación de las Arts and Crafts, consolidada en 1888 tras la incorporación de C. R. Ashbee (1863-1942)) que revistió estas características de colectividad artística en donde se reunieron artesanos, artistas y arquitectos en un proyecto común.

A partir de este precedente, sin que en ello se afirme una condición vinculante, surgen en 1898 la Escuela de Glasgow (1898-1909) bajo la dirección de C. R. Mackintosh (1868-1928) con la expresa intención de constituir un grupo de influencia en el ámbito de la arquitectura, el diseño y las artes decorativas siguiendo el programa del acuerdo total entre formas y materias.

En la misma trayectoria se creará en 1901 la Escuela de Nancy (1901-1914), liderada por Emile Gallé (1846-1904), Louis Majorelle (1859-1926) y Antonin Daum (1864-1930), y a cuyo alrededor quedaría consolidado uno de los grupos de mayor representatividad en el ámbito de las artes decorativas.

En 1903 se constituye la Wiener Werstätte (1903-1932), a partir de las doctrinas del movimiento de la Secession (creada en 1897), bajo la dirección y el impulso de sus mismos componentes, J. Hoffmann (1870-1956), Koloman Moser (1869-1918), J. M. Olbrich (1867-1908), junto a Gustav Klimt (1862-1918).

En todos ellos, como lo fuera en el grupo de Domènech, se piensa en la arquitectura como manifestación catalizadora del nuevo estilo, en la convivencia de las artes en un todo equilibrado, donde el uso cotidiano fuese asimismo contribución a la belleza. Es decir, conjuntamente a un proyecto espacial que atiende a una función, se crea, en consecuencia un específico programa de artes aplicadas y decorativas, destinadas a formar un conjunto de efectos coherentes y armónicos bajo un criterio integrador.

La coincidencia de presupuestos desde el punto de vista de la propia concepción estética renovación de la línea, creación de un nuevo lenguaje formal se debe, como en todos los procesos de formación de movimientos artísticos, a una concatenación de teorías, sentimientos e influencias que se trasladaron de manera espontánea y casi simultáneamente por todo el continente.

Cuantos historiadores han escrito sobre ello, han establecido como decisiva la influencia del grupo de Morris en todo el pensamiento moderno, y fundamental para desarrollo de las diversas tendencias de todo el Art Nouveau.

Es en este contexto que cabe destacar la presencia de la obra de Domènech, como una manifestación «avant la lettre» de los programas europeos. La formulación de su pensamiento artístico (artículo en La Renaixença de 1878); la creación de su escuela con una fuerte presencia esteticista de clara influencia morrisiana, y el concepto racionalista que imprime a sus primeras obras, nos sitúan, tanto a nivel teórico como práctico, ante la primera intención seria y coherente de renovación, y a la vez creación, de un estilo arquitectónico.

Su concepto innovador se extiende a todas las áreas artísticas y culturales en las que intervino, desde las gráficas al «diseño» arquitectónico, y alcanzó un valor inusitado en el terreno de lo decorativo.

En la obra de Domènech el ornamento ocupa un ámbito independiente, a pesar de su evidente conexión con el proyecto arquitectónico. Su estudio, como valor propio, constituye una apasionante sucesión de «descubrimientos» alrededor de su infinito repertorio, establecido no sólo como elemento estético, sino como elemento de comunicación. Domènech establece a través de este lenguaje un proceso de «empatía» entre el **proyecto** y su **función**, a la que imprime, a su vez, una personal y activa proyección sentimental. Esta sería tal vez la versión morrisiana del valor social de lo estético, utilizando como vehículo de comunicación y de concienciación artística; se trata de una relación dialéctica, de una lectura continua a través de la cual el arquitecto expresa un contenido histórico, simbólico, anecdótico o puramente estético; constituye a la vez un estímulo, una lección de tradiciones, un reto a los sentidos, a la imaginación, a la creatividad.

Domènech utiliza el ornamento para matizar o intensificar el simbolismo aportado a través del elemento constructivo, y para dotar el espacio arquitectónico de un entorno estético y globalizador.

Para la realización de sus diseños contó con un equipo de destacados artistas y artesanos. También incorporó a sus espacios, repertorios de otros arquitectos, Gallissà, por ejemplo, en el diseño de cerámicas y herrajes, o modelos de pavimentos hidráulicos de diversos artistas, como en el caso del proyecto del Instituto Pere Mata. Asimismo permitió iniciativas a sus colaboradores, como Rigalt y Homar, en cuestiones de vidriería y mobiliario respectivamente. Pero fue siempre su dirección y su diseño personal el que configuró este estilo tan propio con el que se distingue su proyecto arquitectónico

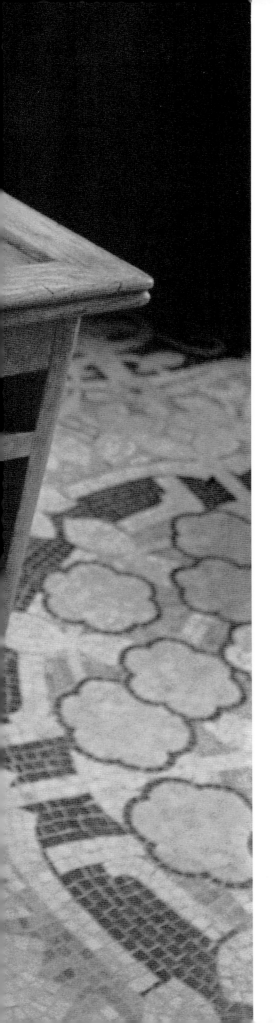

Archivo de diseños
Design files

El mueble y el objeto

El mueble y el objeto contribuyen con sus individualidades al programa integral de manifestaciones artísticas ya iniciado por el lenguaje arquitectónico. Su singular personalidad converge de manera decisiva y determinánte en la decoración de interiores. Sus mejores galas visten espacios y superficies con las más variadas secuencias y orgánicos elementos que decoran con fuerte naturalismo, vestíbulos, salones, comedores, dormitorios, es decir la habitación de la casa.
En la obra de Domènech, el mobiliario y el objeto entendido como el complemento de lámparas y herrajes, son claros exponentes de la correspondencia entre el elemento aislado y su participación armónica en todo y para todo. Se consigue una total comunión entre exterior e interior, este último considerado como una prolongación de belleza y desarrollando un amplio abanico de elementos y composiciones inspiradas en la naturaleza. Su artisiticidad evoca, entre cada uno de sus componentes, temas zoomórficos, y vegetales, trabajados según diferentes técnicas decorativas.
En la realización del mueble participa esencialmente la escultura en incisión, bajorrelive y la talla calada. Además se incorpora la técnica plana de la marquetería, composición realizada por el artesano ebanista, caracterizada por la utilización de maderas nobles que "per se" tienen diferentes tonalidades y su combinación proporciona una artística variedad de escenas. Las maderas de la magnolia, doradillo, ébano, palo-rosa eran las más utilizadas y exitosas. Para las carnaciones, en las representaciones con figura, de caras y manos eran modeladas en relieve con madera de acebo.
La planta, la flor, el paisaje y la figura femenina se erigen en protagonistas de la decoración. Mesas, sillas, butacas, sofás, sillones, vitrinas, camas, son los elementos funcionales propios de la casa, que, a su vez, incorporan arte y estética en el ámbito que se utilizan. La tapicería era, generalmente, en terciopelo y sedas estampadas.
Gaspar Homar fue el principal colaborador de Domènech en los elementos muebles. Realizó los muebles y decoración para la casa Lleó Morera, casa Navás, Instituto Pere Mata, entre los más destacados por su conjunto unitario. Contemplando algunos de sus modelos, diseñados ya en plena etapa modernista, notamos su principal característica en la mesura con que trata cada pieza en beneficio del conjunto para el que ha sido diseñado.
Muy seguro que esta concomitancia era al que exigía el proyecto total de la arquitectura de Domènech.
Como arquitecto-decorador por excelencia, Domènech i Montaner también diseñó piezas de mobiliario para sus propias obras. Sus líneas dibujísticas marcan una clara tendencia hacia la racionalidad del elemento u objeto. Siempre contextualiza su ambientación y aplica un modelo evolucionado sobre la forma historicista que utiliza. Los bancos diseñados para la Iglesia pública del Seminario de Comillas, daría un ejemplo de influencia goticista con clara aportación de elementos nuevos. También tiene diseño de mesas, sillas y bancos para el Institut Pere Mata, que realiza de forma muy mecanicista en la disposición de componentes estructurales de largueros, travesaños y patas. Pieza de especial relevancia es el diseño de su propia mesa de trabajo, y el armario-biblioteca. La mesa con movimiento basculante, apropiado para el dibujo, está toda ella realizada en madera, y lleva ruedas en la base de sostenimiento. Linea funcional y racional de acuerdo a su utilidad.
Por cuanto a la metalistería en el objeto, cabe citar todo el repertorio de lámparas, de aplique, de techo, de pie, faroles que organizan el sistema lumínico de la habitación. Para cada una de ellas había un uso preferente de modelos. En comedores y salas, son predominantes las lámparas de techo, apliques en vestíbulos y faroles en entradas. Su diseño se origina de la misma aplicación del elemento natural que se integra como parte esencial de la estética del objeto. Las cualidades y texturas que presentan las formas vegetales -tallo, hoja y flor- son idóneas para inferir todavia más la cualidad de transpariencia. Realizadas en bronce, hierro y otros metales, componen en algunos casos caprichosos modelos de formas zoomórficas y figurativas, adecuadas, totalmente, a su función.

Furniture and Objects

*Domènech's strikingly individual furniture and objects are part of the full range of his artistic expression first voiced in the language of architecture. His singular pieces converged to create a decisive and distinctive form of interior decoration. He dressed spaces and surfaces in gala attire, using the most varied sequences and organic elements to decorate vestibules, salons, dining rooms, bedrooms –in other words, the living spaces of his buildings –in a decidedly naturalistic style.
In the work of Domènech, furniture and objects, chiefly lamps and ironwork accessories, clearly demonstrate the affinity between the individual element and its harmonic participation in, and for, the whole. Total communion between exterior and interior is achieved, with the latter viewed as a prolongation of beauty in which a wide range of elements and compositions inspired in nature is used. In each piece, animal and floral motifs are artistically worked, using different decorative techniques.
Domènech essentially used carving, bas relief and openwork in his furniture. Master carpenters also executed his marquetry designs, which were characterized by their use of fine woods
in naturally different tones that were artistically combined to create a variety of scenes. The most, and most successfully, used woods were magnolia, satinwood, ebony, and rosewood. When the designs included figures, their faces and hands were modelled in relief using holm oak wood.
Plants, flowers, landscapes and female figures played the leading roles in Domènech's decor. Tables, straight chairs, armchairs, sofas, wing chairs, glass-front cabinets, beds are all typical items of household furniture that were imbued with art and an aesthetic which they, in turn, conferred upon the room that housed them. Upholstery was usually in velvet and printed silk.
Domènech's furniture was principally produced by Gaspar Homar. The furniture and decoration for Casa Lleó Morera, Casa Navàs, and the Institut Pere Matas are particularly outstanding examples of work that creates a unified whole.
Observing some of these pieces designed at the height of the modernista period, one is struck mainly by the restraint with which each piece is handled in order to enhance the overall effect of the whole setting for which it was designed. Without question, Domènech's total architectural plan required this type of concomitance.
As an architect-interior decorator par*

excellence, Domènech i Montaner also designed furniture for his own buildings. His drawings reveal a definite leaning towards rational furniture and objects. His furniture was always designed to fit into the context of its setting, using models based on historic forms. The pews designed for the public church in the Comillas Seminary are a good example of a Gothic-influenced design enhanced by new features.
He designed tables, chairs and benches for the Institut Pere Mata. The surviving drawings are workmanlike arrangements of frames, crosspieces and legs. Especially significant is the design for his own work table, and the library cabinet. His adjustable drawing table is made completely of wood and mounted on wheels. The lines are functional and rational in accordance with its purpose. Domènech's use of metalwork includes an entire repertoire of lamps: wall lamps, ceiling lamps, standing lamps and lanterns, which he used to create a particular lighting system for every room. He preferred ceiling lamps in living and dining rooms, wall lamps in vestibules and lanterns at entrance ways. Here too he borrowed motifs from nature, making them an integral part of the object. The qualities and textures of the plant forms - stems, leaves and flowers - underscored the feeling of transparency still more. His lamps were fashioned of bronze, iron and other metals. Though some of them were in whimsical animal or figurative shapes, they were always thoroughly functional.

1,2. Banco de la iglesia, dibujo.
SEMINARIO DE COMILLAS 1889-1899.
Comillas, Cantabria.

1,2. Church pew, drawing.
COMILLAS SEMINARY 1889-1899.
Comillas, Cantabria.

1,2. Banco de madera. Detalle.
CASA THOMAS 1895-1898.
Barcelona.

*1,2. Wooden bench. Detail.
CASA THOMAS 1895-1898.
Barcelona.*

ARCHIVO DE DISEÑOS / *DESIGN FILES*

1. Bancos adosados del hall. Tapizados y marquetería.
2. Banco doble del hall. Tapizado y marquetería.
INSTITUT PERE MATA 1897-1919.
Reus, Tarragona.

1. Upholstered benches and marquetry work in the foyer.
2. Double upholstered bench and marquetry work in the foyer
INSTITUT PERE MATA 1897-1919.
Reus, Tarragona.

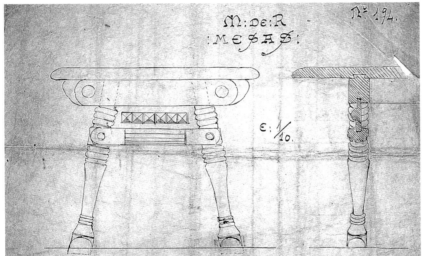
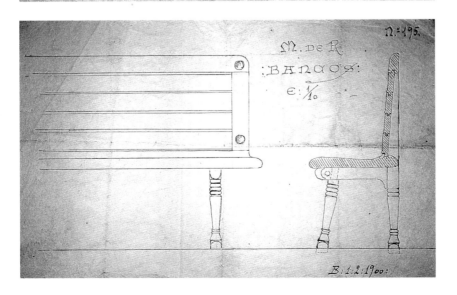

1. Modelo de armario, dibujo.
2. Modelo de mesa, dibujo.
3. Modelo de banco, dibujo.
INSTITUT PERE MATA 1897-1919.
Reus, Tarragona.

1. Model for a wardrobe, drawing.
2. Model for a table, drawing.
3. Model for a bench, drawing.
INSTITUT PERE MATA 1897-1919.
Reus, Tarragona.

ARCHIVO DE DISEÑOS / *DESIGN FILES*

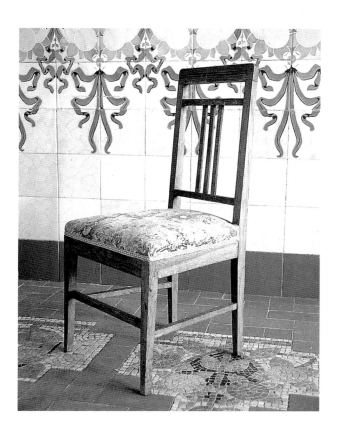

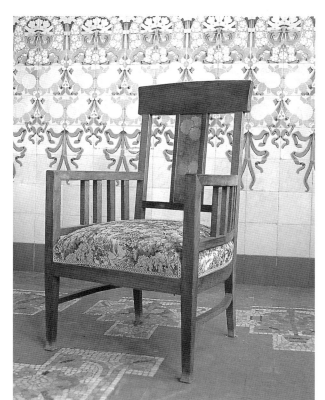

1,2. Sillas de madera tapizadas.
3. Butaca de madera tapizada.
INSTITUT PERE MATA 1897-1919.
Reus, Tarragona.

1,2. Upholstered wooden chairs.
3. Upholstered wooden armchair.
INSTITUT PERE MATA 1897-1919.
Reus, Tarragona.

1,2. Sillas de madera, tapizadas.
CASA NAVÀS 1901-1907.
Reus, Tarragona.

*1,2. Upholstered wooden chairs.
CASA NAVÀS 1901-1907.
Reus, Tarragona.*

ARCHIVO DE DISEÑOS / *DESIGN FILES*

1-3. Butacas de madera tapizadas.
CASA NAVÀS 1901-1907.
Reus, Tarragona.

*1-3. Upholstered wooden armchairs.
CASA NAVÀS 1901-1907.
Reus, Tarragona.*

1,2. Sillones tapizados.
CASA NAVÀS 1901-1907.
Reus, Tarragona.

*1,2. Upholstered armchairs.
CASA NAVÀS 1901-1907.
Reus, Tarragona.*

ARCHIVO DE DISEÑOS / *DESIGN FILES*

1. Sofá tapizado.
2. Sofá - vitrina.
CASA NAVÀS 1901-1907.
Reus, Tarragona.

1. Upholstered sofa.
2. Sofa - glass-fronted cabinet.
CASA NAVÀS 1901-1907.
Reus, Tarragona.

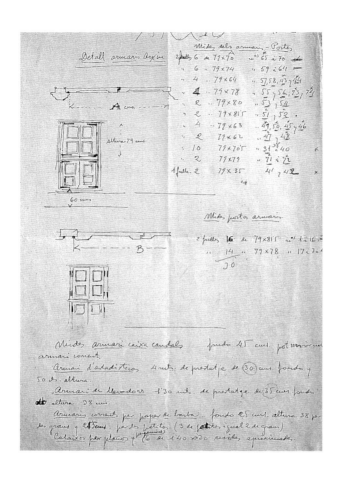

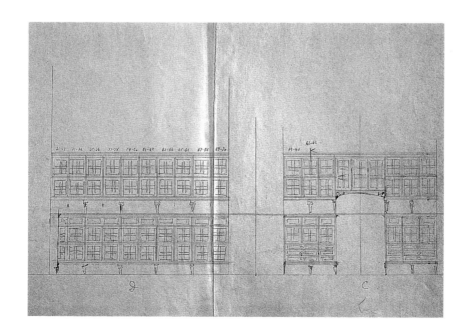

1,2. Armarios del archivo, dibujo.
HOSPITAL DE LA SANTA CREU
I DE SANT PAU 1902-1912.
Barcelona.

*1,2. Filing cabinets, drawing.
HOSPITAL DE LA SANTA CREU
I DE SANT PAU 1902-1912.
Barcelona.*

ARCHIVO DE DISEÑOS / *DESIGN FILES*

1. Sillón de madera.
HOSPITAL DE LA SANTA CREU
I DE SANT PAU 1902-1912.
Barcelona.

*1. Wooden armchair.
HOSPITAL DE LA SANTA CREU
I DE SANT PAU 1902-1912.
Barcelona.*

1. Mesa del bar.
2. Banco de madera del hall.
PALAU DE LA MÚSICA CATALANA
1905-1908.
Barcelona.

1. Table for the bar.
2. Wooden bench for the foyer.
PALAU DE LA MÚSICA CATALANA
1905-1908.
Barcelona.

ARCHIVO DE DISEÑOS / *DESIGN FILES*

1. Mesa de trabajo.
2. Armario del despacho.
MASIA ROCOSA 1906-1908.
Casa-Taller de Domènech i Montaner.
Canet de Mar, Barcelona.

1. *Work table.*
2. *Office cabinet.*
MASIA ROCOSA 1906-1908.
Domènech i Montaner's home and studio.
Canet de Mar, Barcelona.

1. Farola, dibujo.
INST. PROVINCIAL D'INSTRUCCIÓ
PÚBLICA 1877-1882.
Barcelona.

1. Lamp, drawing.
INST. PROVINCIAL D'INSTRUCCIÓ
PÚBLICA 1877-1882.
Barcelona.

ARCHIVO DE DISEÑOS / *DESIGN FILES* 49

1. Fanal de la escalera exterior.
CASA L'ARDIACA 1902.
Barcelona.
2. Fanal exterior.
PALAU MONTANER 1889-1893.
Barcelona.
3. Lámparas de la primera planta.
CAFÉ-RESTAURANT 1887-1888.
Barcelona.

1. Outside staircase lamp.
CASA L'ARDIACA 1902.
Barcelona.
2. Outside lamp.
PALAU MONTANER 1889-1893
Barcelona
3. Second floor lamps.
CAFÉ RESTAURANT 1887-1888.
Barcelona.

1. Lámpara del comedor.
2. Lámpara del hall y pasillo.
3. Lámpara del techo.
INSTITUT PERE MATA 1897-1919.
Reus, Tarragona.

1. Dining-room lamp.
2. Lamp for the foyer and hallway.
3. Ceiling lamp.
INSTITUT PERE MATA 1897-1919.
Reus, Tarragona.

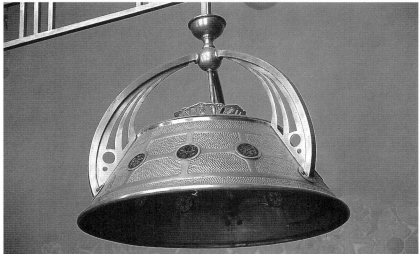

1,2. Lámpara de la sala del billar.
3. Lámpara del hall.
INSTITUT PERE MATA 1897-1919.
Reus, Tarragona.

*1,2. Lamp for the billiard room.
3. Hall lamp.
INSTITUT PERE MATA 1897-1919.
Reus, Tarragona.*

1,2. Lámparas de techo.
3,4. Apliques de la escalera de la entrada.
CASA NAVÀS 1901-1907.
Reus, Tarragona.

1,2. Ceiling lamps.
3,4. Wall lamps for the staircase in the main entrance hall.
CASA NAVÀS 1901-1907.
Reus, Tarragona.

ARCHIVO DE DISEÑOS / *DESIGN FILES*   53

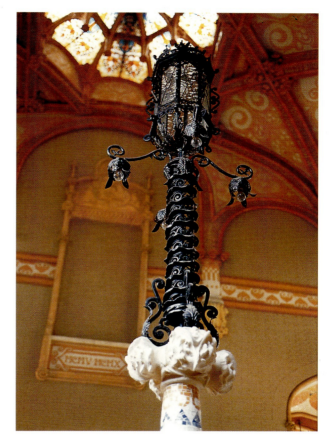

1. Fanal aplique del Pabellón
de Administración. Sala de Actos.
2. Lámpara de la escalinata.
HOSPITAL DE LA SANTA CREU
I DE SANT PAU 1902-1912.
Barcelona.

*1. Wall lantern for the administration
pavilion. Auditorium.
2. Lamp for the staircase.*
*HOSPITAL DE LA SANTA CREU
I DE SANT PAU 1902-1912.
Barcelona.*

1. Lámpara corona de la sala de audición.
2. Lámpara de la sala de descanso del primer piso.
3. Lámpara del techo del vestíbulo posterior.
PALAU DE LA MÚSICA CATALANA
1905-1908.
Barcelona.

1. Central ceiling lamp in the concert hall.
2. Lamp for the 2nd floor lounge.
3. Ceiling lamp for the rear foyer.
PALAU DE LA MÚSICA CATALANA
1905-1908.
Barcelona.

ARCHIVO DE DISEÑOS / *DESIGN FILES* 55

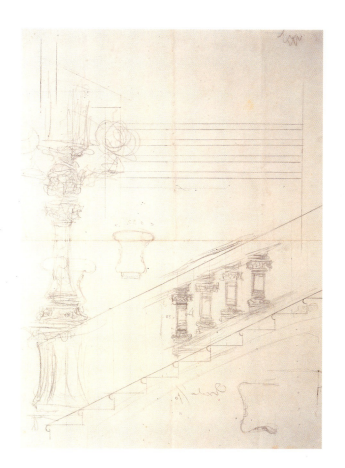

1,2. Lámpara de la escalinata del vestíbulo principal, dibujo.
PALAU DE LA MÚSICA CATALANA
1905-1908.
Barcelona.

1,2. Lamp for the stairway of the main foyer, drawing.
PALAU DE LA MÚSICA CATALANA
1905-1908.
Barcelona.

1. Mirilla de la puerta de entrada.
CASA THOMAS 1895-1898.
Barcelona.
2. Mirilla de la puerta de entrada.
CASA NAVÀS 1901-1907.
Reus, Tarragona.

*1. Peephole in the front door.
CASA THOMAS 1895-1898.
Barcelona.
2. Peephole in the front door.
CASA NAVÀS 1901-1907.
Reus, Tarragona.*

ARCHIVO DE DISEÑOS / *DESIGN FILES*

1-3. Herrajes de puerta.
CASA NAVÀS 1901-1907.
Reus, Tarragona.

*1-3. Door fittings.
CASA NAVÀS 1901-1907.
Reus, Tarragona.*

1. Tirador de la puerta de entrada.
2. Herrajes de la puerta.
CASA NAVÀS 1901-1907.
Reus, Tarragona.

1. Handle for front door.
2. Door fittings.
CASA NAVÀS 1901-1907.
Reus, Tarragona.

ARCHIVO DE DISEÑOS / *DESIGN FILES*   59

1. Tirador de la puerta.
CASA LLEÓ MORERA 1903-1905.
Barcelona.
2. Herrajes de la puerta.
CASA NAVÀS 1901-1907.
Reus, Tarragona.

1. Door handle.
CASA LLEÓ MORERA 1903-1905.
Barcelona.
2. Door fittings.
CASA NAVÀS 1901-1907.
Reus, Tarragona.

El vidrio

El vidrio protagonizó uno de los más completos repertorios del lenguaje estético-ornamental del Modernismo. Sus modelos y temáticas, recuperadas a partir de los presupuestos del movimiento romántico y de la revitalización de las técnicas medievales, se incorporan al rol función-ornamento dentro del nuevo espacio integral arquitectónico.

Superó la mera función de cerramiento de vanos para dotar de expresividad los espacios.

Ello incluye una manifestación artística sujeta a una nueva idea de diseño basada en temas naturalistas y figurativos. Luz y color se conjugan en una atmósfera interior creativa, y establecen una continuidad entre interior y exterior.

El origen de la vidriería modernista se sitúa en la recuperación de los modelos y técnicas del gótico y a partir de los métodos artesanales, revitalizados a mediados del siglo XIX por William Morris y Burne Jones en Inglaterra.

El taller de Eudaldo Ramón Amigó e Hijo fue el máximo exponente, en Catalunya, del trabajo del vidrio como actividad artística. Sin embargo, sus trabajos y restauración y la recuperación de modelos de vitrales historicistas, como los de la Catedral, las iglesias de Santa María del Mar, Santa María del Pi y de las Salesas, así como los del Paraninfo de la Universidad de Barcelona, no aportaron, a pesar de su perfecta ejecución, nuevas formas o texturas.

La búsqueda de nuevas formulas matéricas y formales se inició en y a partir del taller Castell dels Tres Dragons. Antoni Rigalt i Blanch, colaborador por excelencia en esta modalidad, realizó los modelos destinados a la arquitectura de Domènech. De su continuada relación se originó un extenso repertorio, iniciado en los vitrales del propio Café-Restaurant, una secuencia de vidrieras florales situadas en los montantes de las ventanas circundantes de la planta baja y primer piso. Es un primer trabajo de ascendencia historicista, también presente en los vitrales del hall del Palau Montaner en cuyo lucernario se compone un modelo que emula una pérgola de jardín con enredadera; los de la casa Roura en Canet de Mar que iluminan el salón-comedor y la salita de la rotonda; los de la casa-taller Josep Thomas y los del Seminario de Comillas. En estas primeras manifestaciones el vidrio presenta la textura del gótico catedral, emplomado y con aplicaciones de grisalla. Sus composiciones se basan en temas florales y vegetales de línea sencilla y precisa según *patterns* de la flor del cardo, la piña y la pasionaria. Destaca el colorido de los vitrales de estas primeras obras, antes de la exuberante presencia de la cerámica como elemento integrador en el conjunto espacial de interiores.

Ya en sus obras modernistas, las vidrieras artísticas desarrollan composiciones mucho más elaboradas, manifestando novedosos ambientes y depuradas técnicas de realización. Siempre bajo la extensa inspiración de la naturaleza de paisajes, escenas campestres, flores y aves, se originan armoniosos y equilibrados movimientos de tallos, hojas, frutos y figuras. Cada elemento aporta su valiosa colaboración de color y dinamismo, como la determinada participación de distintas especies florales (girasol, rosa, petunia, iris, dormidera, violeta, clavel, amapola, flor del cardo, crisantemo, hortensia) o la presencia de los vivos y etéreos plumajes de distintas aves. Se crea el género idílico y poético de jardines ya desde el interior de las casas, mediante grandes lucernas, galerías posteriores y rotondas, siempre con grandes superficies acristaladas.

En esta etapa el panorama de modelos y formas captadas de la naturaleza viene realzado por el empleo de nuevas texturas vítreas, modernas y variadas, como el vidrio americano, el impreso, de estrella y las cibas esféricas. Es el momento de los grandes y representativos edificios modernistas de Domènech. Aquellos grandes espacios a que antes aludíamos pueden llegar a constituir las rotondas posteriores de la Casa Lleó Morera, las galerías y ventanales del Instituto Pere Mata, el lucernario singular, en forma de cúpula invertida del Palau de la Música, sus muros cortina formulados en secuencia de guirnaldas que alternan con los respectivos campos cuarteados del escudo de la ciudad de Barcelona. Entre el programa menos extenso de las vidrieras del Hospital de la Santa Creu y Sant Pau, sujeto a los imperativos de su función médico-sanitaria, destacan los ventanales laterales del pabellón de la Administración en los que Domènech diseña, esencialmente, modelos emblemáticos de repertorio heráldico.

En la arquitectura domenequiana la vidriería converge en el importante rol de unificar y filtrar la luz incidente, al objeto de resaltar, aún más, el espacio interior y establecer la tan determinada línea de continuidad desde el exterior. Esta idea común al diseño y estética de los arquitectos y artistas europeos, coincide o incluso se adelanta en las obras de Domènech, si citamos como referencia paralela y afiliación más cercana a los representantes de l'École de Nancy, Gallé, Daum y Gruber.

Glass

Glass played one of the most important roles in shaping the aesthetic and ornamental language of Modernisme. Models and themes were recovered from the Romantic movement, medieval techniques were revived, and glass was incorporated into the new global concept of architecture as both a functional and decorative element. The functional role of glass to cover windowpanes was transformed, and its expressive potential was explored in indoor spaces. It became a medium for expressing a new design philosophy based on naturalistic and figurative motifs. The combination of light and color was used creatively in interiors and established a continuity between interiors and exteriors. Modernista glasswork began with the recovery of Gothic models and techniques and methods borrowed from Britain's 19th century Arts and Crafts movement, headed by William Morris and Burne-Jones.

The workshop Eudaldo Ramón Amigó e Hijo was the leading Catalan exponent of modernista glasswork conceived as an art form. But although his workshop did extremely fine work and was responsible for the restoration of such historic stained glass windows as those in the Barcelona cathedral, the churches of Santa María del Mar, Santa María del Pi and the Salesian order and the auditorium of the University of Barcelona, it contributed nothing new in the way of forms or textures.

The search for new forms and materials began in Domènech's workshop, the Taller del Castell dels Tres Dragons. Antoni Rigalt i Blanch collaborated closely with Domènech, in this field. Their joint efforts resulted in numerous and varied examples of stained glass windows which were used in Domènech's buildings.

Among the earliest examples of their work are the stained glass floral designs bordering all the windows on the ground and first floors of the Café-Restaurant. Historical motifs were also used for the glasswork in the hall of the Palau Montaner, whose stained glass window recalls a vine-covered pergola; the stained glass windows in the living room-dining room and the small salon in the rotunda of the Casa Roura in Canet; the windows of the Casa Thomas and those of the Comillas seminary. In these early works, cathedral glass is used, as well as leaded glass and grisaille. The patterns are simple, depicting floral and plant motifs such as thistles, pineapples and passion-flowers. The early stained glass windows were extremely colorful and predated Domènech's exuberant use of tile as an integrating element in his effort to achieve a consistent overall effect in his interiors.

In his modernista period, Domènech's stained glass windows were much more elaborate, using new motifs and techniques. Always taking his inspiration from Nature, his windows depicted landscapes, bucolic scenes, flowers and birds, in a harmonious and balanced relationship with stalks, leaves, fruit and figures. Every detail contributed to the color and dynamics of the whole, as did the deliberate use of certain kinds of flowers (sunflowers, roses, petunias, irises, poppies, violets, carnations, thistles, chrysanthemums, hydrangeas) and the bright and ethereal plumage of various birds. Idyllic, poetic gardens were created in Domènech's interiors through the use of large chandeliers, glassed-in rear galleries and rotundas with large expanses of glasswork.

During this stage in Domènech's development, the range of models and forms borrowed from nature is reinforced by the use of new, modern and diverse textures, such as Tiffany-style glass, etched glass, starred designs and raised hemispheres. It was the time when Domènech created his most important and representative Modernista works. The large spaces mentioned earlier were further developed in the rotunda at the back of the Casa Lleó Morera, the galleries and windows at the Institut Pere Mata, the unique inverted dome-shaped skylight in the Palau de la Música, and its curtain walls with sequences of garlands alternating with the quartered escutcheons of the City of Barcelona. The glasswork ensemble of the Hospital de la Santa Creu i Sant Pau, not as ambitious as the other works given the requirements of a health care environment, includes the noteworthy side windows in the Administrative Pavillon, where Domènech designed a series of models drawn form the heraldic tradition. In Domènech´s architecture, glasswork plays an important role in unifying the elements of an ensemble and filtering incoming light in order to emphasize the indoor space and ensure the all-important consistency with the outdoor architectural elements. This common concept of design and aesthetics, supported by European architects and artists at the time, was shared and even anticipated by Domènech, considering the parallel references of the representatives of the École de Nancy, such as Gallé, Daum and Gruber.

1-3. Cartelas de las ventanas.
1-3. Floral window panes.
CAFÉ-RESTAURANT 1887-1888.
Barcelona.

1. Cartelas de la puerta de entrada del Pabellón de Administración.
2. Vidrieras de la sala del billar, con motivo floral.
INSTITUT PERE MATA 1897-1919.
Reus, Tarragona.

1. Glass pane for the front door of the administration pavilion.
2. Stained glass windows with floral motif in the billiard room.
INSTITUT PERE MATA 1897-1919.
Reus, Tarragona.

ARCHIVO DE DISEÑOS / *DESIGN FILES* 63

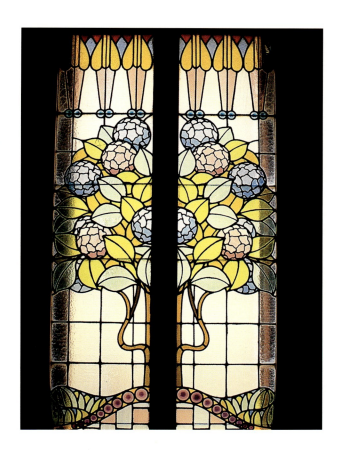
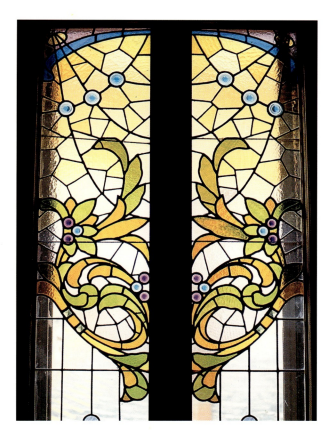

1. Vidriera del saloncito. Planta principal.
2. Vidriera de la puerta del patio.
CASA NAVÀS 1901-1907.
Reus, Tarragona.

1. Stained glass window in the small salon. Second floor.
2. Glass work in the door to the courtyard.
CASA NAVÀS 1901-1907.
Reus, Tarragona.

1-4. Detalles de las vidrieras.
CASA NAVÀS 1901-1907.
Reus, Tarragona.
5. Lucernario de la escalera principal del pabellón de Administración.
6. Vidriera de la sala de actos del pabellón de Administración.
HOSPITAL DE LA SANTA CREU I DE SANT PAU 1902-1912.
Barcelona.

1-4. Details of the stained glass windows.
CASA NAVÀS 1901-1907.
Reus, Tarragona.
5. Glass cupola above the main staircase of the administration pavilion.
6. Stained glass window in the auditorium of the administration pavilion.
HOSPITAL DE LA SANTA CREU I DE SANT PAU 1902-1912.
Barcelona.

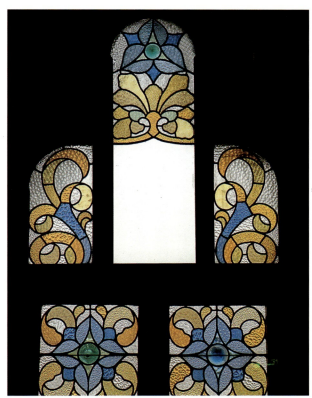

1. Vidriera de la rotonda.
2. Detalle de la vidriera.
CASA LLEÓ MORERA 1903 - 1905.
Barcelona.
3-5. Lucernario central de la sala de audición. Detalle.
PALAU DE LA MÚSICA CATALANA
1905-1908.
Barcelona.

1. Stained glass window in the rotunda.
2. Detail of the stained glass window.
CASA LLEÓ MORERA 1903 - 1905.
Barcelona.
3-5. Glass cupola in the concert hall. Detail.
PALAU DE LA MÚSICA CATALANA
1905-1908.
Barcelona.

ARCHIVO DE DISEÑOS / *DESIGN FILES*

El pavimento hidráulico

Con la incorporación del mosaico hidráulico a la gama de productos destinados a la construcción, se amplía el marco de formas y técnicas ornamentales y decorativas. El nuevo material se utiliza principalmente para pavimentos de zonas interiores. Son baldosas de mortero de cemento, molduradas y prensadas, con diferentes capas de materiales y con un fino acabado superior. Su composición originaria monocolor fue evolucionando hasta formar decoraciones secuenciales de motivos florales, geométricos y vegetales. El formato cuadrado oscila entre los 15 y los 40 cm de lado y entre los 2 y 2,5 cm de grosor.

La casa Butsems y Cía. (1856) fue pionera en su fabricación, seguida, ya entrado el siglo XX, de las firmas Escofet, Orsola Solà y Bulet, entre otras.

Domènech incorpora su uso como pavimento de las habitaciones interiores de las casas Lleó Morera y Navàs, el Instituto Pere Mata y el Palau de la Música Catalana. Él mismo es autor de dos diseños hechos por encargo de la casa Escofet, Tejera y Cía. con motivo de la edición de su Álbum-Catálogo de Pavimentos Artísticos nº 6, en 1900, y bellamente encuadernado según diseño de J. Pascó. El álbum contiene estos dibujos y los de otros prestigiosos artistas, los arquitectos Antonio Mª Gallissà, José Vilaseca, J. Font y Gumà, J. Puig y Cadafalch, y Arturo Mélida; los pintores, dibujantes y decoradores A. de Riquer, J. Fabré y Oliver, J. Pascó y Antonio Rigalt, entre muchos otros. Los diseños realizados por estos artistas son versiones sacadas de los estilos históricos (bizantino, románico, gótico y renacimiento), que componen un motivo central, secuencialmente repetido, y rodeado por una cenefa decorativa de modelo geométrico o fragmentos del tema principal.

Los modelos diseñados por Domènech, inventariados en el Álbum con los números 1017 y 1019, son más elaborados, no sólo por número de piezas sino también por la creatividad del diseño. Ambos presentan composiciones de clara ascendencia naturalista con elementos de flora y fauna, dibujando cada uno de los extremos y la cenefa circundante. En el modelo 1017, el «emblemata» o tema central tiene protagonismo floral, enmarcado por una secuencia de pequeñas abejas con motivo floral estilizado como remate en fleco. La gama cromática distribuye tonos suaves de verdes, azules y el blanco sobre fondo liso marrón oscuro. En el dibujo 1019, y con ciertas concomitancias compositivas, cambia el modelo. El fondo liso se convierte en baldosas con grácil dibujo de una serpiente con formas de dragón y hacia los extremos, de lo que podrían ser los flecos de una alfombra, sitúa un tratamiento estilizado de la flor del cardo. Como cenefa de enmarcamiento y cierre de los extremos, compone un modelo floral combinado con el movimiento de una salamandra.

Domènech utilizó en sus obras modernistas diferentes diseños de pavimentos, algunos de autoría desconocida y otros de artistas como A. de Riquer, C. Pellicer y A. Rigalt. De sus propios diseños, el 1017 se ha localizado en una habitación de la casa Lleó Morera y el 1019 en numerosos edificios de otros arquitectos de la época.

Ceramic Floor Tiles

When ceramic floor tiles began to be used as building materials the range of ornamental and decorative shapes and techniques increased considerably. The new material was largely used for interior flooring. The tiles were made of cement mortar and the different layers were molded, pressed and carefully finished. At first they were available only in solid colors, but eventually they were produced in sequential designs with floral, geometric and plant motifs. The square tiles measured from between 15 to 40 cm in height and width and were 2 to 2.5 cm thick.

Butsems y Cía. (1856) was the first company to produce ceramic tiles in Barcelona. By the beginning of the 20th century Butsems had been joined by a number of other firms, among them Escofet, Orsola Solà and Bulet.

Domènech used ceramic tile flooring in the interiors of the Lleó Morera and Navàs buildings, the Institut Pere Mata and the Palau de la Música Catalana. When Escofet, Tejera y Cía. published their Album-Catálogo de Pavimentos Artísticos, No. 6 in 1900, Domènech was commissioned to do two exclusive designs. The Album was a handsome bound volume designed by J. Pascó and contained designs not only by Domènech but by a number of other prominent artists as well. Among them were the architects Antonio Maria Gallissà, José Vilaseca, J. Font i Gumà, Josep Puig i Cadafalch and Arturo Mélida; and painters, illustrators and decorators like Alexandre de Riquer, J. Fabré i Oliver, J. Pascó and Antoni Rigalt. Their designs were adaptations of traditional styles (Byzantine, Romanesque, Gothic and Renaissance) and consisted of a recurring central motif framed in a decorative border made up of either geometric figures or fragments of the central motif.

Domènech's designs appeared in the Album as numbers 1017 and 1019 and are more elaborate than those of his contemporaries, not only because there were more pieces in his patterns (23 tiles in number 1017 and 20 in number 1019) but also due to the designs themselves. They were both extremely naturalistic depictions of flora and fauna, which were carried through on the end pieces and the surrounding borders. The central theme of Model 1017 was a floral motif, which was framed by a series of tiny bees and edged with a stylized floral design. The colors used were pale greens, blues and white on a solid dark brown background. Design 1019 was similar in composition, but with a change in pattern. The solid color background gave way to a graceful design depicting a dragon-like snake. Towards the end pieces there were fringe-like designs and stylized thistles, and the whole thing was bordered and finished on the ends with an undulating floral design. Domènech used different models of ceramic tiles in his modernista buildings. Some of them were designed by unknown craftsmen, others by artists as well known as Alexandre de Riquer, C. Pellicer and Antoni Rigalt. His own design number 1017 was used in one of the rooms in the Casa Lleó Morera while 1019 was used in numerous buildings by other architects of the time.

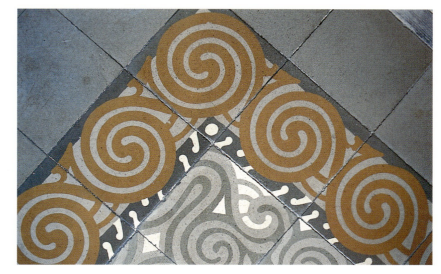

1-3. Pavimento hidráulico.
CASA LLEÓ MORERA 1903 - 1905.
Barcelona.

1-3. Tile floor.
CASA LLEÓ MORERA 1903-1905
Barcelona.

70

ARCHIVO DE DISEÑOS / *DESIGN FILES* 71

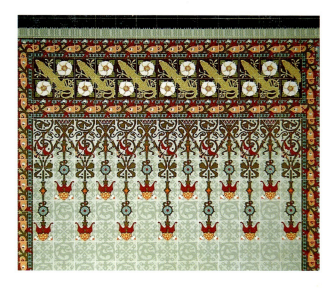

1,2. Pavimento hidráulico para la Casa
Escofet de Barcelona.
3-6. Detalles de pavimentos.

*1,2. Tile floor for Casa Escofet.
Barcelona.
3-6. Details of floor tiles.*

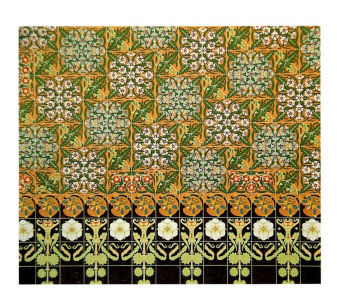
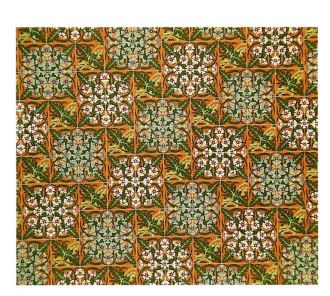

ARCHIVO DE DISEÑOS / *DESIGN FILES*

La cerámica y el mosaico

La cerámica en la arquitectura de Domènech y Montaner será inherente y secuencialmente utilizada en toda su obra; primero como recurso constructivo-ornamental por su disposición exterior en revestimientos de fachadas, cúpulas, cubiertas, elementos de remate, plafones, y en segundo lugar, dentro de la propuesta decorativa de interiores, creando ambientes llenos de matices coloristas, con variedad de materiales y texturas aplicados a techos, bóvedas, arrimaderos, nervaduras, «claves» y paredes.

El mosaico, dentro del mismo epígrafe, obedece a su propio origen, partiendo de la materia cerámica, mediante composición de teselas más o menos regulares, además de compartir espacios comunes o alternativos con aquélla. Ello nos permite realizar una lectura paralela.

El primer modelo de cerámica se sitúa en la cenefa de escudos dentro de la tipología de tarja que decoran, bajo cornisa, las cuatro fachadas del Café-Restaurante construido para la Exposición Universal de 1888. Cada uno de ellos, formados por azulejos de fondo blanco y dibujos azul celeste con autoría de A. de Riquer y Joan Llimona, dan una nota de color a los uniformes muros de ladrillo visto. El centro de producción fue la fábrica Pujol y Bausis.

El marco del Café-Restaurante fue también el escenario donde Domènech, en colaboración con A. Mª Gallissà y con el ánimo de ultimar los elementos decorativos del edificio, comenzó a experimentar, junto con artesanos especializados, todo el secreto revitalizador de la cerámica, como texturas, procesos y variedades, desde la aportación musulmana en su variante mudéjar peninsular con centros en Málaga, Granada y Sevilla, hasta su llegada a tierras valencianas de Manises y Paterna. Su lenguaje formal de signos presenta fauna, flora, figuras humanas, dibujos geométricos, heráldica y letras entrelazadas sobre azulejos cuadrados, triangulares, alfardones y aliceres, en texturas lisas, esmaltadas, en relieve, impresas y, según el modelaje de pintado a mano, con trepa y, más tarde, con producción seriada.

El mosaico recubre pavimentos y espacios murales. En los primeros prevalece el sistema de teselas del «romano», cuadrículas regulares que combinan piedras y mármoles de categorías y colores variados. Los modelos florales y vegetales con inclusión de fauna fantástica son los más representativos. En su adscripción naturalista predomina el «emblemata» de dibujo floral centrado y rodeado por una cenefa decorativa, como el que se conserva en el vestíbulo del Palau Montaner, o bien la composición que circunda el pasillo del patio de luces de la Casa Thomas, en su planta principal, que presenta cuatro medallones con león rampante inscrito, dentro del modelo de fauna fantástica.

El modelo de los azulejos cerámicos, en las primeras obras de Domènech, se inscribe dentro de un repertorio recuperado del gusto medieval y del renacimiento italiano. Lo utiliza en el revestimiento de fachadas como en la Casa Thomas, Iglesia del Seminario de Comillas, o componiendo plafones historiados como los de la fachada del Palau Montaner, a través de los cuales se refiere a la anécdota del mundo editorial y de la imprenta y a la actividad profesional de su propietario. El dibujo es de A. de Riquer. También dentro de esta primera época es cuando Domènech introduce un nuevo elemento cerámico alternado con los planos azulejos: el botón de reflejo metálico. Su origen lo hallaríamos en los «bacini» italianos, pero Domènech los utiliza en forma convexa a la hora de incorporarlos a una superficie. Pujol y Bausis sigue como proveedor de los azulejos y Mario Maragliano realiza el mosaico de los pavimentos.

En sus obras de etapa modernista, Fonda España, Casa Lleó Morera, Casa Navàs, Instituto Pere Mata, Hospital de la Santa Creu i de Sant Pau y el Palau de la Música Catalana, la cerámica y la musivaria alcanzan altas cotas de uso y expresión. El binomio línea-estética incluye un completo programa de modelos, formas y composiciones, de cuya conjugación surge el propio concepto orgánico y decorativo que Domènech impone a su arquitectura.

En la Fonda España, Casa Navàs y Casa Lleó Morera, la cerámica y el mosaico se integran en el espacio y volumen interiores formando arrimaderos, zócalos y plafones decorativos. Su repertorio temático incluye tal variedad de modelos que, a partir de él, podríamos redactar un verdadero tratado de la naturaleza. Flores y plantas combinan sus formas y colores creando ambientes de gran efecto lumínico. Domènech se mueve paralelamente en la línea de las teorías de E. Grasset cuando éste afirmaba que en la naturaleza tenemos todos los modelos de arte, pero que debemos interpretarlos con una intención nueva, acentuando determinados colores y completando ciertos movimientos que ella sólo esboza y deja inacabados. En algunos casos, la cerámica se complementa con otros materiales. Así sucede en el arrimadero de la Fonda España, donde los botones cerámicos que aluden a los distintos escudos de los reinos de España como referencia al nombre del local combinan el blanco y el azul inscritos en montantes de madera y rematados en colgadores tallados y esculpidos. En el comedor-restaurante la alternancia se realiza con mosaico. En la Casa Navàs y la Casa Lleó Morera la técnica musivaria compone escenas paisajísticas y ajardinadas en plafones decorativos a partir de dibujos y cartones de Francisco Labarta y José Pey.

En el grupo formado por el Instituto Pere Mata, Hospital de la Santa Creu i de Sant Pau y el Palau de la Música Catalana, la cerámica y el mosaico asumen su máxima representatividad. Su presencia se amplía a los grandes espacios de bóvedas y cubiertas, como revestimiento o formas secuenciales de cenefas florales, figurativas y geométricas, individualizadas o conjuntas.

Del Instituto Pere Mata de Reus destacamos los arrimaderos de cada una de sus plantas y el dibujo en secuencia ascendente en su escalera interior. En el recubrimiento de las bóvedas de las salas de la planta consigue asimismo un decorativo resultado mediante la combinación de azulejos lisos y esmaltados con las texturas en relieve de nervaduras y florones. Incorpora a su vez el modelo emblemático –el pavo real– de ascendencia oriental.

En el Hospital de la Santa Creu i de Sant Pau, su función sanitaria conllevó un repertorio de colores más limitado. Los pabellones de enfermos presentan en sus bóvedas y arrimaderos cerámicas monocromas, y más coloristas en las salas de día y vestíbulo. Como medida compensatoria, utiliza el azulejo hexagonal, apaisado y cenefa de remate con motivos en relieve. De todo el conjunto de cerámicas destacan las bóvedas del antiguo museo y actual biblioteca Cambó, ambas realizadas según la técnica revitalizada del alicatado, es decir, tipología constructiva de ladrillo con la aplicación de distintos perfiles cerámicos, como aliceres y alfardones que inscriben una iconografía referida al Hospital y a su mecenas Pau Gil. Su evocación histórica se sitúa en la cúpula del Convento de la Concepción, en Toledo. Otra nota de color la encontramos en la realización de las cubiertas con escamas esmaltadas y tejas barnizadas.

En el Palau de la Música Catalana se culminan todos los procesos y composiciones hasta ahora comentados. Domènech materializa un diseño de absoluta apoteosis de luz y color. Cada una de las actuaciones constructivas y decorativas, rectas, semicirculares, columnas, lucernario, cristaleras, revoltones cerámicos, meditadas en beneficio a un ajuste acústico de la propia sala, son también exponente de la correspondencia ornamental y estética entre interior y exterior, donde dispone balconada con columnata y capiteles florales, y el historiado repertorio de plafones. Todo realizado en mosaico. Cabe afirmar que aquí el color transmite el verdadero «feeling» del diseño.

Ceramic Tiles and Mosaics

The use of tile was a hallmark of Domènech i Montaner's architecture. He tiled façades, cupolas and terraces and used tiles as borders and in panels. He used tiles in interiors, creating rooms decorated in a range of tones, materials and textures, tiling ceilings and vaults, using tiles for wainscoting, ribs, keystone bosses and walls.
Bits of ceramic tile were used to form more or less regular tessellated designs. These mosaics were sometimes used in combination with ceramic tiling and sometimes as an alternative.
The first type of tile used by Domènech was the "calling card" model used in the border of escutcheons beneath the cornice on the four sides of the Café-Restaurant built for the 1888 World's Fair. White with a pale blue design, the tiles, designed by Alexandre de Riquer and Joan Llimona and manufactured by the Pujol y Bausis factory, gave a note of color to the raw brick walls.
It was also in the Café-Restaurant that Domènech began collaborating with Antonio Maria Gallissà and a number of skilled craftsmen in experiments aimed at revitalizing the use of tile as a decorative element. They worked to discover the secrets of the textures, production processes and varieties of tiles that had been used in Spain since the arrival of the Muslims in Malaga, Granada and Seville up to the time they reached Valencia, where they were produced in Manises and Paterna. The designs used included flora and fauna, human figures, geometric shapes, heraldic devices, interwined letters on tiles that might be square, triangular, hexagonal or laid in a frieze and with surfaces that might be smooth, glazed, in relief or handpainted models decorated with climbing vines, which were later mass produced.
Domènech used mosaics for flooring and walls. In floors he generally used the "Roman" system with regular squares of different types of stone and marble combined in a variety of colors, most often shaping floral or plant designs enhanced with the addition of imaginary fauna. One of the most typical designs featured a central floral motif surrounded by a decorative border and can be seen in the hall of the Palau Montaner and in the second floor corridor overlooking the courtyard of Casa Thomas where the mosaics depict lions rampant enclosed in four medallions.
In his early work Domènech used ceramic tiles reminiscent of the Middle Ages and the Italian Renaissance to cover façades (Casa Thomas, the seminary church in Comillas) or in narrative panels like the ones on the front of the Palau Montaner, which depicted the publishing and printing worlds of the building's owner. The designs for these panels were by Alexandre de Riquer. At this early stage Domènech also began alternating the use of plain tiles and tiles with a metallic luster. These were inspired by the Italian "bacini", although Domènech used them in a convex version. Pujol i Bausis continued to supply the ceramic tiles for Domènech's work and Mario Maragliano produced the mosaic flooring.
In his modernista period (Fonda España, the Lleó Morera and Navàs buildings, Institut Pere Mata, Hospital de la Santa Creu i de Sant Pau and the Palau de la Música Catalana), Domènech's use of tile and mosaic was even more pronounced and creative, with a full range of the designs, shapes and compositions that made his architecture so original.
In the Fonda España and the Lleó Morera and Navàs buildings he used tiles and mosaics in wainscoting, baseboards and decorative panels. The designs were so varied as to comprise a complete study of Nature. The shapes and colors of flowers and plants were combined to create wonderfully luminous rooms. Domènech subscribed to the theories of E. Grasset, who said, "All of art's models can be found in Nature, but it is up to us to give them new meaning, accentuate certain colors and complete certain movements that Nature only hints at and leaves unfinished". Sometimes he used tiles in combination with other materials: the wainscoting in the Fonda España with its blue and white tile escutcheons of the Spanish kingdoms is framed by wooden uprights that end in carved coat pegs. In the dining-room-reaturant ceramic tiles alternate with mosaics. In the Navàs and Lleó Morera buildings, the mosaics are used to decorate panels with landscape and garden scenes based on drawings and cartoons by Francesc Labarta and Josep Pey.
Ceramic tile and mosaics are used to their greatest effect in the Institut Pere Mata, the Hospital de la Santa Creu i de Sant Pau and the Palau de la Música Catalana. The surfaces of the spacious vaults and roofs are sometimes completely tiled; at other times the tiles form continuous borders with floral, figurative and geometric designs used either singly or in combination. Particularly striking is the wainscoting in the Institut Pere Mata in Reus, which is different on each floor of the building, and the continuous picture tiles that follow the upward climb of the interior staircase. The vaults on the ground floor are decoratively tiled with a combination of solid color and glazed tiles with ribbed relief designs, large flowers and an oriental peacock motif.
Due to the very nature of the building the colors used in the Hospital de la Santa Creu i de Sant Pau are more restrained. The ceiling vaults and the wainscoting in the wards are tiled in solid colors while in the day rooms and the entry hall Domènech used brighter tones. To compensate for the plainer colors he used hexagonal tiles that are broader than they are high and bordered with a relief design. Perhaps the most outstanding use of tile in the hospital is in the vaulted ceilings of the former museum, now the Cambó library, where Domènech revived the technique known as alicatado to form a frieze whose iconography refers to the hospital and its patron Pau Gil and takes its inspiration from the Convent of the Conception in Toledo. Another note of color is to be found on the roofs where glazed tiles and varnished bricks are arranged in a fish-scale design.
Domènech's use of tile reaches its culmination in the Palau de la Música Catalana, which is an apotheosis of light and color. Every feature of the construction and decoration - straight and semi-circular surfaces, columns, windows, intersecting walls were all designed with the acoustics of the auditorium in mind and yet just the right balance is struck between the building's exterior, with its colonnaded balconies and floral capitals and the interior with its famous mosaic panels. Here, it is the use of color that gives Domènech's design its true feeling.

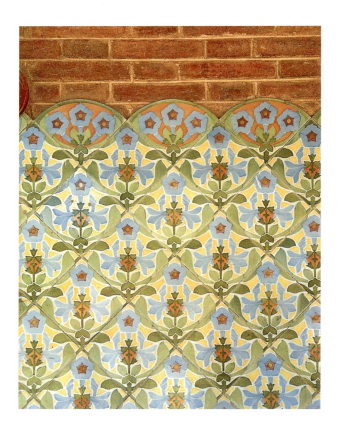
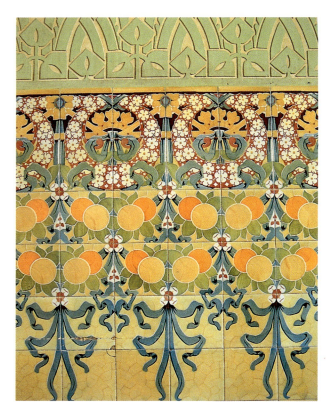

1. Arrimadero del porche posterior del pabellón de los "Distingits".
2. Arrimadero del comedor del pabellón de los "Distingits".
3. Arrimadero del baño del pabellón de los "Distingits".
4-7. Arrimaderos de los pasillos.
INSTITUT PERE MATA 1897-1919.
Reus, Tarragona.

1. Wainscoting in the rear porch of the "VIP" pavilion.
2. Wainscoting in the dining room of the "VIP" pavilion.
3. Wainscoting in the bathroom of the "VIP" pavilion.
4-7. Wainscotings in the hallways
INSTITUT PERE MATA 1897-1919.
Reus, Tarragona.

ARCHIVO DE DISEÑOS / *DESIGN FILES*

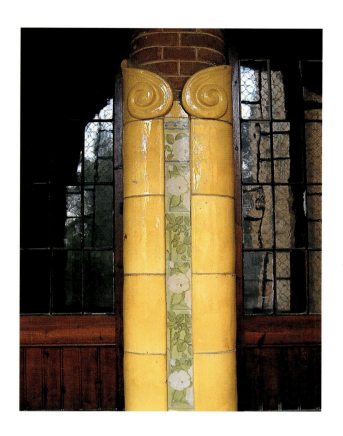
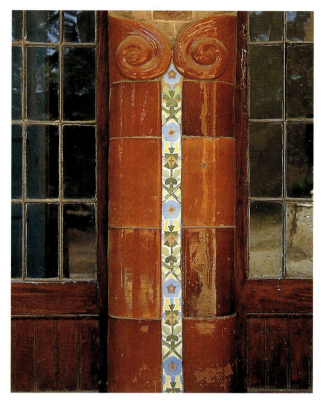

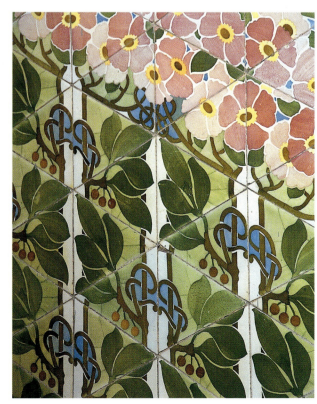

1,2. Arrimadero de la sala, primera planta.
CASA NAVÀS 1901-1907.
Reus, Tarragona.
3. Arrimadero del pasillo.
CASA LLEÓ MORERA 1903-1903.
Barcelona.
4. Arrimadero del pasillo del pabellón de Administración y la Sala de Actos.
HOSPITAL DE LA SANTA CREU I DE SANT PAU 1902-1912.
Barcelona.
5-7. Arrimadero de la sala de audición, hemiciclo, pasillo y del hall posterior.
PALAU DE LA MÚSICA CATALANA.
1905-1908 Barcelona.

*1,2. Wainscoting in the 2nd floor salon.
CASA NAVÀS 1901-1907.
Reus, Tarragona.
3. Wainscoting in the hallway.
CASA LLEÓ MORERA 1903-1905.
Barcelona.
4. Wainscoting in the hallway of the administration pavilion and the auditorium
HOSPITAL DE LA SANTA CREU I DE SANT PAU 1902-1912.
Barcelona.
5-7. Wainscoting in the auditorium, dress circle and corridor, and the rear foyer.
PALAU DE LA MÚSICA CATALANA 1905-1908.
Barcelona.*

ARCHIVO DE DISEÑOS / *DESIGN FILES* 79

1,2. Techos del pabellón de los "Distingits".
INSTITUT PERE MATA 1897-1919.
Reus, Tarragona.

*1,2. Ceilings of the "VIP" pavilion.
INSTITUT PERE MATA 1897-1919.
Reus, Tarragona.*

ARCHIVO DE DISEÑOS / *DESIGN FILES*

1,2. Dibujo y detalle del techo del pabellón de Administración.
HOSPITAL DE LA SANTA CREU I DE SANT PAU 1902-1912.
Barcelona.

1,2. Drawing and detail of the ceiling of the administration pavilion
HOSPITAL DE LA SANTA CREU I DE SANT PAU 1902-1912.
Barcelona.

1,2. Techos del pabellón
de Administración.
HOSPITAL DE LA SANTA CREU
I DE SANT PAU 1902-1912.
Barcelona.

*1,2. Ceiling of the administration pavilion.
HOSPITAL DE LA SANTA CREU
I DE SANT PAU 1902-1912.
Barcelona.*

ARCHIVO DE DISEÑOS / *DESIGN FILES* 83

1-3. Techos del pabellón de Administración.
HOSPITAL DE LA SANTA CREU
I DE SANT PAU 1902-1912.
Barcelona.

1-3. Ceiling of the administration pavilion.
HOSPITAL DE LA SANTA CREU
I DE SANT PAU 1902-1912.
Barcelona.

1-3. Sala de audición. Detalle del techo.
4. Pórtico de la entrada principal.
PALAU DE LA MÚSICA CATALANA
1905-1908.
Barcelona.

1-3. Concert hall. Detail of the ceiling.
4. Portico at main entrance.
PALAU DE LA MÚSICA CATALANA
1905-1908.
Barcelona.

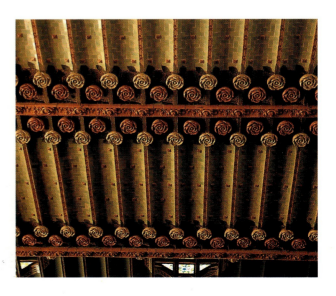

ARCHIVO DE DISEÑOS / *DESIGN FILES* 85

1-4. Revestimientos de la iglesia.
SEMINARIO DE COMILLAS 1889-1899.
Comillas, Cantabria.

1-4. Revetment of the church.
COMILLAS SEMINARY 1889-1899.
Comillas, Cantabria.

1. Revestimiento de la fachada.
CASA THOMAS 1895-1898.
Barcelona.

*1. Revetment of the façade.
CASA THOMAS 1895-1898.
Barcelona.*

ARCHIVO DE DISEÑOS / *DESIGN FILES*

1,2. Plafones cerámicos de la fachada posterior.
INSTITUT PERE MATA 1897-1919.
Reus, Tarragona.

1,2. Ceramic panels on rear of building.
INSTITUT PERE MATA 1897-1919.
Reus, Tarragona.

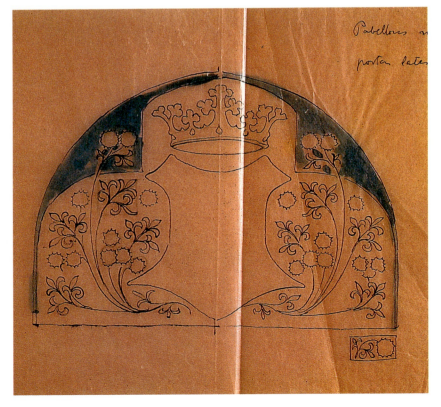

1,2. Plafón cerámico y dibujo de la ventana lateral del pabellón de los Enfermos.
3-6. Torre de las aguas. Dibujo.
HOSPITAL DE LA SANTA CREU I DE SANT PAU 1902-1912.
Barcelona.

*1-2. Ceramic panel and drawing of side window in the patients pavilion.
3-6. Water tower drawing.
HOSPITAL DE LA SANTA CREU I DE SANT PAU 1902-1912.
Barcelona.*

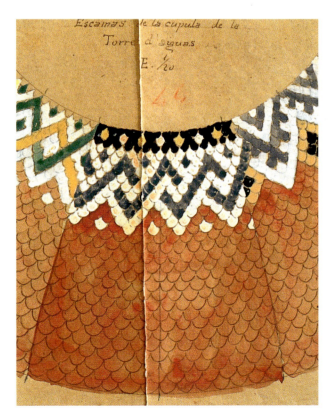
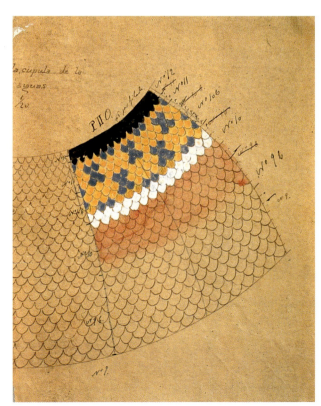

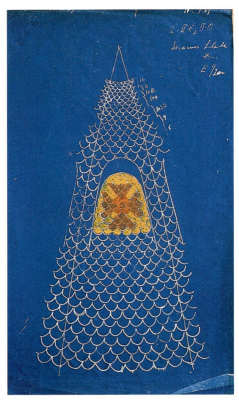

1,2. Coronamiento del pabellón de la sala de día.
HOSPITAL DE LA SANTA CREU I DE SANT PAU 1902-1912.
Barcelona.

1,2. Crest on the day room pavilion.
HOSPITAL DE LA SANTA CREU I DE SANT PAU 1902-1912.
Barcelona.

ARCHIVO DE DISEÑOS / *DESIGN FILES*

 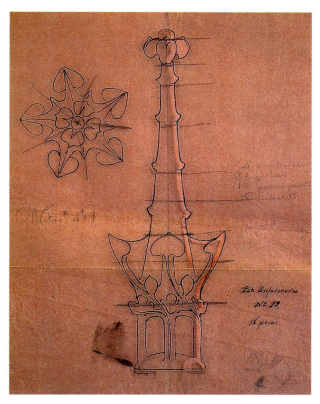

1,2. Coronamientos de los pabellones
del conjunto.
HOSPITAL DE LA SANTA CREU
I DE SANT PAU 1902-1912.
Barcelona.

*1,2. Crests on the hospital pavilions.
HOSPITAL DE LA SANTA CREU
I DE SANT PAU 1902-1912.
Barcelona.*

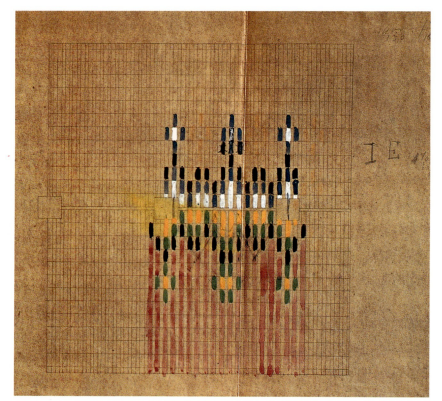

1,2. Techo del pabellón de los enfermos.
HOSPITAL DE LA SANTA CREU
I DE SANT PAU 1902-1912.
Barcelona.

*1,2. Roof of the patients' pavilion.
HOSPITAL DE LA SANTA CREU
I DE SANT PAU 1902-1912.
Barcelona.*

ARCHIVO DE DISEÑOS / *DESIGN FILES* 93

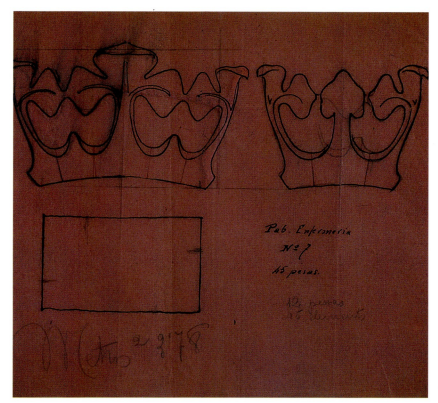

1,2. Coronamiento de los pabellones del conjunto.
HOSPITAL DE LA SANTA CREU I DE SANT PAU 1902-1912.
Barcelona.

1,2. Crests on the hospital pavilions.
HOSPITAL DE LA SANTA CREU
I DE SANT PAU 1902-1912.
Barcelona.

1,2. Arrimadero del restaurante.
FONDA ESPAÑA 1902-1903.
Barcelona.
3-6. Columnas.
PALAU DE LA MÚSICA CATALANA 1905-1908.
Barcelona.

1,2. Wainscoting in the restaurant.
FONDA ESPAÑA 1902-1903.
Barcelona.
3-6. Columns.
PALAU DE LA MÚSICA CATALANA 1905-1908.
Barcelona.

ARCHIVO DE DISEÑOS / *DESIGN FILES*

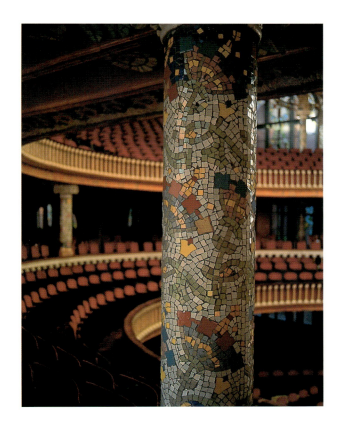

1-4. Musas del hemiciclo de la sala de audición.
PALAU DE LA MÚSICA CATALANA
1905-1908.
Barcelona.

1-4. Muses on the stage walls of the concert hall.
PALAU DE LA MÚSICA CATALANA
1905-1908.
Barcelona.

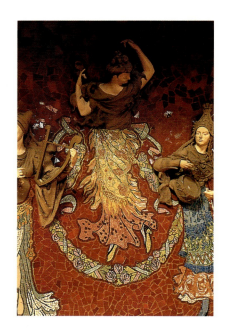

ARCHIVO DE DISEÑOS / *DESIGN FILES*　97

1,2. Dibujo del panteón de Jaume I
1908. Tarragona.
3-5. Detalle de las columnas.
PALAU DE LA MÚSICA CATALANA
1905-1908.
Barcelona.

1,2. *Drawing of the monument to Jaume I*
1908. Tarragona.
3-5. Detail of the columns. PALAU DE LA
MÚSICA CATALANA
1905-1908.
Barcelona.

La madera

Las estructuras de madera, como recubrimiento de superficies (envigados, artesonados, arrimaderos, parquets) y en la realización de puertas, barandillas y acabados, se manifiestan en la obra de Domènech con un nuevo y amplio marco de posibilidades estético-ornamentales. El diseño en la carpintería artística, unido ya por defecto a su propia nobleza matérica, consolida más, si cabe, la unidad de estilo. Su tratamiento incluye un gran escenario de imaginación y fuerza creativa del arquitecto. Domènech participa totalmente de que la consecución de la obra de arte se logra a través de la aplicación de distintas disciplinas. Majestuosas residencias y casas particulares son escenarios propicios para la adecuada disposición de la carpintería artística, exornando vestíbulos, salones, salas-comedor y habitaciones.

En el revestimiento y ornato de techos, Domènech alterna las estructuras planas y vigas vistas con los elaborados artesonados de casetones. En cualquiera de los casos, el arquitecto da muestras de su conocimiento técnico y estético, incorporando a su vez soluciones de nueva creación. En el primer caso, los envigados transforman el espacio plano en decoradas bovedillas o revoltones donde generalmente desarrolla un tema floral de decoración policroma con gran protagonismo del dorado. Dichos espacios se encuentran delimitados por vigas vistas, constituyendo plafones rectangulares o cuadrados, también decoradas con dibujos policromos o incisos. Su lenguaje decorativo desarrolla temas esencialmente vegetales y florales, combinando en algunos casos con leyendas en caracteres góticos y motivos de fauna simbólica y emblemática. Algunos ejemplos ya incluyen en una primera época plafones con elementos de talla y bulto, acercándose al tratamiento de artesonado (Palau Montaner, Casa-taller Josep Thomas).

En otra versión Domènech utiliza la carpintería de revestimiento, a partir de la inclinación de la cubierta. En consecuencia, el techo interior se encuentra rematado por un techo plano en la parte central. Su aplicación se generaliza en espacios que integran una doble altura, como el salón-comedor de la Casa Roura. Otro ejemplo lo ilustra el espléndido artesonado presente en la gran escalinata del Seminario de Comillas. Su composición formada por una escultórica superposición de cuerpos, presentando una galería de columnas, cornisas molduradas, florones y pinjantes.

En el capítulo de artesonados, la articulación de estructuras de madera recubren completamente el techo. Los elementos de carpintería artística conforman elementos de talla dibujando coronas de flores que circundan espacios cóncavos, inscribiendo decorado naturalista en dorado o con trabajo de marquetería. De la misma manera, los envigados presentan vigas vistas con cabezas con motivos florales, florones e incrustaciones en marquetería (Casa Lleó Morera y Navàs).

Dentro de los elementos de cerramiento y separación, Domènech diseña canceles, arrimaderos, puertas y barandillas. Como protección de portales y división de oficinas, la utilización de canceles contribuye a la estética decorativa de interiores. Sus maderas se hallan tratadas con dibujos en incisión y repujados, componiendo modelos florales y arquitectónicos, añadiendo además suntuosidad al entorno (Palau Montaner, Casa-taller Josep Thomas); el conjunto de arrimaderos y barandillas complementan el interiorismo de las estancias y conforman la protección de las balconadas de galerías y terrazas dibujando un motivo vegetal con trabajo calado (Café-Restaurante, Casa Roura) y, en los arrimaderos, revistiendo paredes mediante plafones rectangulares o cuadrados, decorados con marquetería o combinando la madera con la cerámica (Casa Lleó Morera, Navàs, Instituto Pere Mata, Fonda España).

El último programa sobresaliente lo constituye el tratamiento de las puertas, donde Domènech desarrolla un amplio abanico de posibilidades, no sólo funcionales, como las de dos hojas, corredera y de librillo, sino que en cada caso sabe aplicar el adecuado motivo ornamental. En un primer ejemplo, y en el marco de interiores, utiliza la estructura de cuarterones con plafones rectangulares y cuadrados, cuya decoración radica en la cornisa de enmarcamiento exterior de representaciones escultóricas de animales emblemáticos (Palau Montaner); para el Seminario de Comillas diseña las puertas del laboratorio de Ciencias Naturales y de la biblioteca. Bellos trabajos en relieve con fuerte carga simbólica, también bien expresados en las puertas laterales de casa-taller Josep Thomas que inscriben en sus plafones cuidados dibujos incisos y en resalte de estilizadas lechuzas y canes guardianes respectivamente.

En su parcela modernista, manteniendo las mismas características formales, las puertas presentan un amplio repertorio de aplicaciones naturalistas: flores, tallos, guirnaldas. Además del tratamiento en relieve, rehundido o repujado, la marquetería toma el relevo como técnica decorativa por excelencia (Casa Lleó y Navàs). El mueblista-decorador Gaspar Homar y Mezquida fue la persona en la que recaía la responsabilidad de encontrar el motivo o conjunto equilibrado que pudiera converger en el concepto estético-ornamental del espacio unitario proyectado por Domènech.

Wood

Wood, used for beams, panels, baseboards, parquet flooring and in doors, railings and a variety of details takes on a new aesthetic and decorative meaning in the work of Domènech i Montaner. When coupled with the inherent nobility of wood as a material Domènech's designs became an even more eloquent expression of his inimitable style. He used wood with all his imagination and creative power, shaping veritable works of art.

Palatial homes provided a perfect setting for artistic carpentry, which embellished halls, salons, living and dining rooms, and bedrooms.

Domènech often chose wood for his ceilings. Sometimes he used beams; at other times he preferred elaborate paneling, but no matter which he chose, his technical mastery and aesthetic sense was always evident and his design solutions innovative. He used beams to transform the flat ceiling space into decorative arches or frames, generally painted with a floral motif and enhanced with a liberal use of gilt. These spaces were square or rectangular panels bordered with exposed beams that were also decorated with painted or carved designs. His designs were mostly floral or foliate and were sometimes combined with Gothic lettering, symbolic animals and heraldic devices. Some early examples included panels with raised carvings (Palau Montaner, Casa Thomas).

In another version Domènech lined the inner slopes of the roof with wood, leaving a flat ceiling in the center. He used this solution particularly in rooms like the living-dining room in the Casa Roura, which was two stories high, Yet another version can be seen in the splendid panelling in the Comillas seminary, which combines with the great staircase to form a sculptured composition of columns, molded cornices, rosettes and bosses.

His panelled wooden ceilings are concave spaces outlined with artistic carvings in the shape of wreaths, gilded naturalistic carvings or inlaid with marquetry. Marquetry is also used on the headers of his exposed ceiling beams as are carvings of floral motifs, and rosettes (Lleó Morera and Navàs buildings).

Domènech used wooden screens, wainscoting, doors and railings to enclose and separate different spaces. His use of decorative grilles to protect entryways and divide office spaces made his interiors particularly attractive. His use of woodwork that was incised or decorated with repoussé floral designs gave his rooms an especially luxurious quality (Palau Montaner, Casa Thomas). Railings enhanced with fretwork in a foliate design served to protect gallery balconies and terraces (Café-Restaurant, Casa Roura) while complementing the interior decoration, as did use of wooden wainscoting in rectangular or square panels inlaid with marquetry or combined with tiles (Casa Lléo Morera, Casa Navàs, Institut Pere Mata, Fonda España).

The way Domènech handled doors was also outstanding. Not only did he employ a variety of different types: French doors, sliding doors, folding doors, but he also knew how to select the right ornamentation for each one. In one of the earliest examples of his interior doors he used rectangular and square panels, adorning the cornice of the outer frame with sculptured animals (Palau Montaner); he designed doors with symbolic relief work for the Natural Sciences Laboratory and the Library of the Comillas seminary. For the side doors of the Casa Thomas he used incised carvings of stylized owls and reliefs of watchdogs.

When he moved into Modernisme, his doors retained their same characteristic forms, but were adorned with a wide variety of naturalistic designs: flowers, stalks, garlands. In addition to bas relief and high relief carvings, marquetry became one of his most effective decorative techniques (Lleó Morera and Navàs buildings).

The interior decorator and furniture designer Gaspar Homar i Mezquida was in charge of translating Domènech's aesthetic and ornamental ideas for particular spaces into reality by finding just the right motif or producing just the right furnishings.

1. Puerta de entrada.
CASA ROURA 1889-1890.
Canet de Mar, Barcelona.
2. Puerta de entrada de los talleres.
CASA THOMAS 1895-1898.
Barcelona.

1. Front door.
CASA ROURA 1889-1890.
Canet de Mar, Barcelona.
2. Door leading to the printer's shop.
CASA THOMAS 1895-1898.
Barcelona.

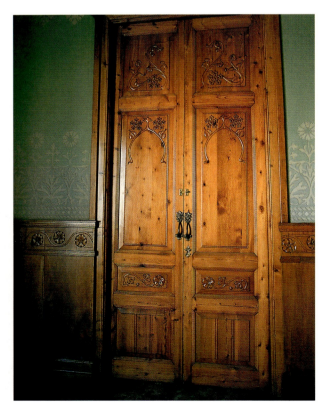

1,2. Puertas de entrada a la biblioteca y laboratorio.
SEMINARIO DE COMILLAS 1889-1899.
Comillas, Cantabria.
3. Puerta de la sala del billar.
INSTITUT PERE MATA 1897-1919.
Reus, Tarragona.
4. Puerta en el segundo piso.
CASA LLEÓ MORERA 1903-1905.
Barcelona.
5. Detalle de las terrazas.
CAFÉ-RESTAURANT 1887-1888.
Barcelona.
6. Arrimadero de la sala del billar.
INSTITUT PERE MATA 1897-1919.
Reus, Tarragona.
7. Detalle del arrimadero.
CASA LLEÓ MORERA 1903-1905.
Barcelona.

1,2. Doors to the library and laboratory.
COMILLAS SEMINARY 1889-1899.
Comillas, Cantabria.
3. Door to the billiard room.
INSTITUT PERE MATA 1897-1919.
Reus, Tarragona.
4. Third floor.
CASA LLEÓ MORERA 1903-1905.
Barcelona.
5. Detail of the terraces.
CAFÉ-RESTAURANT 1887-1888.
Barcelona.
6. Wainscoting in billiard room.
INSTITUT PERE MATA 1897-1919.
Reus, Tarragona.
7. Detail of the wainscoting.
CASA LLEÓ MORERA 1903-1905.
Barcelona.

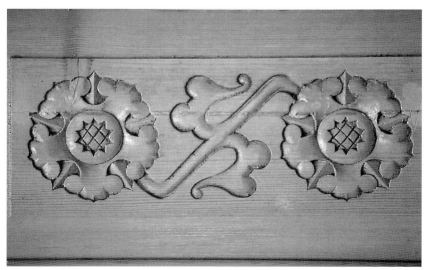

1-3. Artesonado de la caja de la escalera.
SEMINARIO DE COMILLAS 1889-1898.
Comillas, Cantabria.

*1-3. Carved wood stairwell.
COMILLAS SEMINARY 1889-1899.
Comillas, Cantabria.*

ARCHIVO DE DISEÑOS / *DESIGN FILES*   103

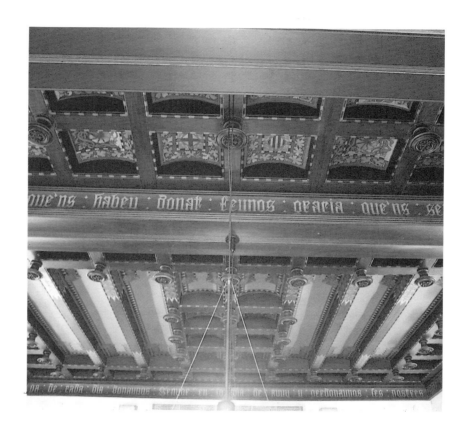

1,2. Techo del salón. Detalle.
CASA THOMAS 1895-1898.
Barcelona.

*1,2. Ceiling in the salon.
CASA THOMAS 1895-1898.
Barcelona.*

1. Artesonado del salón del primer piso.
2,3. Detalles del techo.
CASA LLEÓ MORERA 1903-1905.
Barcelona.

1. Carved woodwork in the 2nd floor salon.
2,3. Details of the ceiling.
CASA LLEÓ MORERA 1903-1905.
Barcelona.

1,2. Artesonado del segundo piso.
CASA LLEÓ MORERA 1903-1905.
Barcelona.
3. Detalle del techo de la planta baja.
CASA DOMÈNECH.
Canet de Mar, Barcelona.

1,2. Carved woodwork on third floor.
CASA LLEÓ MORERA 1903-1905.
Barcelona.
3. Detail of ground floor ceiling.
CASA DOMÈNECH.
Canet de Mar, Barcelona.

1,2. Arrimadero del restaurante.
FONDA ESPAÑA 1902-1903.
Barcelona.

*1,2. Wainscoting in the restaurant.
FONDA ESPAÑA 1902-1903.
Barcelona.*

1. Detalle del arrimadero.
CASA DOMÈNECH.
Canet de Mar, Barcelona.

1. Detail of the wainscoting.
CASA DOMENECH.
Canet de Mar, Barcelona.

El hierro

El hierro como arte aplicada y ornamental de la arquitectura se manifiesta en el período del Modernismo, con fuerte protagonismo artístico a través de la recuperación artesanal de la forja. El uso de la fundición, aportación de la tecnología moderna, se reserva para elementos estructurales como viguetas, columnas, jácenas y arcos.

Domènech, receptivo al progreso, ya incorpora la fundición en columnas y arcos de sus primeros edificios (Editorial Montaner y Simón y Café-Restaurante) y en la fábrica de ladrillo visto (sistema utilizado en los primeros rascacielos norteamericanos de Sullivan), así como en el Palau de la Música y en el Hospital de la Santa Creu i de Sant Pau.

En los elementos de forja, se observan distintos tratamientos: la plancha recortada en la veleta y coronamiento del Ateneo Catalanista de Canet de Mar; la forja artística, en la que manifiesta un extenso repertorio de barandillas, rejas, veletas y elementos ornamentales.

Consigue siempre la perfecta conjugación entre función y artisticidad. En la Editorial Montaner y Simón, por ejemplo, protege las ventanas del semisótano con rejas de novedosa factura: textura planchada y recortada para el dibujo del águila de alas extendidas, acompañada por el grácil y sinuoso movimiento de las dos serpientes encaradas. Su composición y tratamiento es una clara y aventajada muestra del estilo «coup de fouet», característico del Art Nouveau. Como inicio del diseño floral, Domènech realiza las dos rejas de la gran arcada rebajada de la fachada de la casa-taller J. Thomas. Presenta dos modelos diferenciados. Uno, el del semisótano, desarrolla una secuencia del mismo modelo floral, en barrotes de sección cuadrada y entorcijados; otro, el del entresuelo, conforma una barandilla de elementos en cuarto de esfera, barrotes en tirabuzón y un modelo floral en las zonas intermedias.

Domènech utiliza también la forja en las puertas de las verjas que rodean los recintos de los conjuntos arquitectónicos (Instituto Pere Mata y Hospital de la Santa Creu i de Sant Pau), donde manifiesta un programa decorativo a través de modelos florales y simbólico-figurativos, surgiendo de la propia estructura de barrotes. Sobre puertas de madera utiliza también el hierro. En las del Ateneo Catalanista de Canet de Mar dibuja las iniciales de la institución entrelazadas. En la Casa Roura, con puerta claveteada, prolonga cada una de las bisagras hasta formar la «R» inicial del apellido.

Para el diseño de remates y coronamientos de características arquitectónicas es el hierro el material empleado. El cupulino del Café-Restaurante, coronando la torre del homenaje, es el ejemplo más espectacular. Su desarrollo descansa sobre una cúpula de escamas con tratamiento cerámico y metálico, desde la que se origina un cuerpo de tejadillos a dos aguas, a su vez cubiertos con escamas de calidad metálica. Unos gráciles gallos de forja decoran sendos ángulos interiores. Remata con floral crestería y linterna coronada por estilizada veleta de león dragonado.

Domènech, asimismo, utiliza otras categorías de metales, como el latón y el bronce. Ambos los encontramos presentes en el Seminario de Comillas. El latón repujado y clavado a una estructura de madera lo sitúa en la puerta de entrada a la Iglesia del Seminario. Su composición escenifica la Leyenda de San Jorge dando muerte al Dragón. En las puertas de entrada al Seminario utiliza el bronce mediante la técnica de la cera perdida (modalidad importada de Italia y que permite la fiel reproducción del modelo y el completo acabado de todos sus detalles). El diseño es de Domènech, la realización de los modelos en yeso es de E. Arnau y el fundido de los talleres de Masriera y Campins.

En la arquitectura de Domènech el hierro, sin tener el extenso rol protagonizado por otras materias como la cerámica y el vidrio, sí asume no obstante, en el más amplio sentido de la palabra, plena libertad de formas, temáticas y funciones decorativas.

Iron

The use of forged or wrought iron was revived and much used in architectural ornamentation during the modernista period. The more modern cast iron was reserved for structural elements such as beams, columns, girders and arches. Always open to new inventions, Domènech began using the cast iron process in some of his earliest buildings (the Montaner i Simón publishing house and the Café-Restaurant) and between the raw brick surfaces in the Palau de la Música and the Hospital de Sant Pau (a system used by Sullivan in the first U.S. skyscrapers).

Domènech's use of iron ranged from the cutout on the weather vane that crowns the Ateneu Catalanista in Canet de Mar to the artistic wrought iron work in a broad repertoire of railings, grilles, weather vanes and other ornamentation.

He always managed to strike a perfect balance between functionality and artistry. In the Montaner i Simón building for example, he protected the street level windows with innovative grilles: sheet iron cut into the shape of an eagle with its wings extended and beneath it two sinuously graceful serpents in a fine example of the coup de fouet style so characteristic of Art Nouveau.

One of his earliest experiments in floral designs is on the two grilles of the large segmented arch on the façade of the Casa Thomas. Here there are two different designs: the one on the grille of the sunken ground floor repeats a section of a single floral pattern in square cut, twisted bars; the other on the mezzanine floor features quarter circles, corkscrew bars and a floral motif in the spaces in between.

Domènech also used wrought iron on the gates of the fences surrounding the Institut Pere Matas and the Hospital Sant Pau: their floral models and figurative symbols grow out of the very structures of the railings themselves. He also used wrought iron touches on wooden gates and doors. The entwined wrought iron initials of the Ateneu Catalanista in Canet de Mar decorated the wooden door. The door of Casa Roura is studded with iron and the hinges extend across to the wooden surface to form the "R" of the owner's name.

He used iron structures to crown some of his buildings. The most spectacular was the small cupula that crowned the tower of the Café-Restaurant. It rested on a larger cupola covered with tile and metal in a fish-scale design out of which emerged a peaked roofed structure also covered in metallic scales. Graceful wrought iron

roosters adorn the inner angles. The whole thing is topped with a floral crest and lantern crowned by a stylized weather vane in the form of a fantastic dragon/lion. Domènech also used brass and bronze. An embossed brass scene depicting Saint George slaying the dragon decorates the entry gate to the Comillas seminary church. Bronze is used for the seminary doors and the lost wax technique was employed. This is an Italian technique that makes it possible to faithfully reproduce the original model down to its smallest details. Domènech did the design, Eusebi Arnau made the plaster molds and the bronze was cast in the Talleres de Masriera i Campins.
Although Domènech used iron less than tile or glass he used it to the best advantage and with a complete freedom of form, subject matter and decorative purpose.

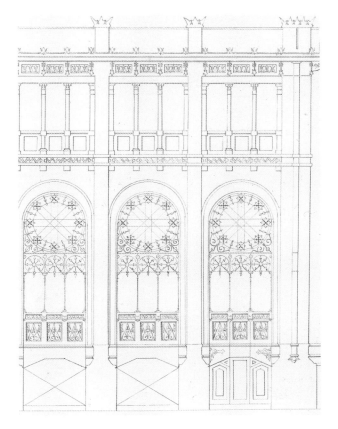

1,2. Conjunto de rejas.
MONTANER I SIMON 1879-1885.
Barcelona.

*1,2. Grillwork.
MONTANER I SIMON 1879-1885.
Barcelona.*

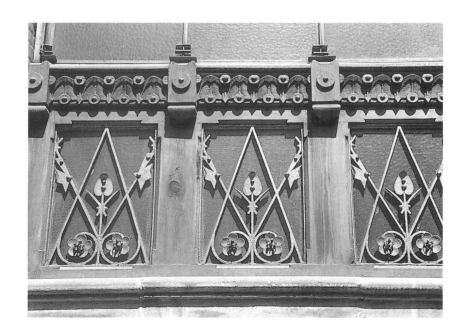

1. Reja floral de la ventana de la fachada.
2,3. Conjunto de rejas.
MONTANER I SIMON 1879-1885.
Barcelona.

*1. Front window grill with floral motif.
2,3. Grillwork.
MONTANER I SIMON 1879-1885.
Barcelona.*

ARCHIVO DE DISEÑOS / *DESIGN FILES*   111

1,2. Baranda del balcón. Alzado.
CASA THOMAS 1895-1898.
Barcelona.

*1,2. Balcony railing elevation.
CASA THOMAS 1895-1898.
Barcelona.*

1. Reja floral de la ventana.
INSTITUT PERE MATA 1897-1919.
Reus, Tarragona.
2. Reja floral de la torre de las aguas.
HOSPITAL DE LA SANTA CREU
I DE SANT PAU 1902-1912.
Barcelona.
3. Reja de acceso al patio posterior.
CASA NAVÀS 1901-1907.
Reus, Tarragona.

*1. Window grill with floral motif.
INSTITUT PERE MATA 1897-1919.
Reus, Tarragona.
2. Grillwork with floral motif on the watertower.
HOSPITAL DE LA SANTA CREU
I DE SANT PAU 1902-1912.
Barcelona.
3. Iron gate to rear courtyard.
CASA NAVÀS 1901-1907.
Reus, Tarragona.*

ARCHIVO DE DISEÑOS / *DESIGN FILES* 113

1. Detalle de la puerta de entrada.
ATENEU CATALANISTA 1887.
Canet de Mar, Barcelona.
2. Detalle de la puerta de entrada.
CASA ROURA 1889-1892.
Canet de Mar, Barcelona.
3. Puerta de entrada.
SEMINARIO DE COMILLAS 1889-1899.
Comillas, Cantabria.

1. Detail of the front door.
ATENEU CATALANISTA 1887.
Canet de Mar, Barcelona.
2. Detail of the front door.
CASA ROURA 1889-1890.
Canet de Mar, Barcelona.
3. Front door.
COMILLAS SEMINARY 1889-1899.
Comillas, Cantabria.

1-4. Conjunto de rejas de la entrada principal.
HOSPITAL DE LA SANTA CREU I DE SANT PAU 1902-1912.
Barcelona.

*1-4. Grillwork at main entrance.
HOSPITAL DE LA SANTA CREU I DE SANT PAU 1902-1912.
Barcelona.*

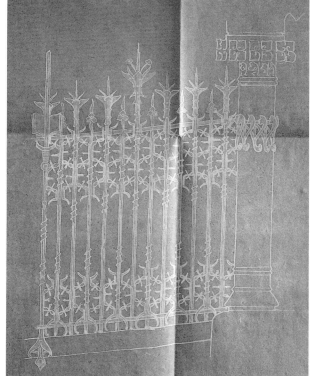

ARCHIVO DE DISEÑOS / *DESIGN FILES*

1. Baranda del patio de luz de la escalera.
CASA LLEÓ MORERA 1903-1905.
Barcelona.
2. Sala de audición.
PALAU DE LA MÚSICA CATALANA 1905-1908.
Barcelona.

1. Railing surrounding the stairwell.
CASA LLEÓ MORERA 1903-1905.
Barcelona.
2. Concert hall.
PALAU DE LA MÚSICA CATALANA 1905-1908.
Barcelona.

1. Baranda de una casa de pisos de Barcelona. 1987.
2. Baranda de la escalera interior. CASA NAVÀS 1901-1907. Reus, Tarragona.
3. Baranda cornisa del pabellón de los "Distingits". INSTITUT PERE MATA 1897-1919. Reus, Tarragona.

1. Railing on apartment house in Barcelona 1897.
2. Railing of interior staircase. CASA NAVÀS 1901-1907. Reus, Tarragona.
3. Cornice railing on "VIP" pavilion. INSTITUT PERE MATA 1897-1919. Reus, Tarragona.

ARCHIVO DE DISEÑOS / *DESIGN FILES* 117

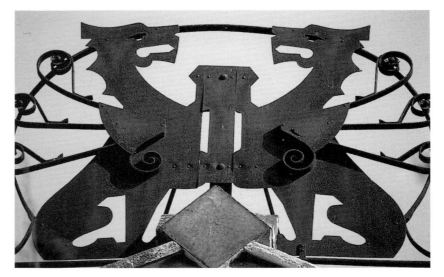

1,2. Dibujo de la torre homenaje.
CAFÉ-RESTAURANT 1887-1888.
Barcelona.
3,4. Veleta y remate de la fachada.
ATENEU CATALANISTA 1887.
Canet de Mar, Barcelona.

1,2. Drawing of the tower.
CAFÉ RESTAURANT 1887-1888.
Barcelona.
3,4. Weathervane and crest on the façade.
ATENEU CATALANISTA 1887.
Canet de Mar, Barcelona.

La piedra

El uso y el tratamiento de la piedra proporcionan a Domènech un nuevo y rico marco de plasmación artística. La ornamentación de fachadas y la decoración interior son sus principales vías de manifestación. Gran conocedor de los diferentes materiales pétreos (él mismo impartía una asignatura sobre el tema), acostumbra a anotar las «notas de piedra» en cada uno de sus dibujos y planos arquitectónicos, no sólo para los elementos estructurales sino también para los trabajos de escultura figurativa y decorativa. Las piedras de Vilaseca, Montjuïc y Girona son las más utilizadas.

A través de sus proyectos en alzado, perspectiva y sección establece, mediante variadas composiciones de elementos y formas, la completa organicidad ornamental del exterior e interior del edificio. Domènech, como arquitecto innovador y de medidos contrastes, utiliza la técnica y maestría de escultores y artesanos de la talla de piedra (A. Juyol, F. Madurell, E. Arnau, M. Blay, P. Gargallo, entre otros) para manifestar su único y equilibrado estilo.

En cada edificio nos deleita con el programa e intensidad ornamental requerida, en consonancia armónica al resto de materiales y técnicas empleadas. El plano de fachadas presenta balaustradas de balcones y ventanas trabajadas en artísticos calados, que desarrollan y entrelazan distintos modelos naturalistas de temática vegetal y floral que evolucionan su línea desde el ÷pattern√ medieval hasta el novedoso modernista. Ello implica un minucioso tratamiento de las formas vegetales: la raíz, el tallo y la flor, en sus distintas presentaciones y variaciones dentro de su propio medio natural. Domènech resuelve de forma sobresaliente y personal el amplio marco de posibilidades, e incluye a su vez la presencia de fauna fantástica y emblemática, integrándose en el movimiento y dinamismo naturalista (escalera del Palau Montaner, Casa Thomas y Casa Navàs). En cuanto al repertorio de balaustradas, tomaríamos el modelo del girasol del balcón corrido de la Casa Thomas, el cual se representa dentro de un ritmo secuencial de marcado naturalismo.

A través de la escultura sitúa modelos exentos, adosados y relieves. En su vertiente decorativa, exorna pórticos, tribunas y galerías y conforma elementos de remate con florales cresterías, pináculos, cúpulas y glorietas. A partir de este elenco de modelos naturalistas, zoomórficos, figurativos y emblemáticos, conforma el amplio lenguaje de su programa estético, su particular semántica artística.

El perfecto equilibrio exterior-interior vuelve a cumplirse, actuando dentro de una lectura determinada, real o simbólica, que colabora a la consecución del arte total.

De todo este amplio repertorio de elementos formales realizados en piedra, hay uno que sobresale por su continuada presencia así como por su peculiar tratamiento: nos referimos a la columna y al capitel. Domènech, entusiasta y gran estudioso del elemento arquitectónico-decorativo, como lo demuestran sus propios trabajos sobre el claustro de Sant Cugat del Vallès, el Monasterio de Poblet y las directas alusiones de su artículo En busca de una arquitectura nacional son testimonios más que suficientes que acreditan sus conocimientos sobre este elemento.

Su repertorio conforma modelos de recuperación musulmano-mozárabe a semejanza de los existentes en Santa María la Blanca de Toledo, (Café-Restaurante). Inédita es la utilización de columnas-pilar en fábricas de ladrillo visto. El capitel actúa de decorativo collarino. Otro modelo recuperado, ahora del mundo clásico, hace referencia al orden jónico con columnas lisas, estriadas y a veces con relieves esculturados (Casa Thomas presenta, en sus columnas estriadas a partir de una cierta altura, motivos naturalistas y zoomórficos en relieve, utilizados preferentemente en aportaciones renacentistas).

En su vertiente floral desarrolla el verdadero lenguaje ornamental del ya denominado capitel domenequiano. Su peculiaridad reside en el tratamiento de los distintos modelos florales conformando un completo repertorio y estudio de la planta y flora en general. Hojas, tallos y flores se manifiestan en sus diferentes estadios de vida y crecimiento. Su aspecto formal también va evolucionando. Desde la formación de exquisitas coronas rematando la columna, collarinos de delicadas flores puntualmente talladas (Casa Lleó Morera, Casa Navàs), tallos y hojas (Instituto Pere Mata), hasta el inicio de la estilización (Casa Fuster), con la culminación casi abstracta en algunos modelos del Hospital de la Santa Cruz y de San Pablo.

Podemos afirmar que no existe obra domenequiana que no incluya un ámbito dedicado a la exornación de capiteles. En algunos casos incluso llegan a protagonizar grandes espacios de galerías, pórticos y salas hipóstilas. Este programa y su respectivo lenguaje podría refrendar toda una larga tradición en el uso y trato decorativo del elemento en el marco geográfico catalán y como punto referencial a toda la civilización mediterránea.

Stone

Domènech used stone as a new medium of artistic expression, particularly for ornamentation on building façades and in interior decoration. He was extremely knowledgeable about the different classes of stone (he even taught a course on the subject) and his drawings and blueprints always specified the exact type of stone to be used not only for the buildings themselves but also for sculptures and other decorative features. Most of the stone he used came from the quarries in Vilaseca, Montjuïc and Girona.

He did elevation, perspective and sectional drawings of details and forms to meticulously illustrate the ornamentation planned for both the interiors and exteriors of his buildings. With his innovative approach to architecture and his fondness for deliberate contrasts, Domènech worked with such master sculptors and craftsmen as A. Juyol, F. Madurall, Eusebi Arnau, Miquel Blay and Pau Gargallo, using their techniques and skills in a manifestation of his unique and well-balanced style.

Every one of his buildings delights the viewer with just the right amount and style of ornamentation, harmonizing perfectly with the other materials and techniques used. The façades of Domènech's buildings are embellished with balustrades, balconies and windows with artistic fretwork in interwined floral and foliate designs based on medieval patterns and imaginatively translated by Domènech into the modernista style. All of Nature's endless variety of plants, stems and flowers is painstakingly depicted. In his own inimitable way, Domènech made full use of a wide range of possible motifs including fantastic fauna and heraldic devices, which form an integral part of the natural sweep and dynamics of his architectural lines (the staircase of the Palau Montaner; Casa Thomas and Casa Navàs). Within his repertoire of balustrades, the sunflower model used on the balcony of Casa Thomas is particularly noteworthy for its sequential rhythm and pronounced naturalism.

He used reliefs and sculptures that are sometimes freestanding and sometimes affixed to his buildings. He adorned gateways, galleries and balconies, crowning them with crests of flowers, pinnacles and decorative domes and bowers. Taking this broad range of plant, animal, figurative and heraldic motifs he shaped a whole aesthetic language, his own particular artistic vocabulary, once again striking a perfect balance between the exteriors and interiors of his buildings. Whether viewed simply as buildings or as symbols, Domènech's buildings are a total art form.

Of all Domènech's ornamental stone work, the most noteworthy are the columns and capitals which he used continually and in a highly distinctive way. He was an enthusiastic scholar of architectural ornamentation as can be seen in his essays on the cloister in Sant Cugat del Vallès, the monastery of Poblet and his direct references to the subject in his article "En busca de una arquitectura nacional".

His repertoire included Muslim-Mozarabic models like those in Santa María la Blanca in Toledo, which he used in the Café-Restaurant. His use of raw brick in columns and pillars is unique, with the capitals serving as decorative tori. From classical architecture he borrowed Ionic columns, sometimes smooth, sometimes grooved or with sculptured reliefs (the columns he did for Casa Thomas are grooved from a certain point upwards and combined with the plant and animal motifs that were so popular during the Renaissance).

His use of floral motifs reaches its peak in the columns that bear his name. Domènech columns are unique in their treatment of a broad range of floral models that comprise a full repertoire and study of flora in general. Leaves, stalks and blossoms are depicted at different stages of their life and growth. These designs also underwent a steady process of evolution, ranging from exquisitely wreathed columns with delicate necklaces of meticulously carved flowers (Casa Lleó Morera, Casa Navàs) through stalks and leaves (Institut Pere Mata) and the beginnings of more stylized forms (Casa Fuster) and culminating in the almost abstract designs that can be seen in parts of the Hospital de la Santa Creu i de Sant Pau.

It can safely be said that there is no work of Domènech's in which ornamental columns do not play a part. In some cases they are outstanding features in large spaces such as galleries, entryways and hypostyle halls. Domènech's use of columns and the language of their ornamentation is an affirmation of a use of decorative elements that has long been traditional throughout Catalonia and is a hallmark of all Mediterranean civilizations.

1-3. Capiteles.
INSTITUT PERE MATA 1897-1919.
Reus, Tarragona.

1-3. Capitals.
INSTITUT PERE MATA 1897-1919.
Reus, Tarragona.

1-4. Capiteles.
PALAU DE LA MÚSICA CATALANA
1905-1908.
Barcelona.

1-4. Capitals.
PALAU DE LA MÚSICA CATALANA
1905-1908.
Barcelona.

ARCHIVO DE DISEÑOS / *DESIGN FILES* 121

1-4. Capiteles exteriores.
CASA FUSTER 1908-1910.
Barcelona.

*1-4. Exterior capitals.
CASA FUSTER 1908-1910.
Barcelona.*

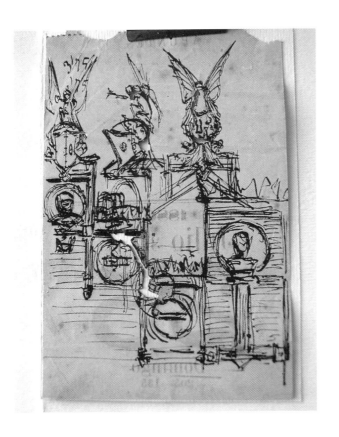

ARCHIVO DE DISEÑOS / *DESIGN FILES*   123

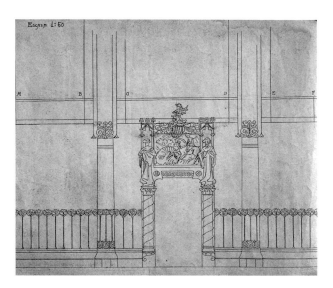

1,2. Coronamiento de fachada.
MONTANER I SIMÓN 1879-1885.
Barcelona.
3,4. Columnas apareadas de la planta.
CASA LLEÓ MORERA 1903-1905.
Barcelona.
5,6. Puerta del interior de la Sala de Actos del pabellón de Administración.
HOSPITAL DE LA SANTA CREU
I DE SANT PAU 1902-1912.
Barcelona.
7,8. Tribuna de la fachada principal.
CASA SOLÀ 1913-1916.
Olot, Girona.

1,2. Cresting on façade.
MONTANER I SIMON 1879-1885.
Barcelona.
3,4. Double columns on ground floor.
CASA LLEÓ MORERA 1903-1905.
Barcelona.
5,6. Inner door of the auditorium
in the administration pavilion.
HOSPITAL DE LA SANTA CREU
I DE SANT PAU 1902-1912.
Barcelona.
7,8. Gallery on main façade.
CASA SOLÀ 1913-1916.
Olot, Girona.

El diseño gráfico

La participación de Domènech en el ámbito del diseño gráfico nos manifiesta una de las parcelas más interesantes y también una de las menos conocidas de su trayectoria artística. Después de la arquitectura, fueron las artes del libro y la tipografía los campos más apreciados. Hijo de Pedro Domènech y Saló (1821-1874), afamado encuadernador artístico de la segunda mitad del siglo XIX, convivió a lo largo de toda su adolescencia, junto al amplio marco artístico del taller paterno, con el mejor escenario donde poder desarrollar y cultivar, sin olvidar su facilidad y pericia para el dibujo, lo que sería su marcado sentimiento estético.
Con la muerte de su padre, recién terminada la carrera de arquitecto decide, con su hermano Eduardo, continuar el negocio paterno. En una primera época, cuando todavía no pensaba producir sus propios trabajos artísticos, Domènech colabora con distintas editoriales, realizando diversos diseños para las encuadernaciones de sus libros (Editorial Montaner y Simón, Espasa Editores, Imprenta de La Renaixença, Imprenta de Jaime Jepús).
Para la Editorial Montaner y Simón dibuja las cubiertas para una Biblia en dos volúmenes cuya composición, todavía dentro del gusto historicista, nos recuerda la técnica de los guadameciles; para la misma casa diseña el modelo para la encuadernación del Diccionario enciclopédico hispano-americano, obra de varios tomos. En 1886, y editada en los mismos talleres, Domènech inicia la publicación de la Historia general del arte, para la que también realiza el modelo de encuadernación de composición geométrica.
De Espasa Editores recibe el encargo de la cubierta para la obra biográfica Cristóbal Colón. Domènech realiza una minuciosa composición situándonos al personaje junto con escenas relacionadas a su viaje. Trabajo de gran efecto colorista y detallista, sobre todo en los ropajes de Colón.
Con motivo de la edición del poema La Atlántida de Jacinto Verdaguer en el año 1878, un año después de haber sido premiado en los Juegos Florales, la imprenta La Renaixensa solicita la colaboración de Domènech para el diseño de la cubierta. La realiza dentro de un enmarcamiento de gusto cercano al estilo renacentista, en cuyo centro sitúa una nao; para la imprenta de Jaime Jepús dibuja el asunto que decora la cubierta del Llibre d'or de la moderna poesia catalana, cuyo programa ornamental se organiza bajo un criterio más medieval, con una serie de símbolos emblemáticos.
Entre 1880 y 1883, la casa Domènech emprende el ambicioso programa de crear una colección propia dedicada a rescatar el género literario de la narrativa, poesía, novela, teatro, viajes, para su amplia difusión. La idea se basa en seleccionar un grupo de autores y obras nacionales y extranjeras editadas en un pequeño formato y «vestidas» sus cubiertas de manera atractiva que invitara a su lectura. Domènech no sólo era el autor del modelo para cada encuadernación, sino que también diseñó distintas partes internas del libro (guardas, epígrafes, orlas, letras capitales, ilustraciones, ex-libris). Para algunos trabajos contó con la colaboración de prestigiosos dibujantes e ilustradores (Pellicer, Xumetra, Riquer, Pascó, Mestres, Passos, Pahissa), grabadores (Jorba, Roca), fotograbadores (Casals, Mariezcurrena, Joaritzi). La colección conocida como «Biblioteca Arte y Letras», con más de 60 títulos publicados, es un bello ejemplo de artisticidad gráfica. La composición de cada una de sus cubiertas está relacionada con el argumento de la obra o con su autor. Sus variados diseños son una clara exposición de dominio de la técnica del dibujo y adscripción estética. Su testimonio nos aporta el particular estilo ornamental del artista, su conocimiento del arte y su adecuada utilización en cualquier plano, volumen, superficie, materia y técnica. De los títulos existentes sobresalen Fortuny de Yxart, Marcos de Obregón de Espinel, El Nabab de Daudet, Odas de Horacio, Sainetes de Ramón de la Cruz y Tres poesías.
En la misma línea decorativa y tipográfica, Domènech diseña la cubierta para una edición conmemorativa de «El Quijote» en su tercer centenario. Bajo la dirección artística de Eudaldo Canibell (1858-1928) e impreso en el taller de Octavio Viader (1864-1938), la participación de Domènech corresponde al diseño de la encuadernación, realizada en corcho, igual que las finas láminas que componen la paginación. El grabador fue José Roca que utilizó la técnica del esgrafiado al fuego. La composición sitúa un tema emblemático presentando un lambrequinado escudo de España y una orla naturalista. En la parte inferior derecha rotula el título de la obra.
Por su representatividad y afiliación a distintos grupos políticos y culturales, Domènech realiza diferentes diseños gráficos destinados a periódicos, revistas y órganos de difusión. Suyos son los dibujos de las cabeceras de los periódicos La Renaixensa (1879), La Veu de Catalunya (1881) y El Poble Català (1904).
Siempre partidario de una lectura diferenciada, incluye en sus diseños distintos elementos como yelmos, escudos y fauna fantástica de claro contenido histórico-simbólico.
En el ámbito cultural, diseña cubiertas, rotulaciones y orlas para revistas (La Ilustración Artística, Hispania, La Ilustración Cubana, Arte y Letras).
Su obra gráfica alcanza desde la minuciosidad detallista hasta el resultado globalizador del arte. Esta actitud podría entenderse, por concepto y técnica, como avanzada y premonitoria del diseño gráfico modernista, incluso en el ámbito europeo y además, como ya apuntamos en líneas anteriores, debemos considerar el grafismo de Domènech, inédito y personalizado, como anticipación a su propuesta arquitectónica y ornamental.

Graphic Design

Domènech i Montaner's incursions into the field of graphic design are one of the least known but most interesting facets of his career. After architecture, his greatest loves were books and printing. Son of Pere Domènech i Saló (1821-1874), a prominent bookbinder in the second half of the 19th century, Lluís Domènech i Montaner spent his entire adolescence in his father's workshop where he had ample opportunity both to develop his talents for design and cultivate what was to become his pronounced sense of aesthetics.
His father died shortly after Lluís finished his schooling as an architect and he and his brother Eduard decided to carry on the family business. Before starting to actually publish books, Domènech first designed bindings for books published by a number of different companies, among them Montaner i Simón, Espasa, La Renaixença and Jaime Jepús).
He designed the tooled leather covers for a two-volume Bible; the bindings for the volumes that comprised the Diccionario Enciclopédico Hispano-Americano; and the geometric design for the first volumes in his Historia General del Arte, which Montaner i Simón began publishing in 1886.
Espasa commissioned him to design the cover for a biography of Christopher Columbus. Domènech did a painstakingly detailed composition depicting the explorer and a number of scenes from his voyage. The drawings were colorful and Columbus' costume in particular was meticulously rendered. In 1878, a year after Jacint Verdaguer's poem La Atlàntida won the Jocs Florals literary contest, the printing company La Renaixença asked Domènech to design the cover for the planned edition. He chose a ship motif in a Renaissance-

1. Cabecera de publicación.

1. Masthead for publication.

inspired frame.

He designed the cover for the Llibre d'Or de la moderna poesia catalana, published by the Jaime Jepús printers, using a series of heraldic symbols that gave the design an almost medieval feeling.

Between 1880 and 1883 Domènech's company embarked on an ambitious project that involved publishing fiction, poetry, short stories, plays and travel books for the general public. The idea was to select a group of Spanish and foreign authors and publish their works in small books with covers that would attract prospective readers. Not only did Domènech design the bindings for each book, he also designed dustjackets, epigraphs, decorative frames, capital letters, illustrations and ex libris. A number of prominent designers and illustrators (Pellicer, Xumetra, Riquer, Pascó, Mestres, Passos, Pahissa), engravers (Jorba, Roca) and photo engravers (Casals, Mariezcurrena, Joaritzi) worked with him on some of the volumes. The collection, published as the Biblioteca Arte y Letras contained over 60 volumes and was a fine example of graphic art. The covers of each volume hinted at the content of the book or alluded to its author. The designs clearly reflect Domènech's talents as an illustrator and his highly developed aesthetic sense and are examples of his particular ornate style, his knowledge of art and his skill in working with different volumes, surfaces, materials and techniques. Among the most noteworthy were the covers for Fortuny by Yxart, Marcos de Obregon by Espinel, El Nabab by Duadet, Odas by Horatio, Sainetes by Ramón de la Cruz and Tres poesías.

Along the same lines of design and typography was the cover Domènech designed for an edition commemorating the 300th anniversary of the publication of Don Quixote. The edition was art directed by Eudardo Canibell (1858-1928) and printed in the workshop of Octavio Viader (1864-1938). Domènech designed the cover, which was made of cork, as were the thin sheets on which the book was printed. The engraver was José Roca, who burned the design into the cork, using the sgraffito technique. The cover design featured a mantled escutcheon of Spain in a naturalistic frame, indicating that this was a classic Spanish work. The title appeared in the lower right-hand corner of the cover.

Domènech was well known in political and cultural circles and was invited to do designs for newspapers, magazines and other publications. He designed the mastheads for La Renaixensa (1879), La Veu de Catalunya (1881) and El Poble Català (1904). Always innovative, he used helmets, coats-of-arms and fantastic fauna in designs that clearly symbolized local history.

He designed covers and did lettering and decorative borders for such cultural journals as La Ilustración artística, Hispania, La Ilustración cubana and Arte y Letras.

His graphic designs ranged from meticulously detailed work to sweeping artistic visions. His concepts and technique were ahead of their times, a forerunner of modernista graphic design in Spain and even the rest of Europe. Moreover, his unique and highly personal style of graphic design was an indication of what was to develop into his particular style of architecture and ornamentation.

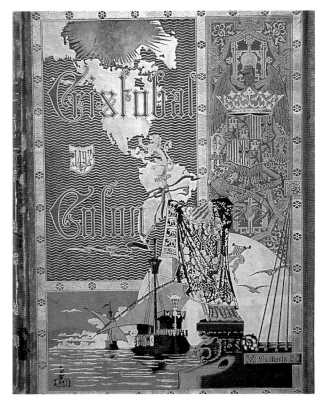

1,3. Boceto y original de cubiertas para libros.
2. Cubierta de libro.

1,3. Rough sketch and final art for book covers.
2. Book cover.

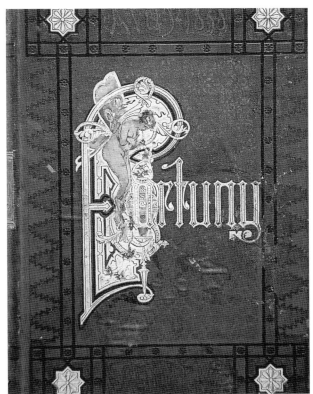

1,2. Boceto y original de cubiertas para libros.

1,2. Rough sketch and final art for book covers.

1. Ex-libris para "Biblioteca arte y letras".
2. Cubiertas de libros.

1. *Ex libris for "Biblioteca arte y letras".*
2. *Book covers.*

ARCHIVO DE DISEÑOS / *DESIGN FILES*

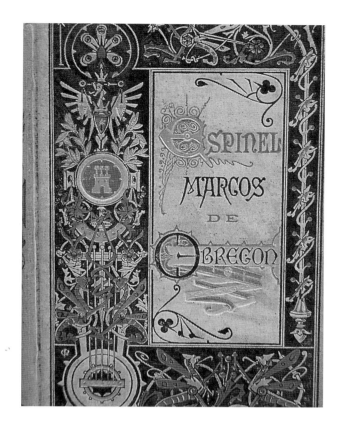 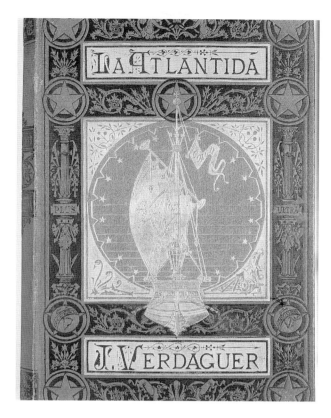

1,2. Cubiertas de libros.

1,2. Book covers.

El textil

La estampación de telas como diseño fue otra de las aportaciones de Domènech a las artes aplicadas. Su incidencia podría valorarse en función directa a su utilización y como complemento decorativo.
No nos constan, a través de sus dibujos y proyectos, referencias expresas a este tema, lo que nos hace suponer que no ocupaba un lugar preferente en su repertorio. El hecho no nos puede parecer extraño si consideramos las características más dominantes de su manifestación formal, basado en grandes superficies de diseños planos destinados a un tratamiento de recubrimientos cerámicos, plafones y mosaicos, así como grandes zonas acristaladas que reproducían ambientes de gran fuerza paisajística, llenos de luz y color que suplen con creces, y anulan a la vez las posibilidades de incorporación adicional, ampulosa e inoportuna, de cortinajes.
Tampoco partidario de la aplicación de los tejidos a las paredes, Domènech prefería la técnica de los esgrafiados, arte recuperado como sugerente y novedoso sistema ornamental, que ya adoptaría en los muros exteriores del Casino de Canet de Mar (1887).
Los tejidos estampados se utilizan en relación subsidiaria al mobiliario, realizado por Gaspar Homar, colaborador habitual de Domènech en los interiores. El tapizado de sillas, sillones, sofás adosados alrededor de las chimeneas, formando espacios autónomos, se inscribía en el mismo modelo otorgado al ornamento de puertas, marquetería de muebles singulares y arrimaderos.
Domènech escogía el modelo dominante que iba a desarrollar en la globalidad del espacio o en la estancia.
El mismo tratamiento y representación otorga a las alfombras, copartícipes de forma más singularizada, de la dicotomía e interdependencia de las representaciones formales.
Es significativo el ejemplo que nos ofrece el tapizado de los muebles de la casa Lleó Morera, de suaves gamas cromáticas, tonos pálidos y texturas aterciopeladas, con cenefa floral en los extremos superiores, de diseño recortado e inciso, bordeado de un finísimo ribete bordado en oro.
En las sillas, la ornamentación del tapizado ocupa todo el respaldo, inscribiéndose siempre en forma de dibujo plano sobre superficie lisa. Los modelos varían según las habitaciones y los diseños del patrón rector.
Lo mismo diríamos de las alfombras, realizadas para sus salones; una en rojo vivo y orlada con una cenefa de rosas, de forma pentagonal para adaptarse a la estructura espacial en la zona de la chimenea, entre los bancos adosados a cada uno de los lados; otra de gran tamaño (7 X 2,50 m.) de tonos claros, pensada para el gran salón contiguo, desarrolla un programa muy en la línea de Homar: unos tallos enhiestos conforman un dibujo central que describe en un movimiento ondulante posterior dos grupos florales.
No sabemos hasta qué punto la intervención de Homar, en quien Domènech confiaba plenamente, se manifiesta es este punto con carácter. No tenemos constancia de la directa responsabilidad y criterio de Homar en el diseño y posterior incorporación de los estampados interiores del proyecto domenequiano. Homar contaba en su propio taller con la inclusión de diseños textiles para encargos de otros clientes, de cuya estampación cuidaba personalmente. Ello se constata en dibujos y estudios de interiores que aún se conservan. Pero con todo, conociendo el rigor y detallismo con que Domènech examinaba, cuidaba y realizaba sus proyectos, en los que nada era fruto del azar o de la casualidad, es fácil pensar que él mismo encargaba y supervisaba los diseños de Homar.
Pero en el caso del salón principal de la casa Navàs en Reus, el diseño del tapizado que cubre sus paredes nada tiene que ver con Homar. Conociendo la atracción que sentía Domènech por los repertorios medievales, podemos afirmar que él personalmente realizó el diseño, con una interpretación moderna del motivo medieval, estilizando su contenido e incorporando elementos nuevos, como la corona, hasta crear un programa secuencial de rasgo historicista.
Otra manifestación específica del uso de los textiles en el período modernista fue el diseño de estandartes para asociaciones, círculos, centros y conmemoraciones históricas. Aunque Domènech no participó directamente en este ámbito artístico como lo hicieran otros arquitectos como Puig y Cadafalch, Gaudí y Rafael Masó, sí pensamos que pudo haber colaborado en el que diseñó Gallissà para el Orfeó Català, en un momento en que la admiración y la colaboración entre sus trabajos era mutua.
Los tejidos estampados no fueron el motivo primordial del repertorio ornamental de Domènech, aunque sí constituyen un eslabón, a veces significativo, dentro de su constante de relaciones forma-función, con el que podía cerrar un programa o el contenido de un discurso secuencial.

Textil

Domènech also pioneered the use of textile prints for both functional and decorative purposes in the applied arts. There are no express references to textiles in his surviving notebooks and plans, which indicates that they were not one of his favorite materials. This is not surprising when the most striking features of his work were large flat surfaces designed to be faced with ceramic tiles; panels and mosaics and large glassed-in spaces that captured views filled with a light and color far superior to anything that could have been achieved by using billowing and inappropriate draperies.
Domènech did not much care for the use of textiles on wall surfaces either, preferring the sgraffito technique he revived and used so innovatively on the outer walls of the casino in Canet de Mar (1887).
Printed fabrics were used to upholster the furniture made by Gaspar Homar, who collaborated regularly on Domènech's interiors. Straight chairs, armchairs, built-in sofas around the fireplaces created autonomous spaces and their upholstery echoed the pattern Domènech had chosen to embellish the doors, for the marquetry work on unique pieces of furniture or for the wainscoting in a particular space or room.
He used carpets in a similar fashion and they illustrate the symbiosis and interdependence of the forms selected by the architect.
The upholstery on the furniture in the Casa Lleó Morera is a case in point. Here he used pale, muted colors, velvety-textured fabric with floral borders; appliqued and cutout designs with a thin band of gold embroidery. The backs of the straight chairs were upholstered in fabric with a flat design on a smooth surface. The models varied depending on the keynote pattern used in each room.
The same holds true of the rugs designed for the salons: one is bright red bordered with a rose pattern. It is pentagonal-shaped to fit the area between the built-in benches on either side of the chimney. Another large rug (7 x 2.50 m.) in light tones was designed for the adjacent salon. The motif is very much in Homar's style: in the center is a group of upright stalks that subsequently flows into an undulating design that evolves into two groups of flowers. Although Domènech had the fullest confidence in Homar and entrusted him with the production of all the textile prints used in his interiors, it is not clear how much of the designs was actually his. Surviving drawings and interior design plans reveal that Homar produced textile

designs for a number of other customers and took personal charge of printing them. Still, knowing how utterly meticulous Domènech was about every facet of his work it seems likely that he himself commissioned specific designs and carefully supervised Homar's work.
It is clear, however, that Homar was in no way involved in the wall coverings in the main salon of the Casa Navàs in Reus. Knowing Domènech's fondness for medieval motifs it seems safe to assume that the wall coverings were his own work. He took the medieval theme and gave it a new interpretation, adding features like the crown motif and stylizing it until he created a sequential design that harkened back to history.

In the modernista period textiles were also used in banners designed for civic and cultural associations and commemorative events. Unlike other architects such as Puig i Cadafalch, Gaudí and Rafael Masó, Domènech was not directly involved in this field, but it seems likely that he collaborated on the banner Gallissà designed for the Orfeó Catala, done at a time when the two architects greatly admired and frequently collaborated on each other's work.

Though textile prints were not one of the leading ingredients of Domènech's repertoire of ornamental details, he sometimes used them as a way to link form and function in a relationship that was a hallmark of his work.

1,2. Detalles florales para tapicería
CASA NAVÀS 1901-1907.
Reus, Tarragona.

1,2. Floral details for upholstery material.
CASA NAVÀS 1901-1907.
Reus, Tarragona.

**Editorial Montaner i Simón
(1879-1885)**

La editorial Montaner i Simón fue construida entre los años 1879 y 1885 como la nueva sede de los talleres tipográficos de la editorial, fundada por Francesc Simón i Serra y Ramón Montaner i Vila en 1868. En su construcción Domènech i Montaner hizo uso de materiales que, como el ladrillo visto, el hierro y el vidrio, sólo se habían utilizado hasta entonces para la construcción de mercados y en espacios abiertos. La presencia del hierro la encontramos, en su calidad de colado o fundido, en los elementos y columnas de sustentación, así como artísticamente forjado, con función decorativa, en rejas y barandillas. En su fachada principal se sitúa un cuerpo central de mayor altura respecto a los laterales, rematado dentro de la tipología almenada y que contiene una magnífica muestra de decoración simbólica.
Actualmente, después de su rehabilitación en 1990, es la sede de la Fundació Tàpies, en Barcelona.

*Montaner i Simón Publishing House
(1879-1885)*

The Montaner i Simón publishing house was built between 1879 and 1885 as the new headquarters for the press founded by Francesc Simón i Serra and Ramón Montaner i Vila in 1868. Domènech i Montaner used materials like raw brick, iron and glass, which had been used earlier only in the construction of markets and public spaces. Cast iron was used in columns and other supporting elements while wrought iron was artistically used in decorative grillwork and railings. The building itself is made of brick. The façade, with its dentate cresting, is taller in the center than on the sides and is embellished with a magnificent selection of decorative symbols. The building was renovated in 1990 and is now the headquarters of the Fundació Tàpies.

Café-Restaurant (1887-1888)

Edificio de planta rectangular, situando en cada uno de sus ángulos sendas torres de base cuadrada. Su construcción total de ladrillo visto le confiere un aspecto robusto que, a su vez, se traduce en cada una de sus fachadas prácticamente lisas. La inclusión de las torres modifica el aspecto volumétrico, originando una secuencia dinámica de los muros laterales que disponen simétricamente la presencia de ventanas y terrazas exteriores. Su fachada principal se articula mediante un gran arco muy rebajado que configura el acceso al interior, practicando a continuación una zona de vanos de distinta tipología que permiten la entrada de luz natural. Este particular tratamiento técnico le aporta, también, unos efectos decorativos de huecos y sombras a partir de los propios materiales. Aplicacion de gran avance arquitectónico de lo que más tarde se convertirá en el racionalismo constructivo. Su interior estructurado en planta, piso, albergaba los espacios del café y el restaurant, respectivamente, del edificio primigenio. Su principal aportación reside en la convivencia de los elementos estructurales, grandes arcos de hierro, con todo el efectismo colorístico a partir de las vidrieras y pinturas del techo.

Su vertiente cromática incide, además, en el exterior cuando corona todo el perímetro con almenas de remate cerámico y la circulación de escudos. La dinámica se presenta de nuevo con el tratamiento de dos de las torres, que van transformando su volumen, girando sobre sí mismas, y rematada una de ellas por un cupulino de hierro forjado. Actualmente es la sede del Museo de Zoología de la ciudad.

Café-Restaurant (1887-1888)

A rectangular building with a square-based tower topping each of its four corners. Constructed entirely of raw brick, the building has a solid appearance which is apparent on each of its virtually unadorned sides. The towers alter the volumetric appearance, giving rise to a dynamic sequence of side walls with symmetrical arrangements of windows and terraces. The front of the building is marked by an extremely wide-span flat arch that forms the entranceway, leading to an area where natural light enters through a series of different shaped openings, creating a decorative effect of hollows and shadows caused by the materials themselves. This innovative architectural solution was an early example of rationalist construction. The café was located on ground floor with the restaurant one flight above it. The building's principal architectural contribution is to be found in the way the structural elements successfully coexist: large iron arches are enhanced by the colorful effects of the stained glass windows and the paintings on the ceilings. Touches of color also appear on the exterior, where the entire perimeter of the building is crowned with dentated ceramic cresting and a surround of escutcheons. The visual dynamics are further accentuated by the treatment of two of the towers, whose volume is gradually transformed as they twist in upon themselves. One of the towers is crowned with a small wrought iron cupola. The building currently houses the Barcelona Zoological Museum.

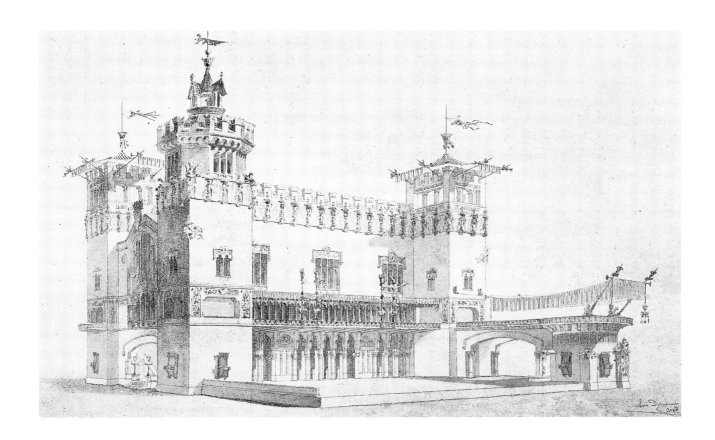

Palau Montaner (1889-1893)

El Palau Montaner se ubica en pleno ensanche barcelonés. Su construcción ya nos manifiesta la línea innovadora que Domènech i Montaner iba incorporando a sus edificios. De aquel ensanche que se estaba tejiendo en la segunda mitad del siglo XIX, el edificio del Palau Montaner es todavía un testimonio de aquellas torres palacetes con jardín existentes antes de las casas de pisos entre medianeras. El propietario era Ramón Montaner i Vila, tío del arquitecto, y cofundador de la editorial Montaner i Simón.

En su conjunto, la obra ya connota la inclusión y tratamiento de las artes artesanales y decorativas. Escultura, mosaico y cerámica confieren el ornamento exterior, y se reencuentran de una manera especial y determinante en el hall de la casa que distribuye a su alrededor todas las habitaciones, en la planta y en el piso. Su cálido ambiente se encuentra reforzado por la gran vidriera semicircular que cierra el techo e ilumina con su luz cenital todo el espacio, creando una perfecta conjunción de todos los elementos. Comenzaba un nuevo sentido y sensibilidad arquitectónica.

Palau Montaner (1889-1893)

The Palau Montaner is located in the heart of Barcelona, in the area known as the Eixample, and reveals the innovative direction Domènech i Montaner's architecture was taking. The Palau Montaner still stands, a living testimony of the Eixample that was being developed in the second half of the 19th century: a neighborhood where palatial residences with gardens preceded the continuous rows of apartment houses that were subsequently erected. The building was owned by the architect's uncle, Ramón Montaner i Vila, co-founder of the Montaner i Simón publishing house. The Palau Montaner is notable for its decoration, which includes a full range of arts and crafts. Sculpture, mosaics and ceramic tiles adorn the exterior and are used again in a particularly distinctive way in the foyer, around which the rooms are distributed on two floors. The warm feeling of the foyer is further enhanced by the light that pours through the large semicircular stained glass dome that roofs the entire space, striking a perfect balance between all its elements. The Palau Montaner marked the beginning of a new architectural sense and sensitivity.

Casa Thomas (1895-1898)

La construcción del proyecto original, que se realizó entre 1895 y 1898, respondía a las necesidades de instalación de los Talleres de fotograbado de José Thomas y constaba de un sótano, donde se ubicaban los talleres, un entresuelo para las oficinas y la planta destinada a vivienda. En su fachada se distingue el nivel inferior, compuesto por el sótano y el entresuelo, por la abertura de un gran ventanal de arco muy rebajado, protegido por vidrieras policromadas y reja de hierro forjado. A ambos lados se hallan sendos accesos, el de la izquierda al taller y el de la derecha a la vivienda. En el interior de cada uno de los accesos se conserva la primitiva distribución y decoración, que se realza, en el caso de la vivienda, con una majestuosa escalera. En 1912, Francesc Guàrdia i Vidal, yerno de Domènech, proyecta una ampliación del edificio y levanta tres plantas sobre el proyecto original. En 1979 es rehabilitado como sede de una firma de diseño, que en la actualidad ocupa el sótano y el entresuelo.

Casa Thomas (1895-1898)

Built between 1895 and 1898. Casa Thomas was designed to house José Thomas's printing company and consisted of a sunken level where the presses were located, a mezzanine for the offices and an upper floor for living quarters. The lower level, consisting of the sunken, or basement, level and the mezzanine, is highlighted on the exterior by a large stained glass window set in a wide-span flat arch and protected by a wrought iron grill. On each side of this are the entrances: the one on the left leads to the printer's workshop and the one on the right to the living quarters. A balcony, whose stone balustrades and columns are ornamented with motifs taken from nature, runs across the building at the level of the upper floor. The original distribution and decoration of both entryways has been preserved and the majestic staircase that highlights the entrance to the living quarters is particularly deserving of mention. In 1912, Francesc Guàrdia i Vila, Domènech's son-in-law did the plans to enlarge the building, adding three more floors to the original structure. In 1979 the building was renovated for use as headquarters of a design firm, which currently occupies the basement and mezzanine levels.

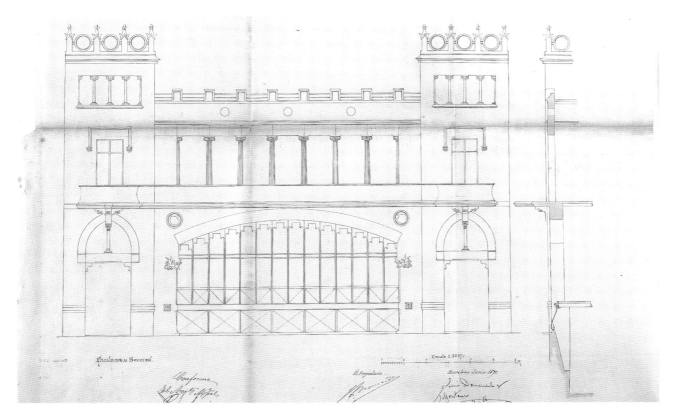

Casa Navàs (1901-1907)

Residencia particular para Joaquim Navàs en la ciudad de Reus. Domènech i Montaner realiza una obra de concepción unitaria, desarrollando un programa formal y ornamental plenamente modernista, además de integrar su participación en la dinámica de la plaza porticada donde se ubica su emplazamiento.
Su estructura, organicidad, ornamentación, decoración interior y mobiliario, articulan un elegante y equilibrado lenguaje de formas, elementos, técnicas y temáticas de ornato, que globalmente contribuyen a definir la característica arquitectura de Domènech.
El edificio consta de planta baja, de uso comercial y, de dos plantas de vivienda. El tratamiento de sus fachadas se presenta con diferenciadas características; la principal, sitúa una máxima representación de elementos ornamentados, como tribuna, balcones, ventanas, la lateral, en la calle Jesús, presenta una superficie menos decorada para no afectar a la estrechez de la calle. Como elementos de remate, ostentaba un torreón y veleta de forja que coronaba el cuerpo de la esquina, y un piñón escalonado en la fachada principal. Estos elementos se destruyeron con los bombardeos de la guerra civil.
El interior conforma dos volúmenes paralelos, el de la escalera que presenta el espacio unitario en toda la altura del edificio, y el de la vivienda que distribuye las habitaciones, en planta y piso. La cerámica, la vidriera, la carpintería y el mobiliario protagonizan un extenso elenco de modelos. Es la única obra de Domènech i Montaner que conserva íntegramente todos los elementos de la época.
Otras obras del arquitecto en Reus son: la casa Rull, la casa Gasull y el Instituto mental Pere Mata.

Casa Navàs (1901-1907)

A private home built for Joaquim Navàs in the town of Reus. Domènech i Montaner designed the house as a single unit, using a full repertoire of modernista *forms and ornament, and integrating the building into its setting on a porticoed square.*
The entire building, including its ornamentation, interior decor and furnishings, speaks a language of elegant, well-balanced decorative forms, elements, techniques and motifs which combine in a definitive example of Domènech's characteristic architecture.
Casa Navàs consists of a ground floor, intended for commercial purposes, and two upper floors that house the living quarters. Domènech's treatment of the exterior is distinctive: the main façade is lavishly ornamented while the side overlooking Carrer Jesús is plainer so as not to overwhelm the narrow street. A tower and wrought iron weather vane originally crowned the side of the house while a tapered pine cone sculpture adorned the main façade. They were all destroyed by bombs during the civil war.
The interior consists of two parallel volumes: the staircase that ascends upward from the ground floor, and the living area with rooms on the ground and second floors. Ceramic tiling, fine woodwork and furniture are used in a wide variety of models. Casa Navàs is the only one of Domènech i Montaner's buildings in which all the original features have been maintained. Other Domènech i Montaner buildings in Reus are Casa Rull, Casa Gasull and the Pere Mata mental hospital.

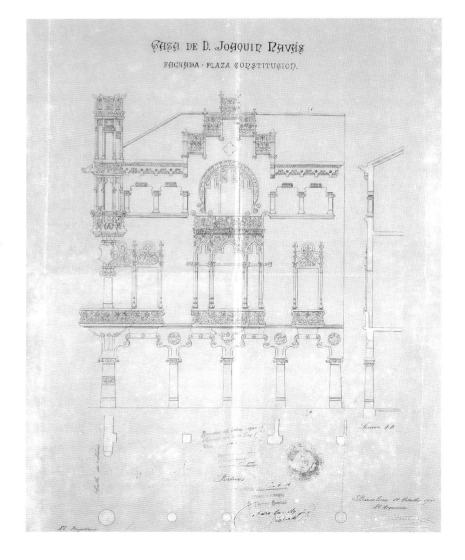

Hospital de la Santa Creu i de Sant Pau (1902-1912)

Este conjunto arquitectónico, que fue proyectado por Domènech i Montaner en el año 1901 y realizado, en su primera fase, entre 1902 y 1912, respondía al deseo testamentario de Pau Gil i Serra, quien dejó el legado a la ciudad de Barcelona para la realización de un moderno hospital según modelo de hospitales parisinos. El proyecto constaba de 48 pabellones. Su diseño en planta dispone los pabellones de enfermos, de uno o dos pisos, el pabellón de la administración, la iglesia, el convento y otros dentro de una trama urbanística de ciudad-jardín. Entre los pabellones se abren calles de 30 metros de ancho junto con dos avenidas, a modo de ejes, de 50 metros. La conexión de los pabellones aislados se realiza por medio de una red subterránea de pasillos. El material de construcción por excelencia es el ladrillo visto combinado con tejas árabes policromas, en las cubiertas de dos aguas, y escamas de cerámica vidriada en las cúpulas de las torres de agua y las rotondas de las salas de día. Dentro del pabellón de administración, destacan la sala de actos, un gran espacio unitario con bóvedas tabicadas, revestidas de mosaico cerámico, la gerencia y la biblioteca, de especial interés por el tratamiento de sus bóvedas semiesféricas, realizadas conforme a la técnica del alicatado árabe entre la construcción de ladrillo.

Hospital de la Santa Creu i de Sant Pau (1902-1912)

Designed by Domènech i Montaner in 1901, the first stage of construction lasted from 1902-1912. The hospital was built with a bequest from Pau Gil i Serra, who wanted to give Barcelona a modern hospital along the lines of the hospitals in Paris. The design consisted of forty-eight pavilions, including one and two story patients' pavilions, an administration pavilion, a church, a convent and other buildings set in a garden city within the urban grid.

The pavilions were aligned on thirty meter-wide streets and two fifty meter-wide broad avenues intersected the park. The pavilions were connected by a network of underground corridors. The dominant material was raw brick combined with colored Arab tiles on both slopes of the roofs and overlapping cluster tiles on the domes of the water towers and the day room rotundas. Outstanding features of the administration pavilion were the spacious auditorium, a single large space with its divided vaults lined in mosaic tiles, the director's office, and the library, whose semicircular vaults were constructed using the Arab alicatado technique whereby mosaic tiles are inlaid between the brickwork.

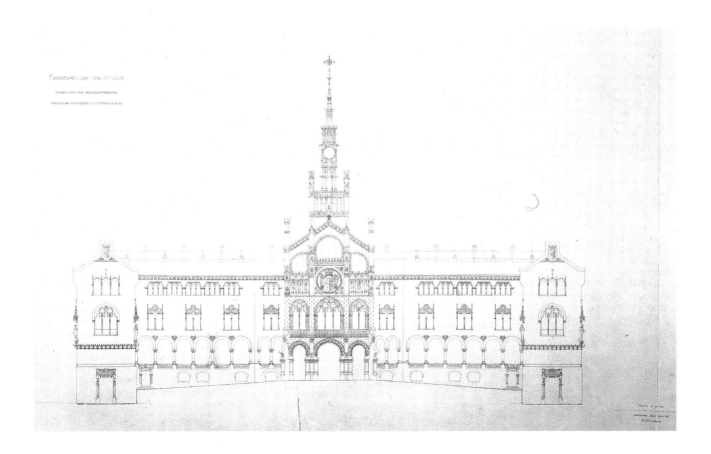

Casa Lleó Morera (1903-1905)

La casa Lleó Morera ocupa un irregular solar de la popular "manzana de la discordia", junto a la casa Amatller de Josep Puig i Cadafalch y la casa Batlló de Antoni Gaudí i Cornet. El proyecto, que en principio respondía a una reforma de fachada, terminó convirtiéndose en un edificio de nueva planta. En su fachada la disposición de los vanos de abertura, bajo distintas tipologías -en plano, en voladizo- son ejecutados en secuencias, con una equilibrada disposición de los motivos decorativos que permiten transmitir el lenguaje ornamental de la escultura y las temáticas floral, heráldica, figurativa y simbólica. El edificio se estructura en dos fachadas (ya que forma parte del chaflán) unidas por un giro redondeado en la esquina, donde se sitúa la tribuna del piso principal y los balcones semicirculares de los pisos superiores hasta coronarse con una torre-templete. En el interior se conjugan armónicamente distintos materiales decorativos como la cerámica, el mosaico, la marquetería, el pavimento hidráulico y el vidrio. Por su conjunto de cualidades estéticas recibió, en 1905, el premio al mejor edificio terminado.

Casa Lleó Morera (1903-1905)

The Casa Lleó Morera occupies an irregular plot of ground on the Passeig de Gràcia in the renowned block where Josep Puig i Cadafalch's Casa Amatller and Antoni Gaudí i Cornet's Casa Batlló also stand. Originally commissioned to simply remodel the façade, Domènech ended up constructing an entire new building. The façade is embellished with a variety of openings - some set flush with the walls, others overhanging- arranged in decorative sequences and embellished with a well-balanced combination of sculpture and other ornamentation using heraldic figurative and symbolic motifs.
The building has two façades that unite in a rounded at the corner, above which are the second floor gallery, and the semicircular balconies on the upper floors. The building is crowned with a temple-like tower. The interior is a harmonious conjugation of different decorative materials, among them ceramic tiles, mosaics, marquetry work, tile flooring and glass. In 1905 the Casa Lleó Morera was named the best new building of the year.

**Palau de la Música Catalana
(1905-1908)**

El Palau de la Música Catalana se encuentra emplazado en un solar irregular, en la confluencia de dos estrechas calles del casco antiguo de Barcelona y fue construido entre los años 1905 y 1908. En su realización, Domènech desarrolló un completísimo y experimentado programa de artes aplicadas y decorativas, en el que se incluyen tanto la cerámica como el mosaico, los vitrales, el mobiliario, la forja o la escultura. La fábrica de ladrillo visto constituye el material protagonista en fachadas, columnas, pilares y arcos. En cuanto a las fachadas laterales, ofrecen un claro ejemplo de muro cortina por la gran presencia de sus vanos con vidrieras. Una escalera monumental, que arranca desde el vestíbulo mismo, conduce a los distintos pisos. En la sala de audición, situada en el primer piso, se distinguen un escenario-hemiciclo decorado con esculturas alegóricas y el patio de butacas enmarcado por columnas y pilares con motivos naturalistas, mientras del techo emerge una gran lucerna de vidrieras policromas a modo de cúpula invertida. Otros ámbitos notables son la sala de descanso, situada en el primer piso, así como el gran balcón con columnata, que le sirve de prolongación exterior. En 1908, el edificio recibió del Ayuntamiento de la ciudad el premio al mejor edificio del año.

*Palau de la Música Catalana
(1905-1908)*

Located in the oldest part of Barcelona, the Palau is set on an irregular plot of ground where two narrow streets converge. It was built between 1905 and 1908 and in it Domènech gave full reign to his repertoire of applied and decorative arts, which included ceramic tiles and mosaics, stained glass windows, furniture, wrought iron and sculpture. Raw brick was used for the outerwalls, columns, pillars and arches. The sides of the building are a fine example of curtain walls with their stained glass-enclosed spaces. A monumental staircase ascends upward from the lobby. In the concert hall, located on the second floor, the stage is decorated with allegorical sculptures, the auditorium is framed by columns and pillars embellished with motifs from nature, and a large skylight of colored glass swells down in the middle of the ceiling like an inverted dome. Other noteworthy rooms are the first floor lounge which its large columned balcony. In 1908, the Palau de la Música won the City Council prize for the year's best new building.

Colaboradores

ARNAU I MASCORT, Eusebi (Barcelona, 1864-1934). Escultor y medallista. Estudia en la escuela de la Lonja en Barcelona. Se inicia en la escultura en el Taller del Castell dels Tres Dragons creado por los arquitectos Lluís Domènech i Montaner y Antonio Mª Gallissá, en 1889. Junto con José Llimona, se le considera uno de los escultores más representativos del Modernismo. En la obra de Domènech i Montaner colabora en el Seminario de Comillas (puerta de del Seminario y relieves); de la Casa Lleó Morera son suyos los relieves figurativos y esculturas de la fachada, así como los relieves de la planta principal; en el Palau de la Música colabora con los relieves figurativos del escenario y escultura exterior; en el Hospital de la Santa Creu i de Sant Pau es autor de las esculturas exentas de los pabellones y en la Fonda España realiza la chimenea monumental del Salón de Lectura.

GARGALLO I CATALAN, Pau (Maella, 1881- Reus 1934). Escultor. Fue discípulo de Eusebio Arnau. Su primera etapa escultórica, paralela a la cronología modernista, y recién llegado de Paris, coincide con su colaboración en la obra de Domènech i Montaner, para el Hospital de la Santa Creu i de Sant Pau, donde realiza los relieves de la Misericordias en la escalinata principal; los del Salón de Actos; la escultura adosada exterior, todo en el pabellón central de la Administración; también colabora con los relieves interiores del Palau de la Música y en la realización de la chimenea de la Fonda España.

HOMAR I MEZQUIDA, Gaspar (Bunyola, Mallorca, 1870-Barcelona, 1953). Mueblista y decorador. Formado en el Taller de Francisco Vidal Jevellí, fue uno de los principales representantes del estilo modernista. De esta primera ascendencia de aprendizaje historicista decora el Palau Montaner, obra de Domènech i Montaner, iniciando su realción profesional con el arquitecto. Ya en su etapa modernista realiza el mobiliario para la Casa Lleó Morera, Casa Navás. También es autor de los muebles que Domènech i Montaner regaló a su hijo Pedro cuando éste se casó.

LABARTA Y PLANAS, Francesc (Barcelona, 1883-1963). Pintor, decorador, dibujante. En 1904, se incorpora al equipo de colaboradores de Domènech i Montaner en la obra del Hospital de la Santa Creu i de Sant Pau. Realizó dibujos para azulejos y mosaicos como los que decoran las fachadas del pabellón de Administración que relatan la historia hospitalaria de Barcelona desde la época medieval hasta la construcción del nuevo hospital. Labarta realizó los cartones pintados según la distribución y las leyendas descritas por el mismo Domènech i Montaner. Luego Mario Maragliano realizó el mosaico.

ESCOFET Y CIA. Fabrica de Pavimento hidráulico. Fundada en 1886 como Escofet Fortuny, hacia 1900 ya con el nombre de Escofet, Tejera y Cía. se erige como la firma más representativa en la producción de pavimento hidráulico. El primer paso fue dejar la influencia de la empresa de ascendencia italiana Orsola Sola con diseños principalmente geométricos, y como consecuencia el realizar modelos naturalísticos de temáticas florales y vegetales. El resultado sería la publicación de un Album (1900) de cuidada presentación y realización donde muestra una colección de láminas de pavimentos con diseños de los principales artistas del momento: arquitectos como Gallissá, Domènech i Montaner, Puig i Cadafalch, dibujantes como Pascó, Riquer, Rigalt, entre muchos otros.

RIGALT I BLANCH, Antoni (Barcelona, 1850-1914). Pintor y vidriero. Inicia la relación con Domènech i Montaner en el Taller del Castell del Tres Dragons, donde, el mismo arquitecto afirma, le traía las pruebas de vidrios "catedral" para la realización de vidrieras. En su primera época como A. Rigalt y Cía. realiza las vidrieras para el Café-Restaurant de la Exposición Universal de 1888; los de la Casa Thomas, Seminario de Comillas. En 1903 se asocia con el arquitecto Jerónimo F. Granell i Manresa y fundan la empresa Rigalt, Granell y Cía. Durante esta etapa colabora en las obras de la Casa Lleó Morera, Casa Navás de Reus, Palau de la Música Catalana y Hospital de la Santa Creu i de S. Pau.

BRU I SALELLAS, Lluís (Ondara, Valencia, 1868-Barcelona, 1952). Escenógrafo y mosaísta. Es el propio Domènech i Montaner quien le aconseja que viaje a Venecia para aprender mejor la técnica del mosaico y su procedimiento. A su vuelta, será un asiduo colaborador en las obras del arquitecto. Todavía hoy podemos contemplar sus trabajos en el Institut Mental Pere Mata, Casa Navás, ambos en Reus; la Casa Lleó Morera, revestimientos y pavimentos; el Palau de la Música, y en el Hospital de la Santa Creu i de Sant Pau.

DOMÈNECH I ROURA, Pere (Barcelona, 1881-Lleida, 1962). Arquitecto. Hijo de Lluís Domènech i Montaner. Colaboró con su padre en las obras del Institut Mental Pere Mata en Reus, y en el Hospital de la Santa Creu i de Sant Pau, cuyo proyecto terminó en su segunda fase de realización, hasta que fue inaugurado oficialmente en 1930. Fue uno de los arquitectos directores de la Exposición Internacional de 1929 en Barcelona, realizando el Estadio, Casa de la Prensa y colaboró en la construcción del Palau Nacional.

GALLISSÁ I SOQUÉ, Antonio Mª (Barcelona, 1861-1903). Arquitecto. Fue fundador junto con Domènech i Montaner del Taller del Castell dels Tres Dragons dentro del ámbito del Café-Restaurant de la Exposición Universal. Su relación con Domènech i Montaner, no solo la encontramos en el taller de artes aplicadas y decorativas del Castell dels Tres Dragons sino también en la Escuela de Arquitectura, donde era profesor y director colaborador de Domènech i Montaner en el Archivo Fotográfico que conjuntamente crearon. Ambos eran entusiastas de la naturaleza, y de todas las manifestaciones llegadas de época medieval –cerámica, vidrio, hierro– así como del excursionismo donde siempre encontraban motivos de estudio e investigación.

RIQUER I INGLADA, Alexandre de (Calaf, 1856-Palma de Mallorca, 1920). Pintor, poeta, dibujante, crítico de arte y coleccionista. Realiza sus primeros estudios artísticos en Manresa, Béziers y Tolosa de Languedoc. Cuando regresa a Barcelona asiste a las clases de la Escuela de la Llotja. En 1879 viaja a Roma, más tarde a París y Londres. En esta última ciudad contacta con el movimiento estético de los prerrafaelitas y del arte japonés, introduciéndolo en Cataluña. Del conjunto de su obra destacan por su elegancia y esteticismo el cartelismo y los ex-libris de los que fue el iniciador y gran diseñador. Su relación artística con Domènech i Montaner es principalmente en este campo del grafismo. Colabora en el diseño de cubiertas, ilustraciones, viñetas para la colección "Biblioteca Arte y Letras"; en el marco arquitectónico, realiza los dibujos para los escudos de cerámica que decoran las fachadas del Café-Restaurant y los pertenecientes a los mosaicos exteriores del Palau Montaner. Los últimos años de su vida reside en Mallorca, donde se dedica exclusivamente a la pintura y a la poesía.

VILASECA I CASANOVAS, Josep (Barcelona, 1848-1910). Arquitecto. Obtiene en título en la Escuela de Arquitectura de Madrid, en 1873, la misma promoción que Domènech i Montaner. Inician su carrera profesional en equipo: primero viajan por Europa, y a su regreso participan en el concurso convocado por la Diputación de Barcelona para erigir un monumento funerario a Anselm Clavé. Su proyecto resulta ganador, y se realiza el panteón en el Cementerio del Este, en Pueblo Nuevo, en Barcelona, en el año 1874. Alentados por su primer éxito, vuelven en 1877 a presentar su proyecto para un conjunto académico también convocado a concurso por la Diputación para las Instituciones Provinciales de Instrucción Pública. Vuelven a ganar, pero después de trabajar durante cuatro años como directores de las obras, el proyecto no se realiza. Desde este momento, cada uno actúa individualmente, conservando su amistad y coincidiendo con sus obras en ciertos momentos históricos, como en el caso de la Exposición Universal de 1888, en Barcelona, donde Vilaseca realiza el Arco de Triunfo de la entrada de la Exposición que daba acceso al Salón de San Juan. La obra de Vilaseca manifiesta una visión constructiva y estética propia del movimiento finisecular. Desde la aportación de los estilos clásicos como en el edificio del Taller para los hermanos Masriera, pasando por la influencia oriental egipcia como en la casa de Bruno Cuadros, hasta llegar a la plenitud modernista como en la casa para Enric Batlló.

Archivo bibliográfico

A propósito de la Exposición de Artes Suntuarias

Ll. Domènech i Montaner

La Renaixensa, any VII, 2, 1877. pp. 292-302

Demos por buenos los tiempos que pasaron si mejor hicieron a los que faltaban por venir. Aunque cada uno tenga que seguir su camino, bien está también cotejar con el pasado los errores que estamos obligados a cometer a lo largo de nuestra andadura. He aquí, por ejemplo, las artes suntuarias de la antigüedad, representadas por las escasas, si bien valiosas, muestras de las salas de la universidad nueva; perfectamente enjuiciadas por críticas experimentadas, se las ha dejado en muy buen lugar, pero al tiempo que aquellas largas tiras de personajes inmóviles en sus retablos y tapices recibían nuestros aplausos, su grave inmovilidad se nos antojaba una actitud propia de severos jueces de la sociedad que pasaba ante ellos y no la de unos humildes delante de un tribunal; como personificación del genio que les dio vida, repartían consejos, descubrían con la sana experiencia del tiempo adónde les habían conducido sus errores y apuntaban gracias a las que no siempre sabemos acceder.

De nada serviría nuestro poco aprecio por la más rudimentaria de las obras de arte. Del saber del último de los obreros siempre podremos aprender una u otra lección; del libro más malo podremos siempre extraer alguna enseñanza útil; y cuando las obras son fruto de generaciones centenarias, cuando han logrado la sanción de la humanidad, estudiémoslas, pongámoslas en el norte de nuestra carrera, que ellas aportarán a nuestro limitado juicio el criterio de generaciones enteras. ¿No os habéis quedado fascinados más de una vez ante las más insignificantes obras de las civilizaciones primitivas? ¡Qué frescura poseen sus motivos ornamentales! ¡Qué acierto en la elección de formas y colores! Sienten lo natural, la verdad, mucho más que nuestras estudiadas maravillas. Recordad si no las obras de arte de las tribus salvajes con las que Owen Jones inicia su gramática ornamental, aquellas masas de armas o mazas trabajadas conforme al material, con verdadera alternancia, melodía de motivos y auténtica proporción entre campos y ornatos; en pocas palabras, con la aplicación de muchas reglas que, todavía hoy, sólo unos pocos intuyen. Nuestros primeros coloristas -y bien sabéis que afortunadamente contamos con los mejores- os dirán que en una tela de las tribus indias se puede aprender más sobre color que en un tratado de estética. Y es que sin darse cuenta reciben a diario y de forma directa las lecciones de esa gran maestra de la armonía en su sentido más amplio, la naturaleza. Y como nosotros, aislados artificialmente de ella, olvidamos un poco su lenguaje, no es extraño que necesitemos traducciones -hechas por manos francamente inexpertas- que, a pesar de todo, nos permiten entender esas enseñanzas, que rara vez fallan.

Para nosotros, todo debe estudiarse partiendo de las obras más primitivas hasta llegar a las últimas manifestaciones de las épocas más esplendorosas del arte; pero si a estas últimas debemos exigirles el procedimiento de forma, el modo en que han vencido las dificultades, en las primeras buscamos las ideas, los principios fundamentales, la savia, la sangre renovada que, inyectada en nuestras venas, debe darnos una nueva vida. ¿Qué cabe esperar del árbol florido, que ya dio fruto, cuyos brotes se contaban por miles y se marchitó después? Tan solo unos frutos tardíos y pobres y una vida perezosa a causa de una explotación asidua.

¿Existe algo más espléndido que las joyas que hicieron los griegos? Ya nunca se ha concentrado tanta belleza, tanta perfección ni armonía que en la recogida en las abundantes muestras artísticas de la acrópolis de Atenas. La misma naturaleza da la nota principal en el concierto, en la magnífica fiesta de la forma. En lo alto de una colina escarpada, destacándose sobre el azul de un cielo con horizontes escarlata, reflejándose en la cinta plateada del Ilisus, se yergue el Partenón con suave majestad de formas; las columnas trazadas con sobriedad mecánica por el genio artístico de Ictino y Calícrates. El Partenón, coronado por Fidias y sus discípulos con una diadema de metopas, con un friso que contiene las más escogidas perlas de la escultura del siglo de Pericles y adornado en la cúspide por los frontones, que Alcámenes y el mismo Fidias labraron. Y más allá, el grácil Erecteón eleva sus columnas jónicas. Más abajo, como si pidiera protección para su propia debilidad, se acerca a él la delicada y gentil flor de Pandrosio con sus cariátides, siempre reprobadas, pero copiadas centenares de veces. Y allí una entrada majestuosa, los Propileos de Mnesicles; y dominando sobre todo, extendiendo su mirada serena, la que sólo Fidias ha sabido hacer brotar del bronce, se cierne la estatua gigantesca de la Virgen griega: Atenea Prómakos, personificación de todo un pueblo y de toda una civilización.

Jamás se ha podido volver a reunir tan bello grupo de obras de arte: los templos repletos de maravillas surgen de la tierra como las flores de las riberas del Ilisus; flores de formas variadas y ricos matices: desde el templo dórico de Teseo hasta la preciosa "Linterna de Lisícrates", perteneciente a la escuela corintia de Calímaco. En conclusión, un pueblo dotado de un gusto refinado y de una cultura amplísima (por más que digan otra cosa sus detractores).

Los pueblos germánicos se apoderaron un día de esta herencia y, a través de hombres de verdadero talento -con el gran artista Schinkel al frente- quisieron dar continuidad a la truncada etapa del arte clásico auténtico. Además de procedimientos artísticos que recogían la esencia de los conocimientos del pueblo griego, los artistas de Berlín y Munich produjeron obras maestras en los campos de la arquitectura, el mobiliario, la escultura y la decoración.

Algunas de ellas parecen ciertamente arrancadas de la tierra de Homero y trasplantadas al blanquecino horizonte de los países del norte. Y, aparte de esto, no hubo nada más; los elementos ornamentales se traspusieron, se aplicaron a todos los objetos y a todos los edificios; pero no surgió ningún estilo nuevo; griegos eran y griegos se quedaron. Con manos hábiles, la "Architektonische Skizzenbuchs", produjo -como plantas mortecinas- aquellos juguetes con palmetas, kioscos con cimeras parecidas a la de la Linterna de Lisícrates y tantas otras cosas como se hicieron en los jardines y casas de toda Europa.

Y si el arte por excelencia, el arte que era bello incluso hasta en su florido período final, no ha producido ningún otro arte, ¿cómo esperarlo cultivando el que acabó con la decadencia de la extenuación?

Es por esta razón que no debemos exigir formas a las exposiciones de objetos antiguos; exijámosles principios, estudiemos sus reglas y hagamos, en una palabra, arqueología en beneficio de las artes venideras y no copiemos el arte de otras épocas, que por la misma razón poco tendrá que ver con nuestros usos y con nuestro gusto.

¿Cómo fueron capaces los griegos de crear artes originales, cómo crearon los geniales autores de la Edad Media las obras que hoy exponemos? ¿Cómo nos enseñan a estudiar y a producir para llegar a un arte propio y característico de nuestra época?

Tomemos como ejemplo al arte griego y busquemos sus elementos constituyentes. Uno a uno, los iríamos encontrando en civilizaciones anteriores o coetáneas. En decoración, Nínive, Egipto, Fenicia o Persia proporcionan al pueblo artista los rudimentos del meandro, la posta, la palmeta y la trenza; las cabezas de león de las gárgolas y las testas de toro de algún templo de la Magna Grecia; el sistema del dintel y del artesón, la columna protodórica egipcia y los elementos de la jónica en la columna de Persépolis. En escultura, el estilo rígido, acentuado y justo de línea, de las escuelas arcaicas de Egina y Siquiona parece tomado de los bajorrelieves, de las procesiones y escenas domésticas que se encuentran en los murales de Korsabad y Konjounjich; pero nunca encontraréis una copia literal en el arte griego. Oreados por la atmósfera de Hélade, el meandro, la posta, la palmeta se explayan en largas y graciosas cintas, se tornan *grecas* de purificados y airosos perfiles. Los elementos constructivos asiáticos o egipcios -caprichosamente devastados- apenas participan del orden sutil y lógico de los griegos y la escultura sólida de la naturaleza (de color medio roca, medio estatua) de Asia regresa a la propia naturaleza en las admirables mujeres de mármol de Praxiteles, pasando antes por los semidioses de la escultura: las estatuas de Egina, de Olimpia o de Atenas. Del mismo modo que en la fábula de aquel rey, el pueblo griego tiene el don de convertir en oro todo lo que toca. La Europa occidental de la Edad Media, al tomar elementos de épocas anteriores con menos finura en el gusto por el detalle -si bien con más originalidad de formas, más atrevidas que las griegas y siempre más nuevas- procede también según unos principios establecidos cuando crea esas obras de arte. El artista que era considerado romántico por excelencia, el de ideas retorcidas y formas enrevesadas; el que, tal como dicen los críticos de hoy, hizo pasar a la materia por un mundo de tormentos infernales que él mismo temía en la otra vida, es el hombre más práctico, el positivista por excelencia, como se dice ahora. En sus buenos momentos siempre va derecho hacia su objetivo, no se permite ningún capricho. Siempre es artista, pero al mismo tiempo -y muchas veces antes- es maestro cerrajero, escultor, picapedrero o pintor; en pocas palabras, es constructor. Para él, todo ha de servir perfecta y cómodamente al uso para el que se ha destinado el objeto y nunca olvida que el hierro es hierro y la piedra. Incluso en la pintura de cuadros, en los retablos, en todo aquello en lo que hubiera podido tener más libertad creativa, sabe recordar cuál es su misión y que, aunque estos elementos aislados puedan lucir en el taller, no sucedería lo mismo si se empotra la tabla en el altar, poniéndola como nota dominante de un edificio armonioso.

Fijémonos si no en lo más importante de la exposición que allí contemplábamos. Fijémonos en los cuadros y, entre éstos, en los que por su tamaño y carácter pueden considerarse como parte integrante de un edificio u objetos principales de la decoración.

Muy a nuestro pesar, cuando tratamos del arte suntuario, el recuerdo queda fijado en aquellas tablas de ricos y trabajados fondos de oro, pasando por alto las docenas de obras maestras de pintura que allí podemos admirar. ¿Pervive en ese recuerdo la ingenua expresión del deslumbramiento inicial o es que, por el contrario, el oscuro y desconocido artista catalán de la Edad Media supo encontrar entre su falta de perspectiva lineal y aérea, su sequedad de dibujo y crudeza de colores, un efecto más incisivo que el de los maestros del Renacimiento y de la época moderna que le siguieron?

En estos tiempos, como bien dice Viollet-le-Duc, un cuadro que se usa como decoración «es un especie de ventana que se nos abre sobre una escena propia para agradarnos o conmovernos». Cuando para mirar un cuadro nos aislamos en el taller del pintor, o bien nos abstraemos, haciendo un penoso esfuerzo, en la oscura galería de un museo, es indudable que en esta especie de invernaderos artísticos el efecto que produce un cuadro moderno admirablemente ejecutado es sin duda mayor que el de los retablos antiguos que ejecutaron los artistas más refinados, que no pretendían otra cosa que una representación convencional. No obstante, poned -por ejemplo- el retablo *La consagración de S. Agustín, obispo de Hipona* (uno de los cuatro magníficos retablos presentados por el gremio de curtidores) formando parte de la decoración de una iglesia, que es el lugar que le corresponde, y la impresión sobre cualquier clase de público será sin duda tan viva como lo era en la sala de la universidad; las figuras se dibujarán claras y nítidas sobre la rica atmósfera de luminoso metal y la escena producirá todo el efecto que es capaz de generar. Pongamos ahora en su lugar un cuadro de un gran autor moderno; no una de esas obras que en tanta cantidad se encontraban en la última exposición y que no pocas dificultades tendrían para presentar la fe de bautismo del origen que se les atribuye, sino una obra de origen contrastado y mérito artístico. Tomemos, por ejemplo, el *Apresamiento de Jesús en el Huerto de los Olivos*, de Van Dick y seguro que a veinte pasos -distancia muy corta en un templo- no podríamos formarnos una idea cabal, no ya de su mérito sino de lo que representa... sobre un fondo oscuro de tierras morenas, las cuatro manchas confusas de las carnaduras o la mancha de la llama rojiza... esto es todo lo que quedaría de tan admirable obra. También es cierto que hemos tomado un ejemplo extremo, una escena nocturna; pero el efecto, aunque no tan marcado, siempre es del mismo género. En una palabra, los cuadros modernos se hacen invisibles, se cubren de un velo que nos ofusca cuando forman parte de una decoración. Esto se explica si tenemos en cuenta que el pintor moderno que siente su fuerza es más ambicioso que sus precursores y persigue, como Fortuny, lo natural hasta el límite de lo posible, sorprendiendo con su obra hasta a la misma luz, tal como hizo Velázquez en *Las hilanderas*, entregándose por completo a vencer las dificultades de sus cuadros hasta el punto de olvidar muchas veces el destino que van a tener. Como bien observó un crítico, la pintura decorativa no puede alardear de crear un efecto de perspectiva lineal porque en un salón lleno de espectadores sólo percibirán dicho efecto los pocos que la miren desde el ángulo correcto; la perspectiva aérea, las gradaciones de tintas, la distribución del espacio, los sacrificios de color en los objetos representados para que unos destaquen a los otros; todos estos efectos se destruyen cuando se mira el cuadro en escorzo, que es como lo ven la mayoría de los que llenan la sala. La vista se forma una imagen de la superficie plana del cuadro y ésta, perdida ya la unidad e intensidad luminosa, presenta a la mirada un aspecto desigual e indefinible.

A nuestro entender, el defecto capital que produce la imitación inexacta del natural y, por añadidura, el uso de los artificios antes mencionados estriba en la disminución generalizada de la intensidad de color del cuadro como consecuencia de la pérdida que sufre cada uno de sus elementos, en la falta de tonos contrapuestos de forma sencilla, valiente y armónica.

El cuadro empotrado en la decoración lucha con la realidad de los objetos que lo rodean. Los elementos constructivos: columnas, baquetones, impostas, aberturas de luz y de tránsito, arcos y encasamentos, la ornamentación labrada proporcionan puntos brillantes que reflejan la luz del sol sin apenas modificarla y sombras intensas de vivos y definidos colores, que la pintura no podría imitar nunca. Un estudio de Jules les Jamin sobre óptica y pintura, publicado hace ya veinte años en la *Revue des deux mondes*, se ocupa del análisis fotométrico de algún cuadro.

Con otro objetivo y según las leyes que de él se deducen, nos explicamos la completa inutilidad de perseguir el natural idealizado para llevarlo, aunque sea reducido de escala, al interior de nuestros edificios. Los análisis fotométricos indican la diferencia de intensidad luminosa entre el natural y la copia. La relación es con frecuencia de uno a ochenta y aún superior otras veces. Como imitación entonces, el cuadro no puede llegar a ser ni una pálida sombra del natural; pero no es esto lo peor todavía: la relación entre la intensidad de los tonos en los cuadros no guarda proporción alguna con las relaciones entre los tonos del natural. Nos encontramos aún pues en un campo puramente convencional para la representación de la naturaleza. He aquí la causa que juzgamos como primera por lo que se refiere a la destrucción del efecto en los mejores cuadros que sirven a la ornamentación arquitectónica.

La luz de los relámpagos reflejándose en objetos reales apaga por completo las débiles e inciertas chispas que el artista trata de hacer brotar en sus cuadros.

Nuestros artistas de la Edad Media, los que pintaban las escenas de la vida de San Agustín o de San Esteban, de San Eloy o de la pasión de Jesucristo y los magníficos retablos de la exposición suntuaria que tiene lugar en las ferias de hoy se situaban, de forma consciente o no, en un terreno más firme, con sus relieves dorados y sus pedrerías corpóreas. A la luz natural le piden algo más que una claridad difusa. Como tienen que luchar con los puntos y aristas iluminados del entorno, reparten por pequeños relieves y superficies metálicas puntos y aristas brillantes. Para ellos, el mejor campo luminoso es la misma luz, que se refleja en pequeñas pavesas por los múltiples cantos de los relieves, filigranas del fondo y por los pliegues de los trajes.

Pero no basta establecer el fondo dorado. La luz que de esta valiente manera se adquiere y se prodiga, se extiende sobre el resto del cuadro y lo empaña con sus reflejos. Eso es lo que sucede en un ensayo actual de la misma exposición que representa a la Santísima Trinidad. Y, no obstante, los retablos del siglo XV o de principios del XVI ya citados no quedaban difuminados por estos reflejos, gracias al uso de unos tonos de colores intensos y a un sombreado y perfilado convencional de las figuras con negro y rojo oscuro que sitúan al fondo y a las figuras del cuadro en una escala similar, manteniendo la unidad del plano donde se trabaja. Sin duda alguna, una coloración que imitara el original no habría dado ese efecto y es por esta razón que la mayoría de artistas del Renacimiento, si acuden a los fondos dorados para destacar las figuras, lo hacen utilizando campos lisos, contentándose con uno tonos más fríos, y de manera que el brillo del campo con respecto a las figuras que contiene dependa -por efecto de la reflexión regular que la luz tiene sobre un espejo metálico plano- del ángulo desde el cual se observa. A pequeña escala, sucede así -por ser el campo mate, adamascado a listas negras- con las tablas de San Pedro y San Pablo presentadas por el párroco de Vallvidrera en la exposición y en otras pinturas mejores tan admirables como las de Rafael en los edificios de Roma y la de la bóveda de la biblioteca del monasterio de El Escorial.

¿Significa todo lo dicho hasta ahora que deberíamos volver a pintar como los artistas de los siglos XIV o XV? De ninguna manera. Nosotros, que nos hemos quedado extasiados horas y horas ante *Las Meninas*, *La rendición de Breda* y los reales retratos de Velázquez; nosotros, que aspirábamos con deleite el suave perfume de las pinturas de Murillo, rodeadas de un vaporoso misticismo; que hemos contemplado el ascetismo áspero de Ribera, el resplandeciente colorido de Paolo Cagliari, las pastosas carnes de los cuadros de Rubens, las soberbias imágenes que, como las de Barbarroja, arrebataba el pincel de Van Dyck del natural; nosotros, que nos hemos visto burlados ante una fotografía de un cuadro de Fortuny creyendo que era el original; nosotros, que delante de *Los Evangelistas* de Rosales nos hemos conmovido al ver representada de nuevo la eterna doctrina de aquellos enérgicos y varoniles reformadores que alentaban los últimos pensamientos del artista, no podemos ser partidarios de las artes del pasado. Más no podemos convenir que con tanto genio, tan admirable estudio se estrelle en las aplicaciones en su primer y más noble objetivo: dar espectáculo a todo un pueblo en sus monumentos públicos, plasmando en ellos los ejemplos gráficos y palpitantes de sus grandes tradiciones y creencias.

Los artistas egipcios lo consiguieron de su dibujo rígido y convencional; lo consiguieron los maestros de la idealizada imitación de lo natural; los griegos -en las pocas pinturas que nos quedan de ellos- en sus vasos y en la decadencia de Pompeya; lo consiguieron con sus esmaltes los artistas bizantinos y lo consiguieron, por último, nuestros artistas de la Edad Media. Y todos ellos no persiguieron una absoluta e imposible imitación del natural, no quisieron destruir la unidad de la superficie de las pinturas y, con sus coloraciones, supieron mantenerse en la tesitura que la ornamentación que daba la réplica a sus obras les determinaba. ¿No podrían obtenerse hoy, con más saber y medios, mejores efectos todavía? ¿No podrían reemplazarse o imitarse con mayor perfección los colores intensos y los simples dibujos de los egipcios, las valientes figuras sobre campo rojo o negro de los vasos griegos y pinturas murales pompeyanas, los luminosos mosaicos y retablos dorados? ¿No retornará el pintor moderno a la casa de sus padres, donde un día le enseñaron a andar de forma racional? ¿No retornará a los brazos de la verdadera pintura monumental? Creemos que, por ahora, no. Una anarquía innegable parece apoderarse de todas las artes, pero como otro día veremos tratando del mobiliario, de los tejidos, de la metalistería, de la pintura ornamental, de la escultura, se manifiesta una sana tendencia a respetar las buenas tradiciones. Todas las artes se esfuerzan para rehacer su pasado y seguir con su misión. Solamente la mayor y de más gusto de ellas, la que arrastró a las demás con su ejemplo desprendiéndose del cordón que la unía a la madre común, solamente la arquitectura se obstina en su descarrío. Ella paga su culpa. La pintura de cuadros queda al margen, pero, en su independencia, vive casi ignorada por el pueblo en la atmósfera artificial de un taller, de un museo, o bien en la galería de un potentado, muchas veces desconocido. Y cuando se muestran al público las mejores obras desde el lugar que les corresponde, como artes suntuarias de monumentos, pasan desapercibidas a pesar de su gran calidad.

Por dulce y maravilloso que sea el canto del ruiseñor, quedaría ahogado en medio de la potente instrumentación y grandiosa armonía de un concertante de Meyerbeer.

En busca de una arquitectura nacional

Lluís Domènech i Montaner

La Renaixensa, Any VIII, 1, 1878. pp. 149-160

La palabra final de toda conversación sobre arquitectura, la cuestión capital de toda crítica, viene a girar, sin querer, alrededor de una idea, la de una arquitectura moderna nacional.

Y siempre que se origina esta cuestión nos preguntamos a pesar nuestro. ¿Podemos tener hoy en día una verdadera arquitectura nacional? ¿Podremos tenerla en un futuro próximo?

El monumento arquitectónico, tanto como la que más de las creaciones humanas, necesita la energía de una idea productora, un medio moral en qué vivir y en último lugar un medio físico de qué formarse y un instrumento más o menos perfecto de la idea, acomodando un artista a ésta, y a los medios moral y físico, la forma arquitectónica.

Siempre que una idea organizadora domina un pueblo, siempre que irrumpe una nueva civilización, aparece una nueva época artística.

La civilización india, el brahmanismo con sus grandiosas ideas religiosas y cosmogónicas, en medio de una naturaleza que tiene por horizonte la inmensa meseta del Himalaya, sobre una tierra que riegan los ríos gigantes del Asia y en medio de la fauna de los colosos de la naturaleza, contra con atrevido cincel las montañas trabajando en ellas Mavalipuram, Elifanda o Elora.

La monarquía despótica hace brotar del lodo del Éufrates y del Tigris, con toda su imponente y majestuosa grandeza los palacios inmensos que sobre sus tronos de arcilla en las llamas calcinadas de Caldea, Asiria y Persia, dominan uno tras otro todo el mundo.

El principio teocrático y la fe en la vida eterna levanta en la riberas del Nilo los palacios y templos de granito indestructible, Karnak y el Ramescion, los templos de Denderah y de la isla de Philoe.

La forma republicana y el culto al hombre elevado a semidiós eran el Partenón y el templo de Teseo.

La idea política, el principio del orden social da vida al Coliseo, a la Columna Trajana y a las Termas. Incluso el genio fanático guerrero y sensualista del Islam, al ser contenido en su inundación, descansando de sus victorias, sobre columnas de mármol y a la sombra del templo bizantino trenza los dorados rayos del sol de Andalucía en las lacerías y los alicatados de la Alhambra. El cristianismo en su cuna ensaya mil templos para su ideal, muchos de ellos se destruyen, pero nos dejan aún hermosas pruebas de su trabajo, San Vital de Rávena, San Marcos de Venecia y Santa Sofía de Constantinopla. Y cuando el oprimido vasallo de la Edad Media ve en la cruz el signo de la redención eterna y de la misma redención temporal, entonces las escuelas laicas del pueblo alzan frente al monumento de la fuerza, frente al castillo feudal, el sublime templo del idealismo, la catedral cristiana.

Sólo las sociedades sin ideas firmes, sin ideas fijas, que viven fluctuando entre el pensamiento de hoy y el de ayer sin fe en el de mañana, sólo estas sociedades no escriben en monumentos duraderos su historia. Siendo transitorias sus ideas, transitorios son los monumentos a los cuales ellas dan vida. Son en el orden moral como aquellas llamas del desierto, sin una gota de agua que las temple, con sus transiciones de un sol de fuego a una noche de helada irradiación. Solamente pueden echar raíces las plantas inferiores, la palmera cimbrea gentilmente sus flexibles ramas en la abrasadora corriente del simún, el abeto de las nevadas montañas desafía inflexible la helada tramontana y no bastante ni la una ni el otro pueden resistir las alternativas de una mañana de julio y una noche de enero en el dulce clima de nuestras regiones.

En una época de transición, cuando se combaten las ideas sin tregua, en medio de las notas discordantes dadas por la pasión de todos, es imposible encontrar la grandiosa armonía de la cual han sido imagen las verdaderas épocas arquitectónicas.

Si la civilización moderna no estuviera trabajada por la lucha interior, si el público pudiese guiar con su opinión y con sus aplausos al artista, daría indudablemente origen a una nueva época arquitectónica, y lo hará con el tiempo aunque de la forma lenta en que se viene dando el movimiento artístico. Nunca como ahora se habían reunido tantos elementos para ello. Las justas y emancipadoras ideas iniciadas por el cristiano son llevadas del espíritu individual al espíritu del régimen de los estados en unos prácticamente, en otros como aspiraciones aún no realizables. Las cuestiones de forma y personales, más que las ideas, son las que producen esta continua lucha en la cual consume sus mejores fuerzas la sociedad moderna. Pero las necesidades que estas ideas originan en las administración de las naciones civilizadas, la creación de los edificios que las han de satisfacer, son admitidas por toda clase de pensadores.

Al mismo tiempo las antiguas civilizaciones nos entregan sus tesoros de conocimientos y formas artísticas; los museos se llenan de modelos llenos de provechosas enseñanzas; la imprenta difunde rápidamente los estudios llevados a cabo tanto acerca de las ruinas de Babilonia, Nínive, Persépolis, Elora, México, Tebas, Troya, Atenas y Roma como de aquellos edificios inmensos que en su delirio eleva el genio industrial en un día para destruirlo a la mañana siguiente; la mano de una débil criatura auxiliada por la electricidad y la química a su placer la gigantesca montaña de mármol, el hierro se abrase en el alto horno para venir retorciéndose a someterse al laminador que lo domina para que nos entregue luego dócilmente su fuerza; la ciencia mecánica determina ya los rudimentos de la forma arquitectónica y presenta como una aspiración el deducir las artísticas leyes de las proporciones y de la armonía cromática, como ha determinado ya las de a armonía sonora; las naciones en fin abren sus tesoros al artista par levantar en el terreno real sus ideales conceptos. Todo anuncia la aparición de una nueva era para la arquitectura, pero preciso es confesarlo, nos falta aún una público de una gusto y de ideas afirmadas, nos falta un público al cual la enseñanza del dibujo decorativo en las escuelas o la práctica en la apreciación de obras artísticas le den un sentimiento artístico, para poder guiar como los griegos en el ágora de Atenas a sus arquitectos y a los modernos artistas en sus pensamientos. El arquitecto de hoy se encuentra en el campo de la complicada civilización moderna con un sinfín de necesidades artísticas y materiales a las cuales satisfacer y con infinitos medios para resolverlas, pero, a veces por no haber recibido en la época de su formación una instrucción suficiente, otras veces por no tener bastante talento en aplicar los conocimientos adquiridos, el artista moderno, se siente más dominado por el material que trabaja que su dominador y sólo después de una época, que no nos atrevemos a fijar, podrá reunir en sus creaciones todos los materiales que la civilización le va entregando de día en día. En este momento, arrojando todas las ataduras que la ligan a rancias e ignorantes preocupaciones de escuela no buscando para llamar la atención ostentar una imaginación que el público sabrá apreciar ya en las más sencillas obras, la arquitectura moderna, hija y heredera de todas las pasadas, se levantará por encima de todas, enjoyada con los tesoros de aquellas y con los de la industria y de la ciencia por ella misma adquiridos.

Pero una arquitectura de tal manera adquirida será, como todas las que hasta aquí han existido, el arte de una generación; representará una civilización pero no una región. En una palabra, la arquitectura, dadas las condiciones actuales de la sociedad moderna, no puede conservar un carácter verdaderamente nacional. El espíritu propio de una nación podrá modificar el tipo general moderno, podrá constituir una escuela, una graduación, pero no un arte distinto con sus condiciones necesarias, es decir, con un sistema propio de construcción, con sistema propio ornamental. La expansión continua de los conocimientos a través de las fronteras, la poderosa fuerza de asimilación de la instrucción moderna, el parecido de la organización de pueblos anularán todos los esfuerzos para crear una arquitectura nacional. El arte romano no es romano por el lugar de su origen, lo es por representar la civilización romana. Si pudiese crearse una nueva arquitectura en una nación respondiendo a las necesidades del día bien pronto se extendería a los demás países civilizados que profesan ideas y poseen medios parecidos. Sería una arquitectura moderna pero no nacional.

Es verdad que el carácter secular del pueblo, sus tradiciones artísticas y su clima pueden hacer variar profundamente las necesidades de los edificios de dos países, aunque respondan a un mismo orden de ideas. Estas graduaciones de una misma idea arquitectónica podrán hacerse visibles entre pueblos cada uno de carácter, clima, tradiciones definidos y completamente distintos uno del otro, más para los pueblos que constituyen la actual nación española ni esta graduación común a todos en el arte moderno nos será posible el día en que éste llegue a constituirse completamente.

¿Cuáles son nuestras tradiciones artísticas comunes? ¿Cuál nuestro común carácter? ¿Qué medio físico debemos considerar como nacional?

Ni una misma historia, ni una misma lengua, ni iguales leyes, costumbres e inclinaciones han formado el diverso carácter español. El clima más variado, la tierra más diferente, en su topografía, época de formación y naturaleza, constituyen las diversas regiones de España y, como es natural, de estas circunstancias ha nacido el predominio de tradiciones artísticas generalmente árabes en el mediodía, románicas en el norte, ojivales o góticas, como se dice vulgarmente, en la antigua corona aragonesa y centro antiguo de España y del renacimiento en las poblaciones a las cuales dio vida el poder centralizador de la monarquías austríaca y borbónica.

De estos elementos artísticos difícil es formar una unidad arquitectónica que sea más española que la de otra nación cualquiera y que sea igualmente grata a todos nosotros.

Podríamos tenerla cuando se pudiese confundir en una sola figura a Pelayo y Wifredo, cuando Roncesvalles, la conquista de Sevilla y la expedición de Grecia fuesen la gloria reconocida de un sólo pueblo, cuando el enérgico y reposado canto del «Tcheco jaona» y la balada del «Comte Arnau» pudiesen ser cantados y comprendidos por los que modulan con los estallidos de fuego y de lasitud del Mediodía la pintoresca «playera» o la triste «soledad», cuando la matrona de nuestras masías supiera atarse en el pelo el ramillete de claveles rojos que tan bien sienta sobre una frente tostada bajo la luz cegadora de Andalucía.

En fin, podríamos formarle cuando el genio moral y materialmente sólido del gallego; lo valientemente lleno de fe del vasco y del navarro; lo activo del catalán y lo ingenioso del andaluz pudiesen encontrarse en un solo carácter.

Y todos estos y muchos otros elementos unificados podrían reflejarse en un gusto y un arte nacional si, como sucedía en la Grecia civilizada en Asia, en Egipto, un mismo clima e idénticos materiales obligasen al artista a adoptar formas fundamentales determinadas. Pero tampoco existe este poderoso elemento de unificación. El clima del Mediodía es casi el ardiente del Africa; el del Cantábrico puede equipararse muy bien al de algunas naciones del norte de Europa.

El medio geológico, y, por consiguiente, el topográfico, no puede ser tampoco más tormentoso. Las erupciones graníticas y porfídicas en sus diversas variedades brotan por todos los sitios en España introduciendo la más grande accidentación en toda la superficie del terreno y cambiando en cada una de las regiones los materiales puestos por ellas al descubierto. Sería un estudio curioso, que aquí no podemos hacer, el comparar detenidamente el carácter de las poblaciones españolas con el terreno que las sustenta, comparar por ejemplo Galicia y Asturias, moralmente consideradas de las mismas regiones, con la preponderancia de terrenos graníticos, gnéisicos y silurianos; a las provincias Vascongadas y Navarras con los terrenos secundarios o terciarios antiguos sobre los que yacen; a Cataluña con todo este conjunto complicado de accidentes geológicos que hacen en ella la historia del mundo en pequeña escala, a Aragón y a las dos Castillas con estos tres grandes lagos de tranquilas aguas terciarias que las constituyen respectivamente y, por último, las Andalucías con las baldas cuencas terciarias o aluviales aún fertilizadas por el Guadalquivir y el Guadiana entre las ásperas sierras más antiguas y los terrenos metamórficos que les dan maderas de construcción y combustibles, mármoles y metales.

Después de este conjunto de circunstancias exteriores resaltan entre los artistas, y aún más entre los críticos, para constituir una arquitectura moderna y nacional, cuatro tendencias.

La primera y más antigua, que fue general a principios de siglo en toda Europa, es la que se da orgullosamente el nombre de clásica o greco-romana. La generación actual conoce y respeta demasiado el arte griego y las sabias construcciones y disposiciones arquitectónicas romanas para admitir tal nombre ni tal simulacro de arquitectura, la majestuosa columna dórica, la elegante columna jónica, la graciosa y rica columna corintia, redondas en planta porque servían de soportes aislados alrededor de los cuales tenía que circular la multitud en los pórticos de que formaban parte, ligeras y elevadas porque no sostenían más que un sencillo techo y sentaban su base en tierra firme, que constituían un miembro constructivo sabiamente arreglado a su objeto, pierden en la arquitectura seudo-clásica su carácter serio, formando a veces delante de las fachadas como unos castillos de bolos unos encima de otros sin que su forma a nada responda y sin objeto útil para la construcción. Aplastándose otras veces con sus propios capiteles, en contra del buen gusto griego, en forma de pilastra por entre las cuales, como en un templo aprovechado para casa de alquiler, aparecen balcones y ventanas rompiendo las línea verticales sin orden ni concierto. La forma cilíndrica por firma que los griegos se esforzaron en acentuar y afirmar con las estrías , se presenta muy a menudo lisa y los capiteles, obra maestra que limaron los griegos mil veces y que nunca llegó a satisfacerlos, se atreven a presentarse con la bastarda forma toscana.

El frontón, que en los templos clásicos se presenta como elemento de una cubierta de edificio siempre conociendo su imperfección en los ángulos inferiores y procurando la estabilidad aparente por medio de las acróteras, se presenta aquí prodigado con formas raquíticas sobre cualquier abertura de la fachadas, rompiendo siempre las rampantes sus molduras contra la cornisa de cualquier manera y sin el paliativo que el buen gusto clásico aportó a este defecto... Pero ¿para qué repetir lo que ya han hecho popular en volúmenes completos Viollet-le-Duc, Boutmy y tantos otros? Completamente abandonada de todos los pueblos esta arquitectura, que destruyó sin conciencia excelentes obras de la Edad Media, que malcopiaba la forma sin entender el sentimiento clásico, hoy es ya un cadáver, o mejor dicho, la momia repugnante, por su desfigurada forma y su falta de razón de ser y de vida, de la arquitectura clásica. Sin embargo, tiene algún partidario aún entre los que la practicaron en otros tiempos, o entre los que presumen de personas doctas que siempre se duelen de los tiempos que se van, sin que corrijan los presentes, ni preparen los de después.

Otra escuela, ecléctica pero respetable, es la que pretende conservar las tradiciones clásicas aplicándolas a los edificios a los cuales dieron vida y a los que naturalmente se amoldan. Esta escuela, como la anterior, no es precisamente nacional y parte de un estudio verdadero del arte clásico o de la Edad Media que le es verdaderamente conocido. El centro principal de esta escuela es el alemán. Para ella un cementerio debe ser egipcio o algo por el estilo, un museo griego, un congreso romano, un convento bizantino o románico, una iglesia gótica, una universidad del renacimiento y un teatro medio romano medio barroco y así todo por el estilo con pequeñas variantes. Es preciso confesar que esta escuela tiene conocimientos, pro no creemos que tengamos de apoyarla. Las formas antiguas no se avienen con nuestras necesidades actuales ni con nuestros medios modernos de los cuales se valen (la jácena y la columna de hierro, por ejemplo) que difícilmente pueden disfrazarse cuando responden a una necesidad real y digna de ponerse de manifiesto... Y también consideramos muy triste para la generación actual el que, al ser llamada a juicio por los siguientes, puedan las anteriores despojarla de todos sus monumentos sin dejarle una forma propia.

Finalmente dos otras tendencias razonadas, que por nosotros responden a un origen dignísimo de aprecio, son las que pretenden continuar las tradiciones de la Edad Media, en mala hora interrumpidas en arquitectura por el renacimiento. La primera de las dos escuelas prefiere los monumentos románicos y ojivales y en consecuencia como tradición patria la de la escuela aragonesa que tan bien representada tenemos en Cataluña. La segunda prefiere la arquitectura árabe o la modificación de la misma que los alarifes importaron a la sociedad cristiana y que se conoce generalmente con el nombre de «mudéjar» y de la que se encuentran principalmente abundantes muestras en Toledo. Si no hubieran pasado de tras a cuatro siglos desde el tiempo en que ambos estilos se detuvieron, si pudiéramos permanecer aislados del movimiento de Europa, creemos que ellos podrían constituir dos tipos distintos de arquitectura nacional, uno que tal vez podría aplicarse al mediodía y centro de España y otro que podrían adoptar los de la parte oriental de nuestra nación. Tal vez las dos podrían unirse y violentándose formar una tercera arquitectura; más francamente por razonamiento y por sentimiento creemos que todo el camino que se hiciera en este sentido no conduciría a una era brillante de arquitectura moderna. Durante horas y días hemos estudiado con entusiasmo cada uno de los monumentos de los dos estilos de que tan rico es Toledo y cada día al volver a través de las neblinas del Tajo a nuestra posada de la costa del Alcázar, reflexionando sobre lo estudiado durante el día, adquiriríamos una nueva admiración por el hecho y un desengaño por lo que teníamos que hacer. Que su composición es por decirlo así elástica, que puede sacarse mucho partido de uno y otro estilo, no se puede negar. Un edificio solo lo demostraría, el nuevo arsenal de Viena, que proviene de tradiciones idénticas y que para nosotros está perfectamente compuesto. Pero en éste y en todos los que se intentasen los elementos de los dos estilos no son bastantes para satisfacer las exigencias de la época actual. ¿Cómo se sujetaría la gran sala de un teatro, por ejemplo, a las proporciones del arte árabe o gótico en que tan marcada es la preponderancia de la vertical? ¿Cómo podríamos obedecer a las leyes económicas y constructivas, sumamente racionales, que nos obligan a aceptar hoy el hierro con formas nuevas determinadas mecánicamente? ¿Cómo obedecer a las formas que en las grandes salas determinan las leyes de la acústica y de la óptica si además tenemos que sujetarlas a formas no estudiadas para estos objetos? No terminaríamos si quisiéramos indicar todas las dificultades que en la práctica se oponen y que obligan a recurrir a nuevas formas que, para disfrazar de góticas o mudéjares, deberíamos revestir con cuatro hojarascas de la época poniendo todavía más de manifiesto la pobreza de nuestra fuerza de creación.

¿Por qué no cumplir francamente con nuestra misión? ¿Por qué no preparar, ya que no podemos formarla, una nueva arquitectura? Inspirándonos en las tradiciones patrias, con tal que éstas no nos sirvan para faltar a los conocimientos que tenemos o podemos adquirir.

Admitamos los principios que en arquitectura nos enseñan todas las edades pasadas, que de todas, bien guiados, necesitamos. Sujetemos las formas decorativas a la construcción como lo han hechos las épocas clásicas, sorprendamos en las arquitecturas orientales el porqué de su importante majestad en el predominio de líneas horizontales y de grandes superficies lisas o ligeramente trabajadas contraponiéndose con el grandioso motivo ornamental formado por las esfinges asirias o persas ricamente decoradas; recordemos el principio de la solidez en las firmes líneas egipcias; procuremos adquirir los tesoros de gusto del templo griego; estudiemos los secretos de la grandiosidad de las distribuciones y de la construcción romana, el de la idealización de materia en el templo cristiano y el sistema de múltiples ornamentaciones ligadas unas con otras para irse volviendo claras y ordenadas a diferentes distancias en la decoración árabe, aprendamos por fin la gracia del dibujo del renacimiento y tantos y tantos otros conocimientos que si las estudiáramos para no copiarlas las artes de todas las generaciones pasadas nos enseñarían. Y con estos principios severamente comprobados apliquemos abiertamente las formas que las nuevas experiencias y necesidades con los tesoros ornamentales que los monumentos de todas las épocas y la naturaleza nos ofrecen. En una palabra, veneremos y estudiemos asiduamente el pasado, busquemos con firme convicción lo que hoy tenemos que hacer y tengamos fe y valor para llevarlo a cabo.

Se nos dirá quizás que esto es una nueva forma de eclecticismo. Si procurar la práctica de todas las buenas doctrinas, que como buenas no pueden ser contradictorias, procedan de donde se quiera, es ser ecléctico, si asimilarse, como la planta del aire y del agua y de la tierra, los elementos que se necesitan para vivir una vida sana es hacer eclecticismo; si creer que todas las generaciones nos han dejado alguna cosa buena que aprender y quererlo estudiar y aplicarlo es caer en esta falta, nos declaramos convictos de eclecticismo.

Sabemos bien que no es este el camino de los triunfos fáciles para los artistas que quisieran seguirlo. Tampoco el trabajo asiduo que esto requiere es el camino para alcanzar provecho para hoy y gloria para mañana. No es un trabajo de dos ni de tres generaciones para que pudiera producir su resultado y cuando se alcanzara, lo que ha hecho cada artista de hoy sería una gota más en el mar de las ideas pasadas.

Don Luis Domènech y Montaner

J. Puig y Cadafalch

Hispania, nº 93, 1902. pp. 540-559

Los hombres vulgares son gentes de su tiempo, amantes de lo que ama todo el mundo, temerosos de todo cuanto signifique apartamiento de las cosas que se sabe que son del gusto de la mayoría. En cambio los grandes hombres son excepcionales y encaminan la voluntad de los demás por nuevos derroteros.

En los pueblos y colectividades sucede lo mismo: unos son innovadores y otros siguen una vía paralela a la que marcan los afortunados que figuran en la vanguardia de los hombres. Y esa vía paralela, que es la de los pueblos atrasados, la siguen unos casi al compás de los innovadores, en tanto que otros quedan rezagados y viven en un tiempo ya pasado de la historia. Encontramos hoy individuos y pueblos que están en el momento histórico de veinte años atrás, otros que viven en medio de ha treinta y cinco, en plenos albores de la revolución de Septiembre; quien se encuentra aún en la época de Espartero, quien en el año veinte del pasado siglo y quien vive el mundo de ideas de la Revolución Francesa.

Por eso acontece que nuestra historia es un remedo de otra, muchas veces una repetición bajo un nuevo carácter, algunas una armonización y hasta en ocasiones una composición nueva sobre un tema tratado ya por los genios que nacen en los pueblos que llevan la delantera en la historia: por eso viven siempre algunos siglos de ésta y es posible asistir a hechos del pasado a pocas leguas de los grandes centros y hasta encontramos de manos a boca al recorrer pueblos menos afortunados, con periodos ya rematados por nosotras.

Y en esos pueblos, como el nuestro, que no figuran en la vanguardia de la cultura humana, los innovadores siempre son en poco o en mucho imitadores. Son escasos los hombre que huyen de aquella vía paralela de que hablábamos y más escasos todavía los que arrastran detrás de sí a sus conciudadanos. El hombre serio y formal vive entre el común de las gentes y, moral e intelectualmente, se le considerada hombre *corriente, comme il faut* según el nivel establecido.

Vamos a hablar de un hombre que, en el arte de nuestra tierra, ha torcido ese paralelismo de la historia... Es el hombre de un periodo artístico, de una escuela artística, que tiene caracteres propios y que, tal vez con esplendor, ha sido como el eco de una escuela y un periodo artísticos que se han desarrollado en otros países pero que ha sabido adaptarlos a un carácter esencial, una de las escasas cosas en que nuestro país puede gloriarse de innovador.

* * *

Nada más difícil que intentar decir algo de un arte dentro el cual se vive y del que por tanto es difícil ver los límites, distinguiéndolo y separándolo de lo que no es él mismo. Eso me acontece al tratar de explicar aquí la obra de Domènech, que tan intensa influencia ha ejercido en todos los arquitectos catalanes más jóvenes que él y al cual me glorio de haber tenido por maestro, teniendo a gran honor el oír que he sido discípulo pasable de su escuela.

La gente no lo sabe que haya escuelas en arquitectura. A lo más cree que hay *estilos* catalogados: seis o siete *maneras* con sus correspondientes reglas establecidas, estatuidas perfectamente, y basta... Como si dijésemos: algunas fórmulas que contienen todo lo necesario para producir la emoción de la obra arquitectónica.

Y no lo sabe la gente porque la Arquitectura es un arte demasiado fino, excesivamente sutil para los espíritus incultos; un arte sin *asunto*, que no representa ni un asesinato, ni un final de acto, ni una escena de salón como los cuadros predilectos del *gros public,* ni tiene momentos de ansiedad como una novela espeluznante, ni tan solo sucesiones inesperadas como la música. Por el contrario, es un arte quieto, solemne, inmutable y el hombre penetra en él sin que pierda su sublime seriedad, como si fuese la obra, no de un hombre, sino de un ser superior.

El no ser la arquitectura obra individual, constituye otra dificultad para dar a entender al común de las gentes en qué consiste el valor artístico de la obra arquitectónica y qué plaza ocupa el mérito del autor en esa labor colectiva de la creación de una nueva fase dentro la solemne evolución de la colectividad, dentro la marcha lenta y majestuosa del arte social por esencia, que, más que otro alguno, es obra, no de un hombre ni de un momento, sino de pueblos y generaciones.

Y, sin embargo, siempre ha acontecido lo mismo, y mucho más cuanto más intensa ha sido la vida de ese y más vigorosas sus obras: los arquitectos han contribuido a esa obra grandiosa, poniendo cada cual en ella su grano de arena, modificando, afinando sucesivamente la obra de todos como todo el que contribuye a una obra social.

Y eso, que nunca ha dejado de ser así, se ha notado, más que en otro tiempo, en el actual periodo moderno y de formación, de transición como dicen los historiadores, en el cual, a causa de los nuevos medios de estudio, la arquitectura, por primera vez, se ha encontrado conociendo las obras de todo el mundo y de todas las épocas y en que también a la vez los nuevos medio materiales de construcción le han señalado derroteros desconocidos.

En esta obra ha habido dos tendencias: la que se ha enamorado de los nuevos recurso constructivos y la que se ha dejado deslumbrar por los nuevos conocimientos históricos y arqueológicos. Y una y otra, durante esos últimos años, han ido imperando aquí y allá e imperan aún en toda Europa, produciendo diversos matices y diversas escuelas que quisiera indicar rápidamente, miradas desde muestro país, para explicar la personalidad de don Luis Domènech y presentarla a propios y extraños con toda su complicación y bajo sus múltiples aspectos.

No hay mas que hojear la numerosa publicación de revistas de arquitectura para vislumbrar los caminos por que anda la contemporánea, dibujándose aquí y allá, cruzándose y mezclándose las ideas de resurrección arqueológica y las de realismo mecánico y constructivo, extendiéndose sobre ellas algo que las ha transformado y continuará transformándolas en ideas nuevas.

Pero a pesar de tantos nuevos temas de composición arquitectónica y de tantos nuevos medios de construir y de materiales hasta hoy desconocidos, la revolución artística no ha estallado todavía con la intensidad de aquellas revoluciones históricas que coinciden con el conocimiento de nuevos materiales de construcción o de nuevos organismos constructivos como la que produjo el conocimiento del ladrillo en la Roma de los Augustos y el de la bóveda apeada por arcos en el Norte de Francia originando la estructura ojival.

Algo incompleto de nuevas formas vese en los puentes de luz colosal, construidos en hierro y acero; algo también en las inmensas naves de las exposiciones; algo que es todavía ingenieril y que el arte, a lo más, recubre de aplicaciones; ejemplo de ello fue la Exposición de París de 1889: lo nuevo se ha realizado en la decoración, pero el edificio modernista está aún por hacer. Como puede verse a menudo en la Historia de la Arquitectura, se ha repetido el hecho de preceder a ésta la decoración: los ensayos verificados hasta ahora no son otra cosa que formas viejas, sistemas viejos de composición con decoración nueva.

Todas las escuelas modernas, hasta las que se califican a si misma de *«nuevas escuelas libres»: (Neue freie Schule)* han buscado en sus obras tradicionales la forma de las nuevas, inspirándose ya en las griegas y romanas de Renacimiento o sus derivadas, ya en las góticas. En Francia, bajo el modernismo de Schöllkopf hay un edificio Luis XV, bajo los edificios de la Exposición Universal hay un edificio neo clásico o barroco; en Inglaterra, bajo los «cottage» de Baillie Scott, hay la casa medieval y del renacimiento inglesas; bajo las casa de Olbrich en la Colonia de Darmstatd hay la casa medieval germánica; bajo el modernismo de Horta y de Van der Valle hay en Bélgica la antigua casa flamenca de Bruges y de Gand; y bajo las obras de Otto Wagner y de Hoffmann hay las formas neo griegas y algo de la tradición medieval y del renacimiento austríaco.

Del mismo modo en España las primeras tentativas contra el neo clasicismo decadente fueron dos muy características: la una dirigiéndose por los caminos del arte mudéjar y gótico castellano, seguida en la escuela castellana y la otra inspirándose en el gótico catalán, iniciada por Rogent en un sentido completamente arqueológico y transformada por Domènech en el sentido de emprender sobre la obra vieja la creación de la obra nueva.

Y esta es la gran obra de Domènech, no aislada como la obra infecunda nacida antes de tiempo, fuera del momento apropiado y del medio conveniente, sino como la obra fecunda, a la que rodea toda una escuela y que germina y da frutos y semillas que se desparraman y, encontrando terreno abonado, engendran nueva vida.

Hay que hojear esta revista para convencerse de la fecundidad de esa orientación de una escuela arquitectónica que toma como punto de partida el arte más adelantado conocido hasta hoy en la construcción en piedra, el arte más dúctil y más libre de los conocidos, el arte más susceptible de ser aplicado a las invenciones de la construcción moderna, de adoptar los atrevimientos de la ornamentación y de avenirse con las concepciones más nuevas de la escultura y la pintura.

No lo saben los progresivos caseros de aquí y fuera de aquí, lo que encierra de progreso y de novedad este arte gótico, ese arte medieval creador de la Catedral, la estructura más sabia del edificio pétreo, ante la cual el templo griego resulta una obra primitiva simplicísima y de la cual ha dicho una ateo que gozó de gran fama hace algunos años que era el único milagro de la Religión Católica.

En las hojas de esta revista, viendo el monumento que debía levantarse en la plaza de Balaguer representando a Cataluña velando el trono vacío de sus monarcas; la cruz de hierro de un monumento funerario; los azulejos vidriados de la iglesia de Comillas; las laudas sepulcrales y las puertas de plancha batida o de bronce fundido; las cruces y los mosaicos dibujados por Domènech, puede sentirse lo que es ese arte moderno saturado de sabia antigua, semejante al vino nuevo de que habla Horacio, transformado en rancio al depositarlo en ánforas viejas.

Al momento actual de su arte, no ha llegado don Luís Domènech de golpe y porrazo. Veinte años atrás cuando yo ponía por primera vez los pies en la Escuela de Arquitectura de Barcelona no era el mismo que hoy día el arte que cultivaba.

Entonces había en Barcelona tres escuelas: la del arte arqueológico de Rogent, restaurador de la basílica de Ripoll, reconstructor e historiador de edificios románicos, con su arquitectura, eco, en Cataluña de Viollet-le-Duc francés y encarnación del espíritu histórico del romanticismo catalán, precursor del potente movimiento político de restauración de nuestra tierra; la de Martorell, el maestro notabilísimo de las Salesas y del proyecto no realizado de la fachada de la catedral, y la de Domènech y Montaner, encarnada, más que en otra ninguna de sus obras, en el proyecto de Edificio para las Instituciones de Enseñanza que subvenciona la Diputación provincial, proyecto que no se ejecutará gracias a la pobreza y cortedad avara de la gente que convierte la administración pública en ridícula economía de mujer casera.

Pero aquel estilo, del cual quedan aún partidarios, no era más que una orientación hacia mejores caminos, y del cambio realizado en el maestro recuerdo detalles que han sido para mí de grande y provechosa enseñanza.

La primera visión de esta Barcelona grande para la cual trabajamos todos, fue para mí el taller del arquitecto de aquel Hotel Internacional levantado como por encanto con rapidez norteamericana en cincuenta y tres días. Y la primera visión de ese arte catalán moderno fue también su taller, apaciblemente instalado en una sala de una torre angular del que ha sido hasta ahora Museo de la Historia, levantado también cuando la Exposición Universal.

Era aquella una sala cuadrada, a la que daban sombra los árboles del Parque. Las paredes hallábanse adornadas de hojas vaciadas de yeso, de muestras de cerámica entre las cuales dibujaba el arquitecto los ricos hierros forjados del chapitel que corona el edificio y las cerámicas no concluidas todavía de aquella resurrección de palacio catalán antiguo encarnado en las nuevas forma que produce la industria moderna, al mismo tiempo que modelaba allí las puertas ferradas y de bronce que debían enriquecer el Palacio y el Seminario de Comillas.

En aquel taller vi la realización de un ensueño: el arte explicado por Viollet-le-Duc realizado en nuestra tierra con mayor riqueza, con mayor flexibilidad, de una manera más humana y más moderna.

Otra vez, lejos de mi tierra, en la Escuela de Arquitectura de Madrid, pude conocer el valor de las obras de Domènech; allí, en aquel medio hostil a Cataluña, más hostil entonces a su producción industrial, allí donde se desconoce la personalidad de nuestro pueblo y como a tal se le odia, diario catalanista, «La Renaixença», corría de mano en mano entre los alumnos madrileños de arquitectura. El diario catalán honraba sus páginas publicando en fototipias obras del maestro.

Y por estas era respetado nuestro catalanismo y por ellas vi por primera vez en aquel país en que no se habla mi lengua, ni se apreciaba la obra de nuestra industria, respetados por el arte el nombre y la lengua de mi patria.

Podría formarse una larga enumeración de las obras de Domènech, enumeración que, desde el palacio de Montaner con su patio plateresco, al Palacio y Seminario de Comillas, desde la casa Thomas de la calle de Mallorca, la Fonda de España y el Hotel en construcción de Palma de Mallorca, hasta el Manicomio de Reus y el Hospital Gil, abarcaría una variada de matices de este arte arquitectónico de la nueva escuela catalana, libre como cualquiera de las demás de Europa, encarnada en formas vagas como todas ellas, aspirando a una arquitectura nueva, vaga e indecisamente soñada tan sólo.

* * *

No me es posible reducir este artículo a una enumeración escueta, ni explicar un arte por medio de listas de edificios, ni dar idea de un hombre alineando sus obras. Y eso aún es menos fácil de hacer tratándose de Domènech, que es a la vez arquitecto y diputado, hombre erudito de archivo y biblioteca y artista metódico y neurótico, historiador y literato; periodista... y a ratos matemático y hasta geólogo.

Y todo eso lo es, no a la madrileña ni a la *violeta*. Ha escrito un volumen de la Historia general del arte, dedicado a estudiar las construcciones prehistóricas y las arquitecturas egipcia y asiria. Pero todo eso no admira como oírle conversar de arte entre amigos con un conocimiento que envidiarían la mayor parte de los que se dedican a eruditos.

Es curiosísimo oírle explicar en la cátedra de composición de edificios de la Escuela de Arquitectura o en una conferencia en el Ateneo o en una conferencia en el Ateneo o bien en la «Lliga Regionalista» sobre la Historia de un hecho o de una forma artística, mostrando documentos y explicando, no por medio de libros, sino por medio de antiguos mapas o dibujos.

Tiene su explicación cortada un encanto singular, un orden natural y lógico, espontáneo, llena de citas y de datos, y, animada por la visión material del hecho relatado que su imaginación poderosa, reconstruye con su color y forma, con todos sus detalle, no como la relación árida de un historiador, sino con la plasticidad de un cuadro.

He visto reunido el público del Ateneo, de la Lliga regionalista o de los Juegos Florales escuchando atento sus estudios sobre las artes industriales antiguas de nuestra tierra o sobre el origen de la bandera española, o reconstruyendo las famosas luchas de los tiempos de Felipe IV y Felipe V; imponiéndose el asunto por el color de las descripciones que resucitaban el hecho con todos sus detalles, con los tajes de los personajes, con el aspecto del lugar, con el medio ambiente de la época.

De su obra de erudito y de historiador, como por desgracia acontece tantas veces en nuestra tierra en que el espíritu práctico de sus hombres industriales no ha entrado todavía en los hombres de estudio, es más lo que está inédito que lo que ha llegado al público de los devotos del arte. Tiene Domènech recogido un caudal inmenso para la Historia del arte decorativo de Cataluña y son a millares las papeletas con dibujos que encierran sus arcas de estudioso avaro, cada una de las cuales ilustrada por numerosos dibujos de los que algunos se reproducen en esta revista, conteniendo cada uno de ellos una obra de arte antiguo de la patria, verdadero diccionario de Viollet-le-Duc de Cataluña, pero más preciso y más verídico, y en el que hay los manantiales de ese arte renovador, de ese arte espejo del alma de nuestra tierra.

Domènech es catedrático de la Escuela de Arquitectura, pero casi hasta ahora no lo ha sido de Historia del Arte, a la cual ha dedicado tantas horas, ni de Teoría de la Arquitectura, ni de Composición de edificios. Por una de tantas anomalías propias de España, él, temperamento inquieto, se ha visto condenado a investigar las ciencias de la composición de las rocas y las recetas de las argamasas y hormigones y a bregar en los problemas de la ventilación, la calefacción, la iluminación y la acústica de los edificios.

Pero, por una de aquellas rarezas de los hombres, más frecuentes de lo que parece, por aquel parentesco entre las ciencias físico-naturales y el arte, tal vez por lo que ambas cosas tienen de absoluto, es Domènech de los pocos que se sientan en las cátedras de estas disciplinas en la escuelas oficiales poseyendo estudios que constituyen verdaderos progresos para la ciencia.

Tiempo atrás, en uno de lo pequeños departamentos de la Biblioteca del Ateneo, entreteníase en hacer extrañas combinaciones de líneas sobre el papel: aquellos trazados de telaraña eran su estudio de iluminación solar, original aplicación de la Gnomónica formada por él y solución de curiosísimos problemas arquitectónicos e higiénicos que resuelven con toda precisión las cuestiones hasta ahora vagas de la orientación de los edificios y de la forma y dimensiones de los huecos.

En cierta ocasión presentose a oposiciones optando a la cátedra de aplicación de las ciencias físicas a la arquitectura y conocimiento de materiales de construcción de la Escuela de Madrid y, contra el parecer de lo arquitectos que figuraban en el tribunal y por el voto unánime de algunos boticarios, obtuvo la cátedra un caballero que realizaba análisis cuantitativos tarando con perdigones y que de entonces acá ha honrado la ciencia oficial constituyendo la cotidiana broma de sus discípulos.

O hay que decir que tampoco es Domènech académico de aquí ni de ninguna parte.

* * *

¿Quién lo diría que un hombre de tal naturaleza fuese un hombre político? ¿Qué efecto debe producir en aquel mundo del Congreso donde Cánovas era un monstruo y Moret un sabio, ese extraño diputado catalán que casi no habla y a quien rodea una atmósfera de respeto y de poder, como si él fuese el *Deus ex Machina* de un gran movimiento, de un movimiento temible que sacude un extremo del país -el más rico e inteligente- con sacudidas de vida nueva que son convulsiones de muerte para tantas y tantas cosas caducas como están al caer?

Ese hombre modesto que habla poco, que habla con cierta timidez hasta con la gente inferior e inculta, es el hombre de las Bases de Manresa, las famosas Bases por él escritas y casi por él impuestas a aquel partido de poetas, regido hasta entonces por maestros en *Gay Saber*, como un ejército de artistas o un regimiento mandado, no por el general, sino por el músico mayor.

Y el hombre que creaba aquel sistema político y lo hacía discutir solemnemente, era todo un artista, era el autor de obras cuyas reproducciones exhornan éste número de *Hispania*, era el hombre equilibrado, arquitecto al mismo tiempo de edificios y de pueblos.

Es de todo punto curiosa la historia de esas famosas Bases de Manresa, votadas en marzo de 1892 y convertidas después por un grupo de inútiles en una especie de Corán intangible en el pensamiento y en la letra, lleno de simbólicos significados como un libro oriental, en nombre del cual cuatro caballeros lanzan excomuniones a diestro y siniestro y publicaban encíclicas con aire pedantesco de dómine, como si fuesen los pontífices guardianes de una antigua ley.

Hacía ya algún tiempo que un grupo de jóvenes buscaba la manera de constituir una federación de asociaciones para la propaganda de nuestras doctrinas de amor a Cataluña. Esas tenían por aquel entonces una extraordinaria vaguedad, natural en todas las ideas verdaderamente nacionales. Quien concebía una especie de provincialismo semejante al que concibiera Milá y Fontanals, con la creencia en el hecho de la variedad dentro de la unidad de los pueblos de España; quien soñaba con un romántico pasado que no debía volver... una especie de recuerdo de una historia ya finida, de un ideal muerto, digno de un museo arqueológico o de los desvanes nacionales: quién, entre los nuestros, consideraba una idea muerta la de la personalidad de Cataluña.

«El espíritu general de la época, decía en la misma asamblea de Manresa un sabio catedrático, sintetizando este pensamiento, lleva en sí la existencia de grandes nacionalidades: nosotros somos hijos de la época... Reivindicar la personalidad respectiva de la regiones que construyeran antes nacionalidades independientes y autónomas, exigiendo el cumplimiento del pacto bajo el cual se unieron, sería trastornar la Historia... Aquellos tiempos harán siempre latir nuestros corazones, despertando en ellos recuerdos de gloria, pero querer transportarnos a ellos valdría tanto como renegar de la Historia... Por eso no hay que pensar en restablecer, unidas de nuevo por los lazos de la federación, esas regiones con sus organismos autónomos e independientes.»

Tan solo unos pocos veían en el regionalismo un sistema político adecuado a los conjuntos de pueblos de unidad poco menos que hilvanada, para usar una palabra que vuelve a actualizar la subida al poder del señor Silvela. Algunos menos comprendían en toda su significación nacional para Cataluña el problema complicado que ha traspasado ahora sus fronteras, que sido discutido por la prensa de fuera Cataluña y de fuera España, que ha escalado el Parlamento y se ha convertido en la *cuestión de Occidente*, tan importante para España como la famosa cuestión de Oriente para el decadente y moribundo Imperio Turco.

Esos jóvenes, contra la voluntad de la falange de poetas enamorados de la idea precisamente por su misma vaguedad, después de trabajos y discusiones fueron vencedores más que imponiendo su pensamiento, por el poder de su actividad sobre la inactividad moruna de los hombres maduros, dedicados a las letras o a las artes con la indolencia de quien practica un culto del cual es a la vez dios y sacerdote, y el resultado de la victoria fue la constitución de la *Unió Catalanista* y la aprobación de un reglamento y el acto de que el *Consejo de Representantes de las asociaciones catalanistas* federadas, muy pocas y escasas en aquel entonces, eligiesen una Junta Permanente cuyo secretario era un muchacho de pocos años, un estudiante de la Facultad de Derecho, don Enrique Prat de la Riba, actual director de «La Veu de Catalunya», y cuyo presidente era don Luis Domènech.

Aquel Consejo de representantes que capitaneaban los exaltados de la idea nacionalista, eligió a Domènech para que llevase a buen término el plan de votar un programa que concretase el pensamiento de ese movimiento de arte y de poesía y de literatura y de arqueología y de historia en un programa político.

La obra de atar cabos y concretar pareceres que entonces se realizó, no quiero recordarla, que es triste tener que explicar las vanidades de los hombres serios y las pequeñeces de los hombres de mérito. Si andando el tiempo viese algún día en el mundo una estatua levantada a uno de esos hombres de debilidades y vanidades femeninas, sentiría remordimiento por haber robado una ilusión a mis compatricios excesivamente inclinados a ver lo pequeño y a figurarse los grandes hombres como semi dioses, exentos de las tonterías comunes a la mayoría.

Corramos un velo sobre esos aspectos cómicos que hay en el fondo de la cosas más grandes. Contemplemos el espectáculo en su superficie sin pensar en la tramoya, en los bastidores zurcidos y remendados y en el algodón teñido que debe semejar púrpura, no en la purpurina que de parecer oro de ley, ni en el cartón que debe aparecer cual mármol o bronce.

Era yo estudiante cuando, como premio del maestro al discípulo aplicado, recibí el nombramiento de delegado por mi ciudad natal, nombramiento que se servía hacerme el Consejo de representantes de las sociedades catalanistas federadas, y acababa de concluir la carrera cuando asistí a la hoy famosa «Asamblea general de delegados de la *Unió Catalanista*» que en Manresa votó las Bases para la constitución regional catalana concidas con el nombre de Bases de Manresa.

Al Domènech político se le conocerá más que por otra cosa, por la lectura de sus discurso presidenciales del memorable Congreso celebrado en 1892 del cual vamos a transcribir algunos párrafos traduciéndolos del catalán, que hoy, después de lo acontecido en España de entonces acá, tienen todo el valor de profecías.

* * *

Bienvenidos seáis los que os juntáis hoy por primera vez para trabajar todos juntos en la obra de restauración de la Patria Catalana. Si hasta ahora la habíais hecho revivir digna y respetada, aislados, desde vuestras casas, con vuestros trabajos particulares, en las corporaciones y sociedades locales o en público escritos de múltiples conocimientos humanos dándola, ante propios y extraños, personalidad inteligente y activa en artes, ciencia e industria, tratad hoy de volverla a la autónoma vida que la corresponde y necesita para su vigoroso progreso y prosperidad.

* * *

Aquel antiguo espíritu autonómico de Cataluña y de muchas de las demás regiones de la Península que tanto estorbaba y estorba a nuestros gobernantes centralistas, que tantas veces se ha intentado destruir hasta ahogándolo en sangre en nombre de la unidad nacional, ha sido en todas las épocas de desgracia el germen más robusto de la organización española para resistir las grandes invasiones, para constituir la nación en los grandes desastres de nuestra historia. No es de este sitio, en el cual precisamente no juntamos hoy, sacar ejemplos de esa fuerza regeneradora: ellos vienen por sí mismos a la memoria con los nombres de esa ciudad y de sus alrededores. Bajo la protección de su recuerdo hemos venido expresamente a ampararnos.

La altiva raza maravillosamente dotada de las bellas cualidad externas de prestigio y de dominio cuando el poder la acompaña, la raza que tan ufana y hasta orgullosamente ha asumido la representación de España en la época de prosperidad, no parece dotada de la virtudes que saben vencer la adversidad y regenerar un país. Como despavorida la vemos descender, perdido el antiguo esplendor, la vemos caer sin tino en la ruina, la vemos hundirse sin juicio en las luchas enconadas de clases que amenazan la sociedad. No parece sino que esté desposeída de las altas capacidades de orden y de previsión, la asiduidad en el trabajo y la vigorosa y firme organización que son hoy día imprescindibles para atravesar con próspera fortuna el despeñadero en que nos hallamos.

Y en esas cosas si que los catalanes nos reconocemos maestros. Hasta puede asegurarse que ellas serían para nosotros tarea fácil. Todos estamos convencidos de que nosotros seríamos los únicos que saldríamos en bien del mal paso y es preciso confesar que si con relativa tranquilidad vemos venir sobre nosotros la amenazadora y común ruina, es que todos, seamos de la opinión que fuésemos, tenemos confianza como último remedio y refugio en la fuerza de regeneración tantas veces demostrada por Cataluña.

Inútil sería querer infundir nuestro espíritu a toda España, inútil pretender guiarla. Nos faltan medios y fuerza para hacerlo. Ni nos creerían ni nos querrían seguir si tal camino emprendiésemos.

Hoy por hoy, nos es preciso limitar nuestras aspiraciones de regeneración a Cataluña. Si a ella nos fuese dado aplicarlas, pronto sería para las demás regiones españolas un ejemplo viviente que no tardarían en seguir a mayor o menor distancia todas ellas según sus especiales aptitudes. Y he aquí cómo la causa del regionalismo es eminentemente española.

«A establecer principios de reconstitución para Cataluña tiende el tema de deliberación de nuestra Asamblea. Pero, es preciso afirmarlo con toda claridad: no es una constitución en el sentido que se da vulgarmente a esta palabra lo que venimos a discutir. Resultaría ridículo en un país en que tantas se han hecho, oficial y extraoficialmente y de las cuales tan poca cosa se ha cumplido, venir ahora a hacer una más.

«En el convencimiento de que, de seguir el camino *que hoy lleva el gobierno de los pueblos, los ideales regionalistas han de venir a la práctica tarde o temprano,* empezamos a hablar de ellos, venimos a comunicarnos nuestras privadas meditaciones y procuramos ir fijando entre nosotros un criterio y atraer la distraída atención de nuestros compatricios sobre nuestras aspiraciones, de manera más o menos vaga y latente, tal vez sin darse cuenta de ello, siente todo buen catalán en su interior. Como suele decirse, queremos ir formando alrededor del nuevo organismo un medio propicio, una atmósfera favorable en la que pueda crecer exuberante y desarrollarse robusto y sin viciaduras.

«*De lo que hoy propondremos, solo Dios sabe lo que quedará el día en que llegue a la vida práctica. Quererlo prever, sería pretender dibujar por adelantado la planta que se encuentra aún dentro la simiente: escojámosle el terreno y el aire y el agua favorables,* sembremos buena semilla y el árbol saldrá lo más robusto posible, pero tal como lo críen el sol y las tempestades, el buen tiempo o las lluvias que pasen en su vida.

«*No es pues, una Constitución ni un programa político definitivamente cerrado el que ha de ser objeto de nuestras deliberaciones:* son motivos de meditación que propondremos, principios no desarrollados aún sobre los que hoy deseamos que se encamine el Regionalismo.»

Y votadas que fueron aquellas famosas Bases, consciente de la obra realizada, volvía el maestro a fijar su significado.

«Sea favorable o adversa la suerte que en lo provenir tengan, hemos cumplido con nuestro deber. *Cuando camina a su perdición la nación española; cuando atiende el egoísmo de cada cual a salvar de la general ruina su particular fortuna o explotar el público desastre para hacerse otra nueva;* cuando nadie cree ni puede creer posible la regeneración de la España actual, entregada a idénticos vicios y sistema que han causado su ruina, deber es de los hombres honrados y de buena voluntad juntarse para trabajar en la obra de restauración de la parte que salvarse pueda del general naufragio.

«Hijos nosotras de la nación catalana, que tiene fuerzas todavía para regenerarse, deber nuestro es el de trabajar para su provenir, ya que nada podemos hacer para su presente. De buena fe y por su propia voluntad vino Cataluña a formar parte del Estado español: leal y esforzadamente sirvieron a éste nuestros abuelos, llevándolo a la prosperidad; leal y heroicamente combatieron su ruina y obstinados e indomables, se opusieron, hasta morir con las armas en la mano, a la desatentada política central que tenía que llevarnos y nos ha llevado al abismo. Nada le debemos al estado español. Nada más que agravios sangrientos y cruentas humillaciones. Y otra vez nosotros, los motejados de separatistas, no dirigimos los ojos fuera de España ni hacia las prósperas y vecinas naciones que nos recibirían con los brazos abiertos, sino que *cuando se acerca la hora del desastre,* volvemos a enarbolar la blanca bandera de parlamento frente a las antiguamente hermanadas regiones ibéricas y las mandamos un nuevo mensaje de unión.

«Todavía hay esperanza de que todos nos salvemos, les decimos, si, siguiendo los antiguos tratos bajo nuevas formas acomodadas a las necesidades modernas, trabajáis y nos permitís trabajar para aprovechar las fuerzas que aún vivas y en estado latente, quedan en el corazón de las naturales regiones españolas.

«Desprendámonos del podrido monstruo de la administración centralista que nos corrompe la sangre y se nos come vivos: dejadnos libremente afanar desde nuestra casa en aprovechar las mermadas riquezas que nos malversan hoy; dejad que las apliquemos en la explotación de nuestras montañas y minas, de las fuerzas de nuestros ríos, en abrirnos caminos y en crearnos vehículos de transporte por las vías de la civilización: dejadnos restaurar nuestras antiguas artes y nuestro comercio que hizo un día vuestro dominio sobre Europa, que dio crédito a los colores de esta bandera de que os mostráis tan orgullosos y a la cual tanto habéis dejado decaer, dejadnos avanzar libremente por el camino que ha de llevarnos otra vez a la vanguardia de los pueblos civilizados. Nosotros tenemos fe y fuerza y lo realizaremos.

«Mejor de los que yo aquí sabría hacerlo, condensadas quedan en las Bases que acabáis de aprobar nuestras aspiraciones; que ellas atraviesen con buena fortuna *los temerosos tiempos que corremos y los más obscuros y tempestuosos que se nos vienen encima.* Limpios de toda viciadura y del corazón de nuestra tierra hemos escogido los materiales de esa nave, que es para nosotros arca santa en la cual fiamos la salvación de la patria ya a la cual lanzamos al mar de la pública discusión. *Duramente será combatida: yo no espero que llegue a buen puerto sin averías.* Mas ella o sus astillas dirán a nuestros hijos y a nuestros nietos que con honda pena vimos los tiempos de corrupción y sin fe que nos tocaron en suerte, que no pusimos las manos sobre los despojos de la patria decida y que, con recta intención, impulsamos a nuestros compatricios a alzarla de la bajeza en que se hallaba sumida. Si Cataluña pudiese contar con el esfuerzo de todos sus hijos, triunfante y fácil empresa sería la de su restauración y prosperidad.»

Y al año siguiente en 1893 el diputado catalán que ha pedido cuentas al gobierno español de su desgobierno en Cataluña, volvía a profetizar el desastre terrible con palabras tristísimas de hombre profundamente conocedor de los males de España. Esas palabras son el epílogo de la descripción del estado de las obras públicas en Cataluña y de la pesada máquina española, que, cobrándonos contribuciones como si se tratase de un estado rico, nos proporciona servicios de estado pobre, donde la iniciativa privada vive una vida de país europeo y la administración pública de país africano.

El objeto inmediato de este estudio, decía Domènech, es mostrar a nuestros compatricios las prosperidad material de que sería capaz Cataluña si se gobernase a si misma y pudiese disponer de su caudal, o menos remota, de tantas y tantas obras como necesita el progreso a que nuestra tierra aspira.

Tendría asimismo este estudio otro resultado: el de demostrar con su sola exposición la absoluta impotencia de la administración centralista española de ponernos al corriente de lo más elemental que efectúan los pueblos modernos todos en materia de obras públicas.

«Al cabo de dos o tres cientos años que llevamos de centralismo, sería ingenuidad digna de la bienav enturanza creer que el Estado español puede dejar de andarse con rodeos y entrarse definitivamente por el camino del orden y de la administración, abandonando sus inveterados vicios de presunción orgullosa, de imprevisora desidia, de desorden y desmoralización.

«Por gobernarlos según estos vicios, perdimos los dominios de la Europa central y de Italia; por los mismos vicios perdimos un continente americano: *por regirlos con estos vicios estamos perdiendo las Antillas y perderemos las posesiones de Oceanía*. Los mismos vicios consumieron los tesoros que de América nos vinieron; y luego todas las riquezas de la Iglesia española, los bienes nacionales y de la corona, los de los municipios y corporaciones y todo cuanto había vendible y empeñable en España.

«Y todavía hay quien dice que las razas del Norte y de Levante debiéramos infundir en el gobierno central nuestro vigoroso instinto práctico: hasta hay quien habla de catalanizar España cuando no nos quieren en ella, ni hay fuerza ni inteligencia humana capaces de desviar la corriente. Ni el más grande genio legislador, ni la administración más sabia que pudiese establecerse sabrían ni podrían hacer evolucionar hacia un trabajo económicamente utilizable a la inmensa impedimenta burocrática que en todas las ramas del gobierno central llevamos a cuestas; la mayor energía se encoge ante el clamor de centenares de miles de familias que viven dentro la hacienda pública o la roen por fuera y que casi en su inmensa totalidad son absolutamente inútiles para la asidua práctica y detallada labor de las mejoras materiales.

«Cuando os encontréis frente a la gran masa de una de esas antiguas y desvencijadas máquinas motoras, no penseis jamás en remiendos y reformas.

«El único medio consiste en hacerlas añicos y refundir las piezas.»

* * *

Todo el mundo sabe como esos vaticinios se cumplieron y la influencia que ese tuvo en la vida pública de nuestra tierra.

La acción en aquellos momentos de Domènech en la vida barcelonesa es asaz conocida. Él es quien organiza, para atender al posible desgobierno de la ciudad en aquellos días de amenaza de la escuadras extranjeras y de la anarquía interior, la Junta de los *Cinco Presidentes* de las principales sociedades barcelonesas, para que fuese como un gobierno popular que previniese los males que a la ciudad pudiesen sobrevenir. La federación de las Sociedades Económicas de Amigos del País, Instituto Agrícola Catalán de San Isidro, Ateneo Barcelonés, Fomento del Trabajo Nacional y Liga de Defensa Industrial y Comercial, ha sido desde entonces una institución barcelonesa y catalana que contribuye en gran modo a la orientación de la vida de Cataluña.

En el momento en que escribo las presentes líneas, cuatro años después, la acción fecunda de esa Junta que salió al exterior al presentar Cataluña un mensaje al Rey por los ilustres patricios don Luis Domènech, presidente del Ateneo, don Juan Sallarés, del Fomento, el marqués de Camps, del Instituto Agrícola, don Sebastián Torres, de la liga de Defensa y el malogrado doctor Robert, de la Económica, no ha dejado de sentirse un momento; prosiguió en aquel movimiento revolucionario de protesta contra los tributos de Villaverde, continuó en las luchas electorales que llevaron a los presidentes a las Cortes, siguió trabajando después para la solución de la huelga general, y no ha concluido todavía. Hace pocos días, como embajadores de Cataluña, los presidentes han hecho sentir al Rey el clamor de los catalanes, ofendidos pro el decreto de Romanones prohibiendo el uso del idioma catalán en la enseñanza e insultando la forma externa del pensamiento del pensamiento de este país, de la cual se han servido tantos filósofos, poetas y artistas.

* * *

Domènech fue uno de los elementos que con mayor ahinco trabajó en las famosas campañas de «La Veu de Catalunya», en cuyas páginas hizo gala de su estilo vibrante, conciso y acerado, lleno de conocimientos y de buen sentido. Algunos de sus artículos has influido poderosamente en los acontecimientos de nuestro movimiento regionalista. En medio de aquel movimiento separatista y anexionista que palpitaba en Cataluña al concluirse para España los restos de la colonias, movimiento que encarnaba la protesta de un pueblo fuerte contra los que han perdido dos mundos con su salvaje intemperancia y con su hueco orgullo nativo, él, en medio de aquellas pasiones inconscientes de los PATRIOTAS de ayer, de cuando solo los pobres, muriendo de hambre en la manigua, tocaban las consecuencias de la guerra de Cuba, en una famoso discurso de apertura de curso en el Ateneo sienta claramente la misión y el deber de los catalanes de hacer reaccionar la patria abatida e imponer a España su criterio salvador.

Ese discurso, comparando los acontecimientos de la pérdida de Cuba, Puerto Rico y Filipinas con la de los tiempos de Carlos V y Felipe II, retrata la personalidad política de Domènech, conocedor profundo de la Historia, la gran maestra de la política y es una muestra de su estilo, que podrá leerse a través de una traducción difícil de sus palabras, que no pocos literatos envidiarían.

«Debe reconocerse, decía, que el medio general moderno es de todo punto favorable a las condiciones del pueblo catalán...

«Industrioso, trabajador, inteligente y activo, previsor y ordenado, individualmente emprendedor y retenido, tiene sin duda grandes condiciones para la vida moderna. Le faltan en cambio el espíritu colectivo de empresa, la amplitud y trascendencia de miras que se adquieran sólo con la amplia instrucción y la intervención en las grandes empresas universales. Por otra parte tiene un sorprendente espíritu de asimilación. Es admirable la facilidad con que el artista, el industrial y el comerciante se ponen, no a la cabeza pero si la primera fila de sus competidores de los grandes centros de actividad universal.

«El ideal de un pueblo que, como el catalán, se siente crecer santo y robusto, debe ser constituir un núcleo de civilización con vida y carácter propio, que dé a sus hijos seguridad, fuerza y prosperidad, e influya en la marcha de la civilización humana.

«Si favorable es para el carácter catalán el medio exterior moderno, no así la esfera inmediata en que tiene su vida. Campo fácil de explotación ha sido para su comercio y su industria España toda, y lucrativo, aunque arriesgado empleo, ha encontrado el ahorro obtenido en los usuarios intereses concedidos por la Hacienda española. Pero la misma facilidad de productos para su trabajo y riqueza le han acarreado encogimiento y pequeñez de miras, defectos a los cuales mostrábase ya de suyo inclinado, apartándole del universal movimiento y haciendo solidaria a su industria y su comercio de un solo mercado de producción insegura.»

En el discurso al cual pertenecen los párrafos transcritos, compara Domènech la administración actual con la de otros tiempos, mostrando la antigüedad del desorden económico y de la usura del préstamo al Estado, que vive siempre del crédito extranjero: lo viejo de los buenos propósitos, del expediente o, de los empleados numerosos e inmorales mantenidos por no tenerlos que despedir o para ahorrarse la molestia de sus reclamaciones; el tiempo que hace que se ha reconocido la necesidad del trabajo, del fomento de los intereses materiales; lo antiguo de los ejércitos valientes mandados por generales que los conducen al desastre y de la marina capitaneada por marinos de tierra adentro, y los precedentes que tiene ya aquella frase del «último solado y la última peseta».

«Esta frase, dice Domènech, tiene su precedente aplicada por Felipe II a las guerras de Flandes quien escribía: "antes de transigirlos perderé todos mis estados y cien vidas que tuviera, porque yo no pienso ni quiero ser señor de herejes... y si no se puede remediar todo como yo deseo sin venir a las armas, estoy determinado a tomalas, y ir yo mismo en persona a hallarme la execución de todo, sin que lo puedan estorbar ni el peligro ni la ruina de todos aquellos países; ni la de todos aquestos países que me quedan".»

«Lo cual no impidió que el implacable duque de Alba, después de haber atemorizado con los ejecuciones del *tribunal de sangre*, impotente para reprimir la insurrección que había provocado, pidiese al mismo rey que procurase por *todas las vías posibles y con todas las blanduras que en el mundo se pudiesen hallar* la reducción de los flamencos, contestando el rey a su demanda de socorro que sin dificultad le encontraría un sucesor hábil y fiel que acabase *con su moderación y clemencia una guerra que no se puede fenecer con las armas ni a fuerza de severidad*».

La consecuencia de ese estudio es la siguiente:

«Dentro de España, solamente una franca solución

autonomista lealmente planteada, podría dar satisfacción a las aspiraciones históricas y a las modernas necesidades de Cataluña.

«Restaurada en su gobierno, volvería a ser nuestra tierra la más firme muralla de la decaída España contra extranjeras ambiciones.

«Estudio y las experiencias del pasado y de los últimos desastres nos han llevado al firme convencimiento de que somos llevados a la común destrucción.

«Sin la debida representación en el gobierno del Estado (ya que todos sabemos como ésta se simula) Cataluña se considera ajena a los actuales desastres, muchos de los cuales habían sido ya previstos por nosotros.»

* * *

Alguna vez, leyendo ciertos periódicos de Barcelona que atacan sin conocerle a Luis Domènech y viendo como cierta gente sale de su nulidad únicamente contra los que levantan por encima del común nivel, he sentido el temor de que una fatalidad haya condenado nuestra raza a ser gobernada por extraños o regida por esos sabios aparentes, apergaminados y serios, únicos que se hallan a cubierto de la baba venenosa de los enemigos de que nuestro pueblo progrese, y a seguir su camino viviendo una vida mansamente *burguesa*, contentándose con ser una encogida medianía de un primitivo estado de civilización, como si fuese un pueblo de raza *yanquee* degenerado.

Los que sabemos cuanto cuesta encontrar quien abarque la complejidad de la vida de un pueblo, los que saben cuan pocos hombres completos hay entre nosotros y cuan pocos dejan de llevar dentro una cabeza de artista o de pensador un cerebro de hortera, tememos por el porvenir de nuestra raza, que hoy no llevaría a buen término aquellas grandes empresas dirigidas por hombres del comercio barcelonés y sostenidas por nuestros ciudadanos que, como los de las ciudades italianas y flamencas, lo eran de ciudades ricas por el trabajo por éste ennoblecidas. Y aquel temor se mezcla con la duda de si aquí el común de los hombres, por efecto de su educación es inferior al de otros países o del medio es bastante descorazonador para impedirles que abran el camino que, ancho y holgado, abren otros.

Al contemplar lo que queda aún por hacer, el estado de nuestras ciudades comparado con el de los pueblos más afortunados de Europa, la instrucción de nuestros sabios oficiales, el valer de nuestros políticos, la cultura de los ricos y los poderosos, la tarea difícil que se debe realizar y los que deben realizarla, nuestro espíritu decae a veces, nos sentimos desalentados por el pesimismo y vemos irrealizables los empeños que hemos acariciado durante nuestra vida.

En algunas ocasiones he podido ver en el hombre de quien hablo ese descorazonamiento, debido a los momentos de paro propios de toda lucha o a los de colapso que siente el espíritu fatigado. Pero otras veces, al escucharle o al estudiarle, al contemplar su obra, sobre todo su obra social, siento el deseo y la fiebre del trabajo en esa tarea colectiva de reedificar nuestra patria, de crear aquí un arte y una cultura, de trasformar aquel encogimiento y aquella *avara pobreza* de que nos habla Dante en una vida amplia y próspera, de trocar el trabajo tosco de exportación hispano-americano en un trabajo culto y europeo.

Con unos cuantos hombres como Domènech, este sueño se convertiría pronto en realidad.

Maestro Lluís Domènech i Montaner

Bonaventura Bassegoda

Catalana, Revista. Any VII, 158, 1924. pp. 10-12

Cuanto más se habla o se escribe acerca del maestro que acabamos de enterrar, más debemos acusarnos del pecado de omisión. Su eminente personalidad no puede abarcarse en los estrechos límites de una conversación o de un artículo; y todavía menos si intentáramos esbozar una biografía o un retrato moral. La poligrafía moderna acaba de perder uno de los pocos puntales que la soportaban y bien puede decirse que, después de la muerte de Miquel S. Oliver -quizás tan desconocido como el propio Domènech i Montaner-, bien poca cosa nos queda ya por lo que hace referencia a los altos valores intelectuales. Y no hablo de cultura, ya que esta palabra, de tanto usarla para toda clase de extravagancias y concupiscencias, no puede aplicarse a los dos exponentes de espiritualidad soberana antes mencionados.

He dicho que Lluís Domènech no era conocido y esto debe explicarse. Su erudición era tan extensa, tan amplia, que no era posible aprehenderla toda de una vez; porque siempre podían descubrirse nuevos aspectos. Así como alguien que hereda va encontrando con el tiempo recuerdos del difunto por entre los rincones de los muebles: una alhaja, un autógrafo, un cucurucho de bordes dorados..., así mismo, cada vez que uno se topaba con el maestro y en la conversación surgía algún tema nuevo, podía extraerse una larga lista de cosas desconocidas antes para nosotros y que nunca hubiéramos imaginado que fuera él quien nos las pudiera decir.

Y esto no reza sólo para las cosas pasadas, sino también para lo actual. Estaba al corriente de todo lo que se publicaba, porque leía y leía... Y no es que se le viera mucho por las bibliotecas -especialmente la del Ateneo- porque sacrificaba las horas usuales de las comidas para disfrutar de unos momentos de soledad, no como muchos que se pasan horas y horas y no saben lo que han leído.

Resumiendo, esto significa que sólo era conocido de una forma unilateral. Pocos eran los que conocían todo el saber que atesoraba.

Como arquitecto, fue la admiración de la escuela de Madrid -cuando estudió allí- por la maestría de su lápiz. En unos ejercicios a puerta cerrada, se cuenta que él y Arturo Mélida (otro ilustre) terminaron su tarea enseguida y emplearon el tiempo sobrante para ayudar a los compañeros, para que no se quedaran rezagados. Y aún más que esta acción, que fue hermosa, se le recuerdan otras. En la misma escuela de Madrid estudiaban algunos otros catalanes: Falquès, Salas, Tarragona, Pasqual i Tintorer... Pues bien, el primero de ellos, esto es, el pobre Falquès, contrajo el tifus en la pensión, que pronto quedó vacía de estudiantes. Domènech y Pasqual le cuidaron de día y de noche, sin alarmar a la familia, como si de un hermano suyo se tratara. Esto me lo había contado el compañero agradecido, Falquès; los demás no movieron un solo dedo.

Domènech era de corazón noble y generoso; un hombre recto que no soportaba la injusticia o las groserías de palabra u obra.

Como maestro no tenía precio. Se explayaba en sus explicaciones tanto como podía, al tiempo que se iba concentrando en ellas hasta el extremo de que se olvidaba del conjunto de alumnos para fijarse sólo en uno o dos, los que él veía que le prestaban mayor atención. Una vez que se daba por concluida la conferencia y bajaba del estrado, seguía conversando amigablemente con ellos, abundando en sus enseñanzas.

La misma facilidad que tenía con el lápiz (creó una multitud de obras que han venido llenando los periódicos) la tenía con la pluma y dejó escritos, además de parlamentos ocasionales (presidencia de los Juegos Florales, Ateneo y sociedades catalanistas), otro buen número de originales sobre monografías y conferencias, todos ellos inéditos, que sería una lástima que se perdieran en el olvido. Es evidente que sus ilustraciones encarecían mucho las ediciones, ya que se encontraban repletas de croquis y anotaciones a lápiz y su reproducción era muy costosa. Estas aficiones literarias le llevaron a desempeñar las labores editoriales de la biblioteca *Arte y Letras*, que le dio poco provecho económico, mucho trabajo y serias contrariedades.

Escribió e ilustró en gran parte la *Historia del Arte*

para la casa Montaner y Simón, dejando publicados los dos primeros volúmenes dedicados a la Arquitectura.

Por último, dejó la obra cumbre de su vida, el *Armorial històrich Català*, laureada con un premio de veinte mil pesetas en el último *Concurs Martorell*. Desafortunadamente, esta obra -acabada en los últimos días de su laboriosa vida- no podrá publicarse porque cuando ganó el premio ya vivía retirado en su casa, acompañando a su querida compañera, a la que amaba con toda su alma, en esas tristes horas de su enfermedad.

Antes de morir, no pudo ver terminado el hospital de San Pablo; tampoco vio la construcción del suntuoso monumento a Jaime I el Conquistador en la catedral de Tarragona; porque entre unas cosas y otras, este postrero fruto de su talento corre el peligro de quedarse sólo pintado sobre el papel.

El político que llevaba dentro se caracterizó siempre por su austeridad. Nunca abandonó el camino recto que le marcaron los ideales que, para el engrandecimiento de Cataluña, guiaron toda su vida; y si a veces se desviaba por caminos donde aquéllos se veían amenazados hasta el punto de tener que claudicar, los abandonaba para regresar de forma serena y paciente a la vía que se había trazado desde el inicio de su actuación. Todavía es demasiado pronto para decir que su personalidad era la de un patriota. La historia, para ser rigurosa y justa, necesita de la nebulosa del tiempo, que es el filtro de los apasionamientos y el que deja el poso más valioso, la síntesis de una vida ya libre de las embestidas humanas de los contemporáneos.

Uno de estos días se hará justicia con sus legítimas aspiraciones y sus obras. Tan vecinas eran ambas que todas las academias más representativas le habían ofrecido, de buen grado, un lugar; y sólo su excesiva modestia le privó de ocuparlos. Llegó, no obstante, a ocupar un escaño en el parlamento español durante un período crucial, cuando la voz inflamada del Doctor Robert trasladaba a Madrid los afanes autonómicos de Cataluña.

Descanse en paz el luchador de las buenas causas. Su vida y su muerte fueron agitadas. En sus últimos días, todavía sufrió tortura por disputarle a la muerte sus prisas.

¡Gloria al maestro, al artista y al hombre honrado!

Lluís Domènech i Montaner

Rosend Serra i Pagès

Boletín de la Real Academia de Buenas Letras de Barcelona, XII, 90-91, 1926. pp. 386-410

[...] De Alemania importó la ciencia que aplicaban los sabios germanos a la construcción y a la arquitectura en la época de esplendor de la victoria sobre Francia y la puso al servicio de las obras que le encargaban; y la explicaba en clase de forma clara y sencilla -desde una perspectiva latina- a unos alumnos que nunca se cansaban de escucharle y que, a través de los cursos, admiraban en él su afán de superación y su interés por estar siempre al día.

De Francia trajo el arte -bellamente compuesto, ampuloso- de los arquitectos de la época romántica, que -inspirándose en las características especiales que la *Reinaxença* tuvo en los siglos XVII y XVIII- ideaban aquellos edificios tan hermosos como la Escuela de Bellas Artes de Duban, el palacio de Longchamps de Marsella, los palacios de Bartholdi y Espérandieu, la gran ópera de Garnier y otros; estudiando a conciencia toda la obra de Viollet le Duc, que si como tratadista era de un valor inapreciable, como arquitecto se hizo célebre por las restauraciones de Nôtre Dame de París y del casco antiguo de Carcasona.

En Italia, pudo hacerse cargo sobre el mismo terreno de las antiguas construcciones romanas, y esto le fue de gran ayuda para el estudio de nuestros monumentos de la misma época; admiró las maravillosas obras del Renacimiento y, sobre todo, el especial estilo de la arquitectura de Venecia, tal como puede verse en el Palacio Ducal, palacio de Vendramin, la *Cà Doro*, la biblioteca y la admirable basílica de San Marcos, por no citar más. No obstante, de entre todos los edificios, la niña de sus ojos era el Palacio Ducal, reconstruido varias veces, con la fachada gótica del siglo XV; las dos espléndidas galerías de ojivas con más de un centenar de columnas (sus capiteles ostentan una ornamentación prodigiosa), el patio notabilísimo, la majestuosa *Escalera de los Gigantes*, la escalera de oro, la inmensa *Sala del Gran Consejo* y la *Sala del Escrutinio*, repletas de cuadros célebres tanto en las grandes habitaciones como en las diversas dependencias, todas ellas con una disposición, proporciones y decoración apropiadas al uso a que fueron destinadas.

A través del estudio de las obras de otros en libros y monumentos, fue formándose el arquitecto y constructor. Este aprendizaje aparece siempre en su obra clara y se manifiesta tanto en la estructura como en la adaptación de los materiales; en las masas de los edificios bien ponderadas en sus proporciones y relaciones; en una distribución muy bien concebida entre espacios huecos y macizos; y en los remates, con construcciones de gran esbeltez que presentan una silueta bellísima, destacándose en el cielo con limpieza.

Al mismo tiempo que el arquitecto, se iba formando también el historiador y el arqueólogo, aprendiendo -por lo que a Cataluña se refiere- de cuatro grandes textos como *Cròniques catalanes, Els Anals d'Aragó* de Zurita (con relación a la Historia, estas obras tenían el mismo valor para él que el que atribuía al Palacio Ducal de Venecia en el terreno monumental), los *Comtes de Barcelona vindicats* de Bofarull y *L'Història general del Llenguadoch*, de la congregación de San Mauro.

De esta compenetración entre las obras arquitectónicas de todos los tiempos y el espíritu que las guiaba (el cual seguía en todas las artes derivadas, como la sigiligrafía, la toréutica, la heráldica, la cerámica, la panoplia y otras) llegó a alcanzar una comprensión global del arte que difícilmente se encuentra. Podía adentrarse sin vacilaciones por entre las puntos oscuros de la historia conociendo a la perfección los cánones de cada estilo, sabiendo las necesidades de cada época y el sinfín de objetos que aquéllas podían generar; uniendo la aplicación de los principios científicos más modernos a la habilidad de un artista que concibe con facilidad y ejecuta con elegancia indiscutible.

[...] Su sólida preparación en materia artística se pone de manifiesto en el inicio de *L'Història general de les Arts*, editado por la casa Montaner i Simón en 1886. En el primer volumen (I. La arquitectura primitiva) describe los monumentos y construcciones prehistóricas. El segundo capítulo (II. Arquitectura egipcia) está escrito con un criterio moderno, tratando de forma sucesiva del país, de la distribución geográfica de los monumentos antiguos, de la raza, de los períodos históricos, de la civilización que dio lugar a la arquitectura egipcia y de los materiales, decoración y métodos constructivos empleados por la misma. Una vez que ha asentado los antecedentes, pasa a describir con amplitud los monumentos funerarios (estelas, túmulos, tumbas del antiguo imperio, mastabas y pirámides); los religiosos (los innumerables templos con sus dependencias y los objetos sagrados de la cámara del santuario: naos de los bari, altares, imágenes y mesas para ofrendas; los civiles (palacios, casas, laberintos, puentes y canales) y los militares (fortalezas y murallas). En el tercer capítulo (III. Arquitectura caldea y asiria), se tratan los temas siguiendo el orden establecido en el capítulo dedicado a los egipcios. Son setecientas cuarenta y seis páginas de gran tamaño con unas ochocientas cincuenta ilustraciones (sin contar las láminas en color), muchas de ellas realizadas por el Sr. Domènech, representando plantas de todos los templos, varios alzados, perspectivas, vistas generales; detalles interesantes de esculturas, bajorrelieves, elementos ornamentales y reproducciones de infinidad de fragmentos donde se observa la vida pública y privada de los pueblos de la Antigüedad. Fue una verdadera lástima que la excesiva delicadeza profesional del autor no le permitiese continuar la obra, ya que el dinero que recibía de los editores no le compensaba del trabajo que suponía hacerlo todo a conciencia (estudiaba de forma exhaustiva cada monumento antes de iniciar su descripción).

Los años 1887 y 1888 representan para el Sr. Domènech un esfuerzo inaudito. Continúa sus estudios particulares, enseña en la escuela de arquitectura y se encarga en gran parte de la Exposición Universal y de la presidencia de la *Lliga de Catalunya*, donde pronunció el discurso reglamentario, explicando la actuación de los buenos patricios en el certamen mundial a despecho de los partidos políticos y de sus periódicos; exponiendo de forma clara y noble las aspiraciones de la entidad. El año siguiente redactaba allí mismo -y con motivo de la aprobación de un nuevo Código Civil- un manifiesto titulado *Nova lley y cau de plets per la família catalana*.

Es necesario hacerse cargo de lo que supone preparar en poquísimo tiempo un hospedaje digno de la reina y de su numeroso séquito; realizar un grandioso hotel-restaurante y el inmenso Hotel Internacional, con mil habitaciones. Además, el ayuntamiento no podía interrumpir los servicios; y tuvo hasta que ver como una gran habitación, constituida como oficina-archivo le impedía la continuación de las obras cuando el tiempo ya empezaba a apremiar. Sus ruegos resultaron inútiles ante la rutina burocrática; y aquellos enormes legajos de papel no podían «subirse arriba» porque en lenguaje oficinesco eso significaba que antes tenían que haber pasado por una serie interminable de trámites con los «enterado» y «visto», registros y firmas correspondientes, lo cual no se hubiera podido lograr -por más prisa que se hubiera dado para resolverlo- hasta mucho tiempo después de finalizada la exposición. Como el alcalde era el primer interesado en que todo saliera bien y en que las regias habitaciones estuvieran terminadas lo antes posible, le dio permiso para hacer lo que creyera oportuno. Una noche, ordenó que se echara abajo la puerta de la oficina y se trasladara, con el mayor de los cuidados, todo el papel escrito a los pisos superiores. Cuando al día siguiente, ya entrada la mañana, llegó el oficial jefe, que no daba crédito a sus ojos contemplando aquella devastación (los maestros albañiles habían trabajado de lo lindo), éste exclamó:

- ¿Qué es esto? ¡Virgen Santa!

- Ya ve -respondió con sencillez el Sr. Domènech-, he mandado «ir a arriba» toda la documentación, para abreviar trámites.

Y no pasó nada, ¡claro está! Los documentos fueron archivados debidamente y las obras de reforma se terminaron pocos días después.

El Gran Hotel Internacional podría calificarse como una construcción portentosa -recordando aquellos castillos y palacios de que nos hablaban los cuentos, hechos como por un encantamiento de seres sobrenaturales, que con actividad febril, día y noche, hubieran ido apilando piedra sobre piedra y, tal como estaba convenido, en el momento preciso, los entregaban terminados. Así es como se construyó el edificio, que se encontraba en el extremo oriental del paseo de Colón. Tenía un bello aspecto, con su «hall» y sus comedores, capaces de albergar una verdadera multitud de gente; con sus mil habitaciones, decorado con gran gusto a pesar de haber tenido que improvisarlo todo de forma muy rápida; y construido en un terreno no asentado (como ganado al mar que era) en el limitadísimo plazo de cincuenta y tres días; y sin planos. Fue la admiración de propios y extraños, recordándose todavía hoy la impresión de legítimo orgullo que causó a Barcelona y el telegrama proveniente de Estados Unidos preguntando si era cierto tal prodigio de celeridad y eficiencia. Las dificultades que tuvieron que vencerse fueron innumerables y muchas veces despertaban al Sr. Domènech a altas horas de la noche para preguntarle cómo se debía resolver algún inconveniente grave que había surgido; y él, en un abrir y cerrar de ojos, reconstruyendo mentalmente la obra, contemplando el plano en el espacio, contestaba de forma precisa y se volvía a dormir. Al referir este hecho, que me consta que se repitió muchas veces, no puedo evitar pensar en Moltke, que también dormía cuando le dieron la noticia que había estallado la guerra con Francia el año 1870. El gran caudillo se limitó a señalar un estante, donde se encontraba el plan de invasión contra la nación francesa.

Como es natural, todo esto no podría haberse conseguido sin la participación de un grupo de arquitectos ayudantes y de artistas decoradores de cerámica, hierro forjado, vidrio, policromía, etc., que estuvieran bien compenetrados con él. Los primeros pertenecían a un núcleo de facultativos que se habían ido formando en la escuela de arquitectura; le tenían un gran afecto y se podía afirmar, sin temor a exagerar, que le veneraban por sus brillantes facultades científicas y artísticas, a la vez que por su bondad de carácter. Esto último era lo más difícil de conseguir, porque era el responsable de la selección, que había ido realizando con el paso del tiempo, entre todos los que se dedicaban a las artes suntuarias; los tomaba por su cuenta y les enseñaba modelos y procedimientos, dándoles toda clase de orientaciones. Así obtuvo grandes resultados, especialmente en la decoración de azulejos valencianos y cerámica en general; en vidrieras, aplicaciones del hierro y en todas las artes que intervienen en la ornamentación. Por cierto que, uno que se dedicaba a la metalistería, salió tan listo que mientras hacían el Café-Restaurant del parque hizo unas imitaciones de espadas antiguas, que eran una verdadera obra de arte, y las enterró allí mismo para que adquirieran la pátina de lo viejo. Al sacar unas maderas de la barrera que se encontraban muy hundidas, un peón vio unos hierros cubiertos de óxido y, desenterrándolos y limpiándolos de forma inocente, se encontró con la sorpresa de descubrir aquellas armas tan hermosas; y corrió a dar la noticia al Sr. Domènech. Él, que en ese momento estaba solucionando un problema de orden técnico, le contestó:

- Llevadlas de inmediato al ayuntamiento para que sean entregadas al museo.

Y cuando el otro se disponía a cumplir la orden, el «espadero» improvisado cayó en la cuenta y corrió a rogarle, avergonzado, que diera la contraorden porque aquello lo había hecho para vendérselo a un anticuario extranjero, que le pagaba bastante. No pudo por menos que sonreír y acceder, a condición de que no volviera a suceder. Y el otro cumplió su palabra. Es decir: en las obras que dirigía el Sr. Domènech no se encontraron más armas antiguas recién hechas.

Lo decorativo en la obra de Domènech i Montaner

J. F. Ráfols

Cuadernos de Arquitectura, 24, 1956. pp. 1-6, (97-102)

1. Esbozo biográfico

El arquitecto don Luis Domènech y Montaner nació en 1850 en Barcelona, donde murió el 27 de diciembre de 1923. Cursó sus estudios en su ciudad natal y en Madrid, obtuvo el título en 1873. Fue profesor desde 1875, y después también director, de nuestra Escuela Superior de Arquitectura.

Bajo la elevada inspección de don Elías Rogent, y del brazo de su íntimo amigo José Vilaseca, labora Domènech para la Exposición Universal que tuvo lugar en nuestra urbe en 1888.

Domènech consigue con su labor intensa y extraordinaria en el mundial certamen que en su obra artística se inicie -ya entonces, en plena juventud- una época de gloria.

Podemos venturosamente contemplar el edificio que fue por tales faustos días Restaurante del Parque y cerciorarnos del sentido de masa austera sin perder el detalle bien cuidado, para lo cual en los apergaminados tarjetones del almenado remate recurrió Domènech al dibujante Pellicer.

Demostró una pasmosa serenidad compositiva otro gran edificio que hizo Domènech y Montaner para la Exposición: el Hotel internacional, construido en sesenta y tres días -derribado después por haber sido alzado en terrenos cedidos temporalmente por la Junta de obras del Puerto-, de cuyo vestíbulo personalísimo podemos formarnos una idea por los dibujos publicados en 1888 en *La Ilustración Española y Americana.*

Domènech proyectó y dirigió posteriormente: en Barcelona, el Palacio de la Música Catalana y el Hospital de San Pablo, y en Reus, el Instituto Pedro Mata.

Junto con su obra juvenil del Seminario de Comillas, éstos son su conjuntos de construcciones de mayor complejidad, pero aparte de ello Domènech y Montaner fue el autor de varios importantes edificios particulares especialmente en Barcelona: la Casa Thomas en la calle de Mallorca número 291 (alzada por él sólo de planta baja y planta noble en su primer estado; mas trasformada en alto inmueble bajo la dirección de su yerno el arquitecto don Francisco Guardia); la casa para don Eduardo S. de Lamadrid, en la calle de Gerona, número 113; la casa para don Alberto Lleó y Morera, en el Paseo de Gracia chaflán Consejo de Ciento y la Casa Fuster, junto a los jardincillos con que termina el Paseo de Gracia. Otros notables edificios proyectados y dirigidos por Domènech son el Gran Hotel de Palma de Mallorca, cuatro casas particulares de Reus y otra casa particular de Olot. Edificó asimismo en Esplugas de Francolí y restauró el Castillo de Santa Florentina de Canet de Mar. Exornó con personalísimo estilo el Hotel de España en la barcelonesa calle de San Pablo; queda en pie en él, casi totalmente, su labor.

Las construcciones barcelonesas de Domènech obtuvieron en tres fechas el premio anual que el Excelentísimo Ayuntamiento de Barcelona otorgaba al mejor edificio recién alzado en la ciudad.

Publicó tratados profesionales y monografías histórico artísticas; entre los primeros: «Iluminación solar de los edificios» (1877) y «Acústica aplicada a la arquitectura»; entre las segundas, las monografías de Centelles Poblet, Santes Creus, Sant Cugat del Vallés, Santa Maria de l'Estany, Tarragona románica y la Casa de la Ciudad de Barcelona. Hizo estudios sobre la arquitectura románica en Cataluña y sobre varias familias catalanas antiguas (Cardona, Pinós, Alemany, Cruilles, etc).

Fue presidente de la «Unió Catalanista» en 1892 y diputado a Cortes por Barcelona en 1901-1905; presidente del Ateneo Barcelonés en 1898, 1911 y 1913; presidente de los Juegos Florales, académico correspondiente de la Real Academia de Bellas Artes de San Fernando, de Madrid, y académico de número de la de Buenas Letras, de Barcelona.

Don Luis Domènech y Montaner dedicó también sus actividades a empresas editoriales como la biblioteca «Arte y Letras», que dirigió, y la «Historia del Arte» de la casa Montaner y Simón, que redactó en su primer volumen. Como director de la biblioteca «Arte y Letras» acopló en ella sus más sobresalientes amistades artísticas: Yxart, como primera figura literaria; Apeles Mestres, Pellicer, Juan Llimona, Alejandro de Riquer, Francisco Gómez Soler y Mariano Foix, como ilustradores.

2. Enfoque del decorativismo del egregio arquitecto

Respeto y veneración nos infundía en la Escuela la presencia de don Luis Domènech y Montaner. Nuestras dudas y nuestras cuitas no osábamos comunicárselas cuando pasaba revista de nuestro proyectos. En clase de «Composición» -de otra parte- nos nutría con un cúmulo de datos y de teorías alternando sus sabrosas excursiones por el campo de la historia. Todo ello contribuyó a perfilarnos su figura de arquitecto insigne, sagaz conocedor de las estructuras y al propio tiempo moviéndose dentro ancho campo cultural.

No ha sido sino muchos años más tarde, fallecido ya él, que en su obra hemos divisado, hemos descubierto la alta categoría artística que no alcanzamos a ver en nuestros años mozos, quizá por habernos desenfocado de ella otras personalidades ciertamente de importancia obsesionante.

Otras plumas mucho mejor cortadas que la nuestra para analizar cuanto se refiera a la estructura propiamente arquitectónica y la técnica constructiva expresarán sin duda -a propósito de la fecha en que se cumple el centenario del nacimiento de don Luis- sus comentarios sus tesis de ubérrimas sugerencias, nuestra péndola aspira a no salirse -en el presente escrito- de los campos que en la creación domenequiana regaron la fe y la poesía, que en él no se opusieron en nada a la técnica ni a la práctica profesional.

Su fe patriótica especialmente amasa la creación arquitectónico-decorativa del arquitecto del Hospital de San Pablo. Con todo el Perrot y Chipiez en la cabeza y en la punta de su bien afilado lápiz, con todo el Viollet-le-Duc al servicio de su intensa erudición medieval Domènech éntrase en las lides de la política catalana a fines del siglo XIX y de comienzos del actual siglo, sin desarticular nunca sus dos personalidades, de arquitecto y de político. Vémosle a él en el cargo presidencial de la «Unió Catalanista», antes hubo pertenecido a la «Lliga de Catalunya», después fue uno de los secuaces de la «Lliga Regionalista», luchando en los escaños del Congreso de los Diputados, de Madrid, al lado del doctor Robert. En el entretanto, el Ateneo Barcelonés, es decir la proyección en el plano estrictamente cultural del catalanismo, le eligió por tres veces para la presidencia. Todo ello hará pensar en la personalidad de Domenech y Montaner como en la de un secesionista, craso error ciertamente, pues si tal vez lo hubiere sido en algún momento de su diversa y dispersa actuación, el volumen de su cultura histórica y artística en avasallador enlace habríale apartado de ello. Más claro: el presidente de la «Unió Catalanista» fue en arte españolísimo, después de un baño inicial en el venero mediterráneo. De todo cuanto conocía debió sacar partido para su propia creación: no hay que decir que de la antigüedad más propiamente dicha, que dibujó comentó en su tomo inicial, el de Mesopotamia y Egipto de la «Historia del Arte» de Montaner y Simón; seguidamente, como indicábamos, de la segunda antigüedad la grecorromana; del estructurismo copulativo y de total exorno cromático del arte bizantino y, después sí, de lo más o menos autóctono catalán, de estos arquillos lobulados de San Pablo del Campo (y de otras particularidades) que él gusta de intercalar entre los órdenes romanos y los floreamientos modernistas, pero a lo mejor su erudición tan amplia que rebase límites geográficos y que está atenta a los ciclos históricos se embebe en el Flamígero y en el Estilo Isabel y, de modo insistente y obsesionante, en el Mudéjar.

El intelecto de Domènech y Montaner y su sensibilidad artística debieron hallar en la cerámica hispanoárabe singular embeleso. Nos lo figuramos -¿y para qué averiguarlo estrictamente?- en amical coloquio con Osma, con sus compañeros Gallissá y Font y Gun -este último, como es sabido, tanto como arquitecto docto, coleccionista intrépido de azulejos valencianos y catalanes. Ni con el paso de los años Domènech debía perder al amparo de tales temas su viveza y su locuacidad juveniles. En la Farmacia Morelló, o en el Ateneo, o en el reposo familiar del Castillo de Santa Florentina, cuando la visita de alguno del los apasionados por la simplicidad y el sentido cromático morisco o mudéjar, Domènech y Montaner vibraría y se entusiasmará con toda su alma.

Son los moros, los moriscos y los mudéjares quiénes desgajan a Domènech y Montaner de las huestes catalanistas y lo sitúan en plena hispanidad, tal cual se manifiesta en sus numerosas y notables construcciones privadas y públicas.

Observemos sin embargo que lo histórico no saca al arquitecto Domènech y Montaner de los quicios estilísticos de su época. Su importante información respecto de lo pretérito en él no impidió nunca su información de lo presente (de lo actual, naturalmente de su tiempo). De su conocimiento de los progresos y los perfeccionamientos en la composición arquitectónica daba innegable prueba en las clases que dedicara a tal materia, pero también tuvo igual curiosidad y sintió intenso amor hacia cuanto concerniera a la evolución artística decorativa, a la esplendorosidad que debió producir dentro su arte la pompa y la abundancia de sus variadísimos capiteles con flores para hablar cual se merece de este curioso e interesantísimo aspecto de la obra de Domènech y Montaner: del elemento decorativo particularmente de sus capiteles, modernista a rajatabla, es decir que a pesar de todo el historicismo evidente de quien los creara no empalidecen jamás como enlazándose con el arte del momento, esto es, que nacen del clima (nostálgicamente hoy recordado) que entre nosotros provocara por aquellos días la conjunción insólita del secesionismo muniqués, el prerrafaelismo y el modern-style parisiense.

¿Cómo conjugar los penachos florales modernistas de Domènech con sus columnas neojónicas, con sus aguiluchos y dragones acaso de raigambre mudejarizante, con sus elementos heráldicos tomados tal vez del Estilo Isabel, y con sus anchos arcos de gótica proporción? Necesitó Domènech, para no fracasar con tal peligrosa mezcolanza, toda la fuerza y toda la gracia de su talento, mas también el espíritu intensamente poético que se trasluce en el amasamiento rotundo de sus agrupaciones florales de adorno de los elementos sustentantes, y en la sutilidad de los calados de los motivos que se extienden por las superficies o que componen los remates.

Repitamos que el prócer don Luis Domènech y Montaner sin dejar de ser un arquitecto catalán -en algo de lo más íntimo suyo- fue también un arquitecto hispano, estilísticamente, tuvo pues su fe en España.

Y al propio tiempo y en el aspecto exornativo no se puso de espaldas al arte del momento. Sintió en lo más íntimo de su ser el Modernismo, alineóse en sus huestes, quiso decirnos -prácticamente- que no era un simple historicista y un erudito; antes bien un egregio varón que -como Verdaguer- adoraba la poesía de las flores y de los pájaros, cuya poesía, sin perder en nada su prístino encanto, sujetó magistralmente al ritmo del trazado geométrico.

Cuadro histórico

M. Coll i Alentorn

Cuadernos de Arquitectura, 52-53, 1963. pp.62-64

Luis Domènech y Montaner nació en Barcelona el día 21 de diciembre de 1850.

Gobernaba entonces en Madrid el general Narváez en su cuarto Ministerio dentro de la llamada Década Moderada, reinando Isabel II. En Francia después de la conmoción de 1.848 con repercusiones en toda Europa, el príncipe-presidente Luis Napoleón se preparaba para convertirse en emperador Napoleón III. La reina Victoria, con Lord Russell como primer ministro, reinaba en Inglaterra, donde se iniciaba un período de notable prosperidad que debía durar un cuarto de siglo. En Austria el emperador Francisco José había empezado hacía poco un reinado que debería ser largo y doloroso. En Prusia, que iba convirtiéndose en el núcleo alrededor del cual tendía a la unidad la constelación de estados germánicos, reinaba, a las puertas ya de la locura que le incapacitaría, Federico Guillermo IV. En Italia Víctor Manuel II, rey de Piamonte y futuro primer rey de la nación unificada, acababa de recoger la corona de manos de su padre Carlos Alberto, derrotado en Novara por los Austríacos. En Rusia el zar Nicolás I imperaba como soberano absoluto. En los Estados Unidos el vicepresidente Fillmore acababa de sustituir al difunto presidente, el general Zachary Taylor, uno de los artífices de la conquista de California y Nuevo Méjico, aventura que había casi doblado la extensión del país. Finalmente, el pontífice Pío IX, después de dos años de disturbios que le habían obligado a refugiarse en Nápoles había vuelto a la Ciudad Eterna.

Setenta y tres años más tarde, el día 27 de diciembre de 1923, moría Domènech y Montaner. El Padre Santo era entonces el enérgico

Pío XI, ascendido poco antes al solio pontificio, quien debía cerrar algunos años después el ciclo de reclusión vaticana iniciado precisamente por Pío IX. El presidente de los Estados Unidos era el taciturno Calvin Coolidge el cual, siendo vicepresidente, había sucedido al presidente Harding, débil e incompetente, al morir éste el día 2 de abril de 1923 antes de terminar su mandato. En Rusia, convertida en Unión de Repúblicas Socialistas Soviéticas, Lenin estaba en plena implantación de la Nueva Política Económica (N.E.P.) con la que iba atenuando desde el verano de 1921 los rigores de la doctrina comunista y se hallaba ya muy próximo a su muerte acaecida el 21 de enero próximo siguiente. En Italia, poco más de una año después de la marcha sobre Roma, Mussolini iba consolidando su régimen fascista. En Alemania, en donde la República de Weimar, que había sustituido al Imperio de los Hohenzollern, estaba presidida por el socialista Ebert y gobernada por el canciller demócrata-cristiano Wilhelm; Marx, se había tenido que reprimir hacía poco un putsch capitaneado por un pintor tenido por maniático, llamado Adolfo Hitler. Austria se había convertido en una pequeña República de vida inestable y precaria presidida por Michael Hainisch y gobernada por el cristiano social Ignaz Seipel. Inglaterra, bajo Jorge V, nieto de la reina Victoria, tenía un primer ministro conservador, Stanley Baldwin, pero muy pronto había de dejar paso al primer experimento de gobierno laborista presidido por Ramsay Mac Donald. En fin, España, que en 1850 estaba gobernada por un general, había hecho el ciclo completo y volvía al punto de partida, porque un general volvía a estar a la cabeza de su gobierno, como si nada hubiese pasado: era el general Primo de Rivera.

Entre aquellas dos fechas extremas del ciclo vital de Domènech y Montaner ¡cuántas cosas habían pasado! Ya veremos luego lo que sucede en Cataluña durante este período, pero si pasamos rápidamente revista a lo que sucede en el exterior, nos encontraremos, al lado de los hechos más arriba señalados, con la guerra de Crimea, la del Norte contra el Sur en los Estados Unidos, la de Prusia contra Austria, la aparición de Das Kapital de Karl Marx, la guerra franco-prusiana con la secuela de la Commune, la instauración de la tercera República Francesa, y la unidad alemana y la italiana, la construcción de los canales de Suez, de Kiel y de Panamá, la publicación de la Encíclica Rerum Novarum del Papa León XIII, la guerra anglo-bóer, la ruso-japonesa, las luchas en los Balcanes, la guerra italo-turca, la primera guerra mundial, la expansión de la navegación submarina, la revolución rusa, el hundimiento de los imperios austro-húngaro y turco y el triunfo en gran parte del mundo del principio de las nacionalidades.

He aquí el lejano telón de fondo del escenario donde se desarrolló la vida de Domènech. Con la rápida revisión que de ella acabamos de hacer ya puede verse que la suya fue una época de cambios notables y trascendentales.

En el momento de su nacimiento el renacimiento literario catalán, la Renaixença, empezaba a dar sus primeros pasos. Hacía tiempo que Aribau había publicado su famosa Oda y que, un poco más tarde, Rubió y Ors había respondido con sus poesías catalanas, aparecidas en el viejo Brusi firmadas con el seudónimo de "Lo Gayter del Llobregat". Estas poesías habían sido recogidas en un volumen hacía solo nueve años, y al año siguiente de su publicación el propio Rubió había ganado el premio de un certamen literario convocado por la Academia de Buenas Letras que constituyó una especie de ensayo general de los "Jocs Florals" que aún habían de tardar mucho tiempo en se restaurados.

Pocos meses después de este acontecimiento literario, el 3 de noviembre del mismo año 1842, Barcelona sufría un terrible bombardeo desde el castillo de Montjuich: las tristemente famosas "bombas de Espartero". Apenas normalizada la situación con el levantamiento del estado de sitio el 18 de febrero de 1843, aparecía el que ha venido a llamarse el "primer órgano periodístico de la Renaixença", Lo Verdader Catalá, periódico quincenal que se publicó en Barcelona desde el 15 de marzo hasta el 31 de mayo de dicho año. Pocos meses después, concretamente desde el 4 de septiembre hasta el 20 de noviembre, Barcelona era nuevamente objeto de repetidos bombardeos en ocasión de la revuelta de la Jamancia. Es impresionante constatar que en estas semanas, el 3 de noviembre precisamente, Víctor Balaguer databa la que es probablemente su primera poesía en catalán, y que muy poco después de aquel período dramático, en diciembre del mismo año, Milà y Fontanals publicaba sus primeros versos catalanes: La font de Na Melior.

El año 1844 veía la creación del Banco de Barcelona: y en 1845 nacía en Folgueroles Jacinto Verdaguer, y José Anselmo Clavé fundaba el primero de sus coros populares: "L'Aurora". El año 1846 es el del nacimiento de Torras y Bages y también el año en que Manuel Milá y Fontanals ganaba brillantemente las oposiciones a la cátedra de Literatura de la Universidad de Barcelona, de la que debía tomar posesión el 8 de marzo del año siguiente. En el mismo 1847 consigue la cátedra de Filosofía de la misma Universidad Xavier Llorens y Barba, se inicia la guerra de los "matiners" que había de durar dos largos años y acontecen la inauguración del Teatro del Liceo, la fundación de "La España Industrial", la supresión de la benemérita Junta de Comercio, la construcción de la actual fachada principal de la Casa de la Ciudad de Barcelona, la muerte de Félix Torres y Amat y el comienzo de la publicación por Prospero Bofarull de la utilísima Colección de documentos Inéditos del Archivo General de la Corona de Aragón. En el año 1848 mueren Pablo Piferrer y Jaime Balmes y se inaugura el ferrocarril de Barcelona a Mataró, el primero de España. En año 1849 el Padre Claret fundaba la Congregación de los Misioneros del Corazón de María y era nombrado Arzobispo de Santiago de Cuba. Finalmente, en 1850, como hemos dicho al principio, nacía Domènech y Montaner.

Su casa natal estaba en la calle Nueva de San Francisco y eran sus padres Pedro Domènech y Saló, oriundo de San Justo Desvern, y María Montaner y Vila, "pubilla" de la casa que luego fue conocida con el nombre de castillo de Santa Florentina, de Canet. El padre poseía uno de los más importantes talleres de encuadernación de Barcelona lo cual le llevó luego a intervenir en negocios editoriales. Luis quedó el mayor de los hijos varones del matrimonio, después de dos hijas, una de ellas muerta a temprana edad y de un hijo que murió poco antes que su padre. No mucho después del nacimiento de Luis, la familia trasladó su residencia a la Rambla Santa Mónica, en donde pasó nuestro biografiado toda su infancia y en donde conoció e intimó con los Elías de Molins que vivían en la misma calle y que fueron sus condiscípulos en el Colegio Gallabotti, en el que se educó.

Por aquel tiempo sucedieron en Cataluña algunos hechos que afectaron probablemente la sensibilidad aún infantil de Domènech y Montaner y que condicionaron sus futuras inclinaciones. Nos referimos sobre todo a la instauración de los juegos Florales de Barcelona en 1859, cuando no tenía aún nueve años. La fiesta, con sus evocaciones y su escenografía, contribuyó probablemente a dar color a lo que, con una contradicción sólo aparente, podríamos llamar su futuro modernismo medievalista. Otro acontecimiento que debía impresionarle poco después, como impresionó a casi toda la opinión pública catalana, fue la guerra de Africa de 1860 (la última guerra popular en Cataluña) con la intervención tan destacada del general Prim y de los voluntarios catalanes. Los primeros premios logrados por Verdaguer en 1864 en los Juegos Florales, donde fue recibido por Mariano Aguiló con un simbólico abrazo, y su nuevo triunfo en la fiesta de 1865, cuando Mistral lo saludó con palabras que resultaron proféticas, también debieron impresionarle, constituyendo quizás las simientes de la admiración que Domènech sintió por la obra poética de Verdaguer.

Mientras tanto, nuestro biografiado, después de cursar los estudios de bachiller, quiso seguir la carrera de ingeniero de caminos y se trasladó a Madrid. Su vocación artística indújole pronto a dejar los estudios de ingeniería para entrar en la Escuela de Arquitectura, donde tuvo por compañeros a Mélida y Magdalena. Consiguió entonces una beca para estudiar en Roma, pero pronto la muerte de su padre le obligó a volver a Barcelona terminando la carrera en 1873.

Hacía cinco años que un importante acontecimiento había sacudido con violencia el vetusto andamiaje de la vida política de España: la revolución de septiembre de 1868 abría un período de trastorno y de inquietud que no habría de cerrarse hasta el momento de la restauración borbónica en 1874. Si fuera de Cataluña la conmoción se perdió en verbalismos y en violencias puramente superficiales, sin, en cambio atacar seriamente el problema de las transformaciones efectivas de la estructura política y social del país, en Cataluña los cambios fueron profundos, aunque no resultasen visibles en seguida.

Por lo tanto, si bien el desenlace de la última guerra carlista dejaba, fuera de Cataluña, un resabio de desengaño y de escepticismo, que se traducía en una acentuada y prolongada atonía política, entre nosotros la muerte de las cosas caducas parecía ser un acicate para el surgimiento de las nuevas corrientes ideológicas que muy pronto debían repercutir sobre el campo político.

Resumiéndolo esquemáticamente, la evolución de una parte importante del carlismo debía dar lugar al ala derecha del catalanismo político, al mismo tiempo que la evolución del republicanismo federal daba origen a su ala izquierda, mientras convergían hacia la misma confluencia, por un lado los defensores del proteccionismo y por tanto, de los intereses económicos del país, y por el otro los que representaban la politización del movimiento de "Renaixença" literaria y lingüística. Domènech y Montaner aparece entonces entre las filas de estos últimos. En 1869, después de animadas conversaciones en el café de Francia, en el Suizo y en la trastienda de la Farmacia del Pino, bajo el caudillaje de Riera y Bertrán, de Auléstia, de Ramón y Vidales, de Ubach y Vinyeta y de Picó y Campanar, se fundaba "La Jove Catalunya", cumplidos los diecinueve años figuró entre los socios de la nueva entidad, junto con Francisco Matheu, Angel Guimerà, Pedro Aldevert, Pella y Forgas, Roca y Roca, y muchos otros, además de los ya nombrados.

El órgano periodístico de la nueve entidad fue el semanario La Gramalla, que apareció durante gran parte de 1870 bajo la dirección de Francisco Matheu. El título del semanario nos indica claramente que el ideal del grupo era la figura legendaria de Fiveller. Retengamos este nombre.

La herencia de "La Jove Catalunya" y de su órgano fue reconocida por la Renaixença que, pilotada por el mismo equipo, salió a la luz el primero de febrero de 1871, también bajo la dirección de Francisco Matheu.

Se iniciaba entonces una etapa del catalanismo político presidida por la fuerte personalidad de Valentín Almirall. Procedente del republicanismo federal, comprendió muy pronto las oportunidades que ofrecía la religación de las cuatro corrientes a las que nos hemos referido anteriormente, y actuó con tenacidad y a menudo con gran acierto para aprovecharlas. En 1879 iniciaba la publicación del Diari Català, el primer cotidiano redactado íntegramente en catalán. Al año siguiente convocaba el primer "Congrés Catalanista". En 1881 se separaba definitivamente del republicanismo federal de Pi y Maragall. En 1882 fundaba el "Centre Català" con la divisa: "Catalunya i avant". En 1883 se celebraba el segundo "Congrès Catalanista". En 1884, el "Centre Catalá" iniciaba su actuación en el terreno propiamente político. En 1885 Almirall era el alma del movimiento alrededor del llamado "Memorial de Greuges" que fue presentado al rey Alfonso XII por una comisión de personalidades catalanas. En 1886, el año del apogeo de Almirall, éste publicaba Lo Catalanisme y presidía la fiesta de los "Jocs Florals" de Barcelona. Este mismo año se fundaba el "Centre Escolar Catalanista" dentro del "Centre Català".

Durante todo este tiempo, Domènech, que parece haber permanecido fiel al equipo de La Renaixença, debía seguir por el mismo camino que éste: oposición a Almirall hasta la fundación del "Centre Català" y colaboración con él a partir de este momento. De todas maneras, Almirall era un hombre de genio difícil y de formación muy diferente de la de los amigos de nuestro biografiado, y era inevitable que surgiesen divergencias entre el uno y los otros.

En el año 1887, mientras se iba preparando, la Exposición Universal de Barcelona para el año siguiente, Almirall combatió duramente el proyecto de dicha Exposición, mientras que otros compañeros suyos de "Centre" y muy en particular Domènech y Montaner, no sólo lo aceptaban sino que estaban dispuestos a colaborar en él con entusiasmo. Esta discrepancia, añadida a las dificultades temperamentales y de formación antes aludidas, dio lugar a la salida de diversos y valiosos elementos del "Centre", y entre ellos Guimerà, Juan Permanyer, Güell y Bacigalupi, Fernando Alsina, nuestro Luis Domènech y Montaner, y casi todo el equipo joven integrado en el "Centre Escolar Catalanista", los cuales fundaron en seguida la "Lliga de Catalunya", presidida al principio por Francisco Romaní y Puigdengolas, pronto sustituido por Domènech. El período Almirall (1879-1887) quedaba cerrado e iba a iniciarse el período de Domènech y Montaner (1887-1904). La Renaixença, convertida en diario desde el día de Año Nuevo de 1881, fue naturalmente el órgano del nuevo grupo.

Este, que era en el fondo el heredero de la que podríamos llamar rama literaria politizada del catalanismo, se distinguía por un mayor radicalismo doctrinal y una marcada preferencia por los problemas culturales. El ascenso marcadísimo del movimiento literario (recordemos que 1877 es el año de L'Atlàntida de Verdaguer y el año en que Guimerà ganó los tres premios ordinarios de los "Jocs Florals" de Barcelona) debía conferir a los que de una u otra manera lo integraban unas posiciones preponderantes en el caudillaje político. Domènech no era propiamente un literato, pero era un gran apasionado por la historia, un historiador, especialmente un historiador del Arte, y un arqueólogo, y había sido mantenedor de los "Jocs Florals" de Barcelona. Y, no se ha de olvidar, era un arquitecto, o sea a la vez un técnico y un artista, un hombre que hace cosas útiles, indispensables y, al mismo tiempo, cosas bellas. Era, por tanto, el hombre que mejor podía simbolizar la Cataluña de su tiempo, mezcla a menudo difícil de distinguir de hombres de negocios y de fábrica, y de artista y literatos.

La Exposición Universal de 1888 había de dar a Domènech la oportunidad de hacerse popular, y precisamente como arquitecto. El Restaurante de la Exposición, bautizado por el hombre de la calle con el nombre de "Castell dels tres Dragons", y el Hotel Internacional, con capacidad para unas mil personas y edificado en cincuenta y tres días, según R. Serra y Pagès, en su discurso de entrada en la Academia de Buenas Letras-Junio 1924, con otros muchos trabajos menores, que revelaron su capacidad de inventiva, de trabajo y de organización, impresionaron fuertemente a la opinión pública.

Simultáneamente, la "Lliga de Catalunya" tuvo un papel destacado en otros acontecimientos que tuvieron lugar durante la Exposición. Para que la reina regente Maria Cristina pudiera ser proclamada reina de los "Jocs Florals" de Barcelona, la fiesta que, como se sabe, se celebraba el primer domingo de mayo, fue aplazada por el Consistorio de los "Jocs", integrado en gran parte por personas afectas a la citada "Lliga". El grupo de Almirall no aceptó el aplazamiento y organizó por su cuenta y en la fecha acostumbrada unos "Jocs Florals" que tuvieron muy poco éxito. En cambio, los "Jocs Florals" que podríamos llamar oficiales, tuvieron gran resonancia. Sagasta, que era entonces jefe del Gobierno, abrió la fiesta con la frase consagrada ya por el uso dicha en catalán. Menéndez Pelayo, actuando como mantenedor, leyó su famoso discurso de loa de nuestra lengua. La presencia de la reina no fue obstáculo para la exteriorización, respetuosa pero firma y rotunda, de las aspiraciones de Cataluña.

Con motivo de la presencia de María Cristina en Barcelona, la "Lliga de Catalunya" le dirigió un homenaje en catalán, en el que se la saludaba como condesa de Barcelona y se le pedía la implantación en Cataluña de un régimen de amplia autonomía.

Este movimiento de apelación a la reina propugnado por la "Lliga" en 1889, es un paralelo y, en cierta manera, una reiteración del que Almirall había ideado apelando a Alfonso XII con el "Memorial de greuges", tras años antes.

El 17 de febrero de 1889, siendo ya Domènech y Montaner presidente de la "Lliga de Cataluña", dedicó ésta un homenaje a Joaquín Rubió y Ors en ocasión del cincuentenario de la publicación de su primera poesía catalana. El acto, que fue acordado el 27 de diciembre anterior, tuvo lugar en el salón de Congresos del Palacio de Ciencias de la Exposición. Domènech y Montaner hizo el ofrecimiento en un discurso del cual son estos fragmentos:

"Para acabar, querido maestro, he de decir que aún viene aquí a traeros su homenaje otra generación, no ya de poetas, sino de juventud animosa y patriota.

"El pimpollo que queríais... ya domina en la alta sierra... y ...un día abrigará bajo su frondosa copa a todo un pueblo grande y libre".

Al lado de Domènech, y presididos por él, ofrecen el homenaje Angel Guimerà, Picó y Campamar, Narciso Oller, Dolores Monserdá, Buenaventura Bassegoda, Dámaso Calvet, Viada y Lluch, Pons y Massaveu, Riera y Bertran, Torres y Reyató, Francisco Matheu, Jacinto Verdaguer, Emilio Vilanova, Ubach y Vinyeta, Franquesa y Gomis, Careta y Vidal, y muchos otros. Era evidente que Domènech y Montaner se había puesto en cabeza de nuestra vida pública.

Durante estos primeros meses de 1889 la "Lliga de Catalunya" hizo una intensa campaña contra el artículo 15 del Código Civil, entonces en elaboración, en defensa del Derecho Civil de Cataluña. Gracias a esta actividad, llevada a cabo por todas las comarcas catalanas, se consiguió una modificación importante de dicho artículo y con ella el indispensable respeto a nuestro derecho civil.

A finales de 1890 el "Centre Escolar Catalanista", adherido a la "Lliga de Catalunya", eligió como Presidente a Enrique Prat de la Riba, que era socio del "Centre" desde 1887. Compañeros suyos eran Verdaguer y Callís, Puig y Cadafalch, y Durán y Ventosa.

El dinamismo de la "Lliga de Catalunya", impulsada por su presidente y su equipo, la convirtió muy pronto en centro de atracción de entidades y publicaciones periódicas de tendencia catalanista y esto permitió en 1892 la fundación de un organismo que lo religase todo: fue la "Unió Catalanista", de la que Luis Domènech y Montaner se convirtió en seguida en Presidente, al mismo tiempo que Prat de la Riba se hacía cargo de la secretaría. A partir de este momento Domènech era la personalidad más destacada del catalanismo político.

Los días 25 y 27 de marzo de dicho año la "Unió Calalanista" celebró en la sala de sesiones del Ayuntamiento de Manresa su primer Asamblea, presidida por Domènech y actuando de secretarios Prat de la Riba y Soler y Palet. En esta reunión, en la cual fueron ponentes, además de Domènech y Prat, personalidades como Permanyer, Guimerà, Auléstia, Picó y Campamar, Joaquín Vayreda y Font de Rubinat, fueron aprobadas las famosas Bases de Manresa que representaron por largo tiempo un corpus casi mítico de las reivindicaciones catalanas.

Después de esta asamblea de Manresa, se celebraron las de Reus (1893), Balaguer (1894), y Olot (1895). En este último año Luis Domènech fue presidente de los Juegos Florales de Barcelona, como consagración de su preeminencia en el mundo político catalán. Simultáneamente sus compañeros de la "Lliga de Catalunya" Guimerà y Permanyer eran elegidos presidentes del "Ateneu Barcelonès" y de la "Acadèmia de Legislació i Jurisprudència" respectivamente. En el curso siguiente (1898-1899) el mismo Domènech era nombrado presidente del Ateneo.

Mientras tanto, las guerras coloniales daban lugar a un nuevo trastorno en el cuerpo político de España. Una anécdota poco conocida pone de relieve el prestigio personal de Domènech en este momento. Habiendo circulado el rumor de un posible ataque de una escuadra norteamericana a Barcelona, un grupo de notables catalanes visitó al Capitán General, delante del cual Domènech, con un plano de la comarca barcelonesa a la vista, demostró el estado de indefensión en que se hallaba a pesar de sus vetustas e inútiles fortificaciones, y la necesidad de prever la posibilidad de declarar Barcelona cuidad abierta. El adverso final de la guerra contra los Estados Unidos y la pérdida de Cuba, Puerto Rico y la Filipinas constituyeron para muchos una sacudida terrible. La famosa generación del 98, al mismo tiempo pesimista y exigente, integrada por hombres de gran calidad, pero escépticos en cuanto a las posibilidades de enderezamiento del país, es fruto de esta situación. En Cataluña esta generación no existe; los dirigentes del país, con Domènech en cabeza, habían iniciado su trabajo de equipo en 1887 y habían llegado a una posición preeminente cinco años más tarde, en 1892. El desastre colonial les había afectado, pero más como una perturbación externa que como una problema íntimo y fundamental. Por ello, sostenidos por el impulso ascensional de la sociedad catalana, seguían su camino con entusiasmo y optimismo. Incluso las repercusiones económicas de la pérdida de los mercados coloniales, que Cataluña sintió más que nadie y tardó unos quince años en asimilar y compensar, no pudieron frenar el empuje adquirido, de manera lenta pero segura, a lo largo de dos generaciones renacentistas. Lo entenderemos muy bien si recordamos que en aquel momento coexisten con Domènech personalidades como Verdaguer, Guimerà, Maragall, Costa y Llobera, Torras y Bages, Narciso Oller, Balari, Prat de la Riba, Bartolomé Robert, Durán y Bas, Puig y Cadafalch, Gaudí, los Llimona, Blai, Clarà, los Vallmitjana, Meifrén, Galwey, Nonell, Casas, Pedrell, Millet, Nicolau, Vives, Albéniz, Granados y muchos otros, que acaudillaban una brillante y nutrida pléyade de figuras de segunda fila y tenían ya inmediatamente detrás a una generación que no debería desmerecer en nada de la de sus antecesores.

Se comprende por tanto que si alguien intenta un enderezamiento de España después de la caída, se sienta atraído por este espectáculo de pujanza espiritual y de autenticidad política. Esto es lo que sucede con el general Polavieja, convertido con poca lógica en símbolo de aquel enderezamiento. Al quererse atraerse a los elementos catalanes para reforzar su posición, el general envió un emisario a Domènech y Montaner para iniciar unas negociaciones de acuerdo político sobre la base de una descentralización administrativa. El progreso de estas negociaciones dio lugar a una carta que el general dirigió a nuestro biografiado en febrero de 1898, en la cual prometía patrocinar para Cataluña un concierto económico, la reorganización de la vida municipal, la refundición de las cuatro diputaciones catalanas en una sola, la autonomía universitaria y el respeto a nuestro Derecho Civil.

Hay que relacionar con estas negociaciones un nuevo mensaje a la reina María Cristina presentado el 15 de Noviembre del mismo año por el Dr. Robert, Sallarés y Pla, el Marqués de Camps, Domènech y Sebastián Torres, que representaban respectivamente la "Societat Económica Barcelonesa d'Amics del País", el "Foment del Treball Nacional", el "Institut Agrícola Catalá de Sant Isidre", el "Ateneu Barcelonés" y la "Lliga de Defensa Industrial i Comercial". Las reivindicaciones que se planteaban en él eran análogas a las consignadas en la carta de Polavieja antes citada. Ni qué decir tiene que los verdaderos promotores de la acción eran Domènech y Prat de la Riba.

La Campaña polaviejista llegó a alcanzar un principio de éxito. En marzo de 1899 se formaba el ministerio Silvela con participación de Polavieja y del Catalán Manuel Durán y Bas como ministro de Gracia y Justicia. En méritos de la nueva situación, fue designado alcalde de Barcelona el Dr. Bartolomé Robert, gran amigo de nuestro biografiado. También, con la intervención de Durán y Bas, asciende en este momento a las sedes episcopales de Barcelona y de Vich José Morgades y José Torras y Bages.

Muy pronto esta nueva línea de conducta en relación con las aspiraciones de Cataluña chocó con graves obstáculos y tanto Polavieja como Durán y Bas dejaron el ministerio dentro del mismo año 1899.

Fue también en este año cuando los catalanistas hicieron sus primeras experiencias electorales y consiguieron la elección como diputados a Cortes, de Ramón de Abadal para Vich, y de Leoncio Soler y March para Manresa.

Un cierto distanciamiento de sus viejos compañeros de la "Unió Catalanista" llevó a nuestro biografiado a integrar hacia finales de 1899 el "Centre Nacional Catalá", presidido por Narciso Verdaguer y Callís, del cual formaba parte Jaime Carner, gran amigo de Domènech y Montaner, Prat de la Riba y Cassas-Carbó. Las posiciones doctrinales de la nueva entidad representaban una mayor exigencia, respetando, sin embargo, las Bases aprobadas en Manresa en 1892 "en el seu esperit i en la seva lletra, més en el seu esperit encara que en la seva lletra".

En estos mismos meses tienen lugar una gran campaña a favor del concierto económico y el movimiento conocido por "Tancament de caixes que consistió en una protesta de los contribuyentes catalanes ante el incremento de la presión fiscal planeada por Fernández Villaverde. La protesta se tradujo, como es sabido, en una negativa a pagar los impuestos, a la que respondió el gobierno con embargos y encarcelamientos. No parece que Domènech interviniese muy directamente en este asunto. Quizás su concepto de altura de la política le alejaba de estas disputas de intereses. En cambio, su amigo el Dr. Robert, al renunciar a la alcaldía de Barcelona para no verse obligado a actuar contra los contribuyentes morosos, alcanzó el momento máximo de su popularidad.

Tal estado de cosas llevó al estallido de las elecciones de 19 de mayo de 1901. Eran unas elecciones de diputados a Cortes, y el "Centre Nacional Catalá" y la "Unió Regionalista", fundada por los antiguos polaviejistas, entre los cuales figuraban Luis Ferrer-Vidal, el Dr. Fargas y Fernando Agulló, acordaron participar en ellas presentando en la ciudad de Barcelona la candidatura que fue enseguida llamada de los cuatro presidentes: el Dr. Robert, presidente de la "Societat Económica d'Amics del país", Alberto Russinyol, presidente del "Foment del Treball Nacional", Luis Domènech y Montaner, presidente durante los dos períodos anteriores del "Ateneu Barcelonés" y Sebastián Torres, presidente de la "Lliga de Defensa Industrial i Comercial". La íntima colaboración entre aquellas dos entidades las llevó a su fusión pocas semanas antes de las elecciones, y así nació la "Lliga Regionalista", el 25 de abril de 1901.

El triunfo de la candidatura fue brillantísimo y resonante. Todo el tablado caciquista se había venido abajo, y desde entonces las elecciones en Barcelona y en las ciudades catalanas importantes, responderían a la voluntad popular. Los hombres de toda una generación retuvieron vivamente entre sus recuerdos este hecho memorable. Los periódicos humorísticos se apoderaron del tema -síntoma de su gran popularidad- y reprodujeron en caricatura las figuras de los vencedores; sus comentarios, incluso cuando son satíricos, revelan el respeto que infundía la figura de Domènech. Decía uno de aquellos periódicos que de los cuatro presidentes, el uno (Domènech) piensa y no habla, el otro (Robert) habla de lo que el primero piensa, el otro (Russinyol) habla y no piensa, y el último (Torres) no piensa ni habla.

Son embargo, bajo la euforia del triunfo se escondían tensiones internas entre los vencedores que habían de preparar crisis futuras. Parece observarse un cierto desplazamiento de Domènech de los puestos dirigentes y una tendencia a la polarización de un grupo dirigido por Jaime Carner e Ildefonso Sunyol frente a otro orientado por Prat de la Riba, Verdaguer y Callís, Puig y Cadafalch y Cambó. El gran prestigio del Dr. Robert mantenía aún sujetas aquellas tensiones, pero su muerte repentina el 11 de abril de 1902 las dejó en disposición de manifestarse, en cuanto se presentase la primer ocasión. Domènech, falto de su gran amigo Robert, alejado de sus viejos compañeros de la "Unió Catalanista", y con el cambio de actitud de Prat de la Riba que, de ser su brillante segundo, pasa a irse situando en un primer plano y a querer coger en sus manos la dirección del movimiento político, va perdiendo el gran relieve con que aparecía desde 1887.

A pesar de todo, todavía en diciembre de 1902 Puig y Cadafalch escribía en la revista "Hispania" un estudio grandemente elogioso sobre Domènech y Montaner. Todavía, dentro de los primeros meses de 1903, Antonio Maura, entonces ministro de la Gobernación del Ministerio Silvela, se entrevista privadamente en Barcelona con Domènech, como personalidad preeminente entre nuestros políticos, para intentar encontrar una forma de satisfacer las aspiraciones catalanas. Domènech insiste en la consagración de la unidad de Cataluña, la lengua y la cultura, el Derecho civil y el concierto económico, e incita al ministro mallorquín a promulgar por decreto y con gran urgencia las disposiciones adecuadas. Todavía en las elecciones del 26 de abril del mismo año, pese al marcadísimo ascenso republicano, Domènech y Montaner sale elegido diputado. También en este año tiene un destacado papel en el "Congrés Universitari Catalá" en una ponencia del cual, adelantándose a su tiempo, hace una distinción entre investigación y enseñanza, de acuerdo con lo que ya entonces practicaba en su cátedra en la Escuela de Arquitectura.

Sin embargo, el momento de la ruptura y del desplazamiento de nuestro biografiado del lugar que ocupaba desde hacía unos quince años en el plano político estaba ya muy próximo. En abril de 1904 Antonio Maura, entonces presidente del Consejo de Ministros, trae a Barcelona al rey Alfonso XIII. Las informaciones sobre determinadas actitudes anticonstitucionales del monarca, recientemente llegado a la mayoría de edad (habían empezado ya las famosas crisis "orientales"), y sobre la satisfacción que había demostrado, según parece, por la reciente y efímera victoria del demagogo republicano Lerroux sobre los catalanistas en las elecciones de 1903, habían creado un clima de disgusto en relación con los visitantes. Después de un cierto desacuerdo inicial, la "Lliga regionalista" había decidido que sus hombres se abstendrían de acudir a los actos organizados en ocasión de la venida del rey. A pesar de ello, el 7 de abril, al visitar Alfonso XIII el Ayuntamiento de Barcelona, Francisco Cambó (sin duda de acuerdo con Prat de la Riba) acudió allí presidiendo un grupo de regidores de la Lliga y pronunció un discurso de salutación en el que hizo presentes al visitante las reivindicaciones autonomistas de Cataluña.

Este desconocimiento de los acuerdos tomados motivó una fuerte reacción de los partidarios del abstencionismo, entre los cuales estaba nuestro Domènech y Montaner. Fue entonces, y por estos motivos, que éste escribió en el semanario Joventut un artículo titulado "Fiveller da cartró", en el cual censuraba agriamente la actuación del joven regidor de la Lliga. Parece ser que entre Domènech y Cambó no hubo nunca mucha simpatía, como lo demuestra también un incidente sucedido poco después. Prat de la Riba envió a Cambó junto a Domènech para intentar reducir las discrepancias que acababan de producirse, y Domènech le mandó decir a Prat que "no mi enviés canalla", aludiendo despectivamente a la juventud de Cambó quien en aquel momento contaba solo veintiocho años.

A pesar de su primitivo acuerdo, la Junta de la Lliga dio por buena la actuación de Cambó y esto motivó la salida de Domènech, Jaime Carner, Lluhi y Rissexh y Ventosa y Calvell, entre otros. Los separados constituyeron un grupo y en noviembre de 1904 iniciaron la publicación del semanario El Poble Catalá, convertido en diario el primero de mayo de 1906. Domènech y Montaner dibujó la cabecera de la nueva publicación, tal como antes había dibujado la de la Veu de Catalunya, y más anteriormente aún la de La Renaixença.

La orientación izquierdista del nuevo grupo no satisfacía, sin embargo, las íntimas convicciones de Domènech, y muy pronto se separó de sus compañeros terminando con ello su carrera política. Cerrado el período Domènech y Montaner, empezaba para el catalanismo el período Prat de la Riba (1904-1917), que había de ser seguido del período Cambó (1917-1922). A pesar de todo, Domènech continúa siendo una gran figura cívica aunque hubiese dejado de ser una gran figura política. En el curso de 1904-1905 y en el siguiente vuelve a ser elegido presidente del Ateneo Barcelonés, y aún volverá a ejercer este cargo durante los tres cursos que van de finales de 1911 a finales de 1914. Las inauguraciones de sus grandes obras arquitectónicas -el Palau de la Música Catalana y el Hospital de San Pablo- fueron sucesos de gran resonancia y volvieron a colocarle en la primera fila de la atención pública. El año 1921, finalmente, cerca ya del término de su vida, ingresa en la "Academia de Bones Lletres".

Impresiona, sin embargo, verle ausente, después de tantos años de destacada actividad, ante unos hechos tan importantes para nuestra historia como fueron la "Solidaritat Catalana", la obra de la "Mancomunitat de Catalunya", la "Assamblea de Parlamentaris" de 1917, la campaña por el Estatuto de Autonomía de 1919, el movimiento que llevó a la Conferencia Nacional Catalana de 1922. Ya sabemos que esta ausencia no suponía desinterés ni inhibición. Sabemos que su capacidad de indignación y vituperio fue puesta a prueba por el asalto al Cu-cut y la Veu en 1905, por las destrucciones de la Semana Trágica en 1909, por el bombardeo de la catedral de Reims por los alemanes en 1914. Sabemos que pocos años antes de morir aún preveía la posibilidad de un retorno a la actividad política al lado de sus antiguos compañeros. Cuando en 1918 perdió a su hijo Ricardo a consecuencia de un accidente ferroviario, confesó que si dichos compañeros se hubiesen mostrado afectuosos con él en tan dolorosa ocasión, todos los obstáculos hubieran podido ser superados. Pero el único de aquellos que hubiese sido capaz de hacerlo, el único que había tenido y hubiese podido volver a tener ascendiente sobre él Enrique Prat de la Riba, hacía un año que había muerto. Los demás le habían olvidado. Quizás el temperamento adusto de Domènech y su manera demasiado directa de calificar a los hombres y sus actos (característica de muchos de los que pertenecieron a su generación) le convertían en una compañero difícil y por lo tanto no siempre deseable.

En conclusión, este hombre, ilustre por tantos conceptos, que había presidido de manera brillante la vida pública de nuestro país durante un período largo y transcendental, con un carácter digno del más detenido estudio, áspero por fuera y tierno por dentro, luchador, susceptible y mordaz, amigo de la poesía de Verdaguer y de Maragall, de las novelas de Dickens y de Daudet y de la música de Mozart, erudito y hombre de acción, gran organizador y gran trabajador y al mismo tiempo descuidadísimo con sus propios bienes, contradictorio, en fin, pero muy digno de admiración, pasa los últimos años de su vida en una acentuada penumbra. Las circunstancias de su muerte, ocurrida dentro de los primeros meses de la Dictadura de Primo de Rivera, no permitieron que ni en la hora de su muerte volviese a refulgir su nombre con la luz de sus auténticos merecimientos.

El Palau de la Música Catalana

David Mackay

Cuadernos de Arquitectura, 52-53, 1963. pp.34-35

CONSIDERACIONES GENERALES

La primera impresión que produce este edificio es, en realidad, una sensación de sorpresa y extrañeza, pero, luego, cuando se le va conociendo, su belleza cautiva profundamente. Su delicada estructura bien definida, su colorido -casi podría decirse su complexión, variada según la luz-, su orden, su calma estática tan catalana, todo sucede de tal manera que, tan pronto se entra, uno se siente apresado por su encanto y cautivado ya para siempre. ¡Cuán justificada está tal admiración! Si alguna vez un edificio ha atraído eficazmente la atención de su pueblo, no sólo considerándolo como una herencia nacional, sino europea, éste es, sin duda, el **Palau de la Música Catalana.**

Cómo nació el "Orfeó"

La idea de un **Orfeó** nació como resultado del concurso entre coros extranjeros celebrado durante la Exposición de 1888, una tarde en el "Café Pelayo". Esta idea se materializó en 1891 con la formación del "Orfeó Català" bajo la dirección de Luis Millet y un coro de 28 personas, con el entusiasta apoyo de la **"Lliga de Catalunya"**. Compartió su primer local con el **"Foment Catalanista"**, en la calle Lladó. En 1893 se estableció en un sencillo piso de la calle de Canvis Nous, desde el que se trasladó, en 1894, al local de la calle Dufort, en el que había unas decoraciones neoegipcias de Lapeyra y Riera. En 1896 el arquitecto Antonio María Gallissá ganó el concurso para el diseño de la simbólica "Senyera", a la que Maragall dedicó su famosa canción. En 1897, se mudó a la casa Moxó de la Plaza de Sant Just; el 13 de octubre de 1904 fue adquirido el local de la calle Alta de San Pedro y se contrató a Luis Domènech y Montaner como arquitecto. Tenía Domènech entonces 54 años, estaba en la cumbre de su carrera, era diputado en Cortes y un ardiente catalanista. Era, por tanto, muy lógico que él fuera el arquitecto escogido. El programa propuesto era, sencillamente, un edificio para albergar "**L'estatge social de l'Orfeó Català i una gran sala d'audicions**"; pero tenía que simbolizarse en él toda la fuerza de la "**Renaixença**". Seis meses más tarde, el 10 de abril de 1905, empezó el movimiento de tierras y en la "**Festa de Sant Jordi i la Pasqua de les flors**" se puso la primera piedra. En octubre de 1906 los fondos iban escasos y Joaquín Cabot hizo un llamamiento a los artistas para que aportaran gratuitamente su trabajo. Vicente de Moragas, en su artículo en que describía la marcha de las obras, hizo también otro llamamiento pidiendo ayuda para pagar las 600.000 pesetas que se debían. El domingo 9 de febrero de 1908 el edificio fue finalmente inaugurado y bendecido.

El coste final ascendió a unas 800 o 900.000 pesetas. "**Aquest estatge es un ver Palau de la Música**", se comentó en la editorial del semanario "**Aurora Social**". "**Per molts anys desitgem a l'Orfeó Català que pugui continuar l'honrada i enlairada obra de pau, de pàtria y d'artística cultura**". Mereció el honor de ser calificado como el mejor edificio del año, y en su fachada se colocó la placa conmemorativa del Ayuntamiento.

Concepción general del edificio

Un edificio es concebido simultáneamente en sus distintos aspectos, por lo cual, si bien podemos hablar separadamente de cada uno de ellos, no debemos olvidar que son sólo una parte integrante del conjunto y están, por tanto, en relación directa con los otros. La planta del **Palau** fue determinada por el solar terriblemente irregular y por las agrupaciones naturales del programa. La zona de circulaciones verticales, que corta transversalmente todo el edificio, está situada junto al ángulo entrante del polígono que forma el solar, y constituye una clara separación entre la entrada y las salas secundarias, por un lado, y la sala de audiciones, por otro. Esta se halla colocada en el primer piso para permitir que los locales administrativos puedan desarrollarse en la planta baja y tener así comunicación directa con la calle.

Todo el edificio se ha concebido como un inteligente juego de espacios. En primer lugar, se evita cualquier separación brusca entre el exterior y el interior, con lo cual desde dentro siempre se está en contacto con los ambientes externos, ya sea físicamente en los múltiples balcones de la fachada, ya psicológicamente con el empleo de las grandes superficies vidriadas. En segundo lugar se logra una interpenetración de espacios en todo el edificio, primeramente con la profusión de puertas, ventanas y mamparas de cristal, luego definiendo las zonas sólo con diferencias de altura, con un cambio de dirección o con los simples dibujos de los pavimentos. En tercer lugar, se obtiene una extremada calidad de los espacios: los cubos gemelos estáticos del pórtico, el éxtasis dinámico de la escalera, la calma arquitectónica de la entrada a la sala, debajo del anfiteatro y, otra vez, el estático volumen cúbico del gran auditorio, en el que la altura es exactamente igual que la anchura. Otro aspecto lo constituye la calidad de la luz. hay luz en todas partes: luz de calle en los porches de entrada, luz difusa natural en las escaleras, altos chorro de luz blanca contra la luz baja difuminada y rosa en los rellanos y, finalmente, en la fresca y luminosa jaula rosa del auditorio. Es, sin duda, un edificio para la luz del día. (El edificio nocturno se ha malogrado recientemente, en vez de los engalanados colgantes de cristal, hay ahora tubos fluorescentes y unos insípidos globos desnudos).

Lo más conocido y menos comprendido de Domènech es precisamente su decoración: más conocido, porque está manifiestamente en todas partes, menos comprendido, porque nadie la observa. La actual tendencia popular hacia la imagen-masa, ha hecho que se perdiera la mirada al detalle, porque en ésta se exige una determinad actividad mental. En el **Palau** el dominio del detalle y la síntesis entre los **patterns** y los dibujos libres es realmente magistral.

El arrimadero danzante sigue siempre el mismo ritmo en todo el edificio, ritmo que viene marcado por baldosas cuadradas en relieve de diseño floral que se trocan deliciosamente en un círculo de notas musicales en el interior del auditorio y de la sala de ensayos y, en el exterior, sólo en la pared que corresponde a la sala. La sutileza de los diseños del embaldosado es extraordinaria. Por ejemplo: el del vestíbulo del segundo piso (Anfiteatro) es de baldosas con dibujo de hojas y flores en rojo y verde; en el paso detrás de los palcos, el dibujo es de hojas amarillas y verdes; los pasadizos laterales llevan motivos florales amarillo y rojos. Además, el **pattern** formado por la combinaciones de baldosas decoradas y lisas varía en las diferentes zonas, pero en cada una se mantiene como el eco del **pattern** de la zona precedente. Desde el detalle de alternar capiteles de hojas y flores en la balaustrada, hasta el criterio general, pero no absoluto, de hacer evolucionar el diseño desde el realismo en las partes bajas del edificio hasta la libre abstracción en lo más alto, se nota siempre en la decoración de todo el edificio una intensa preocupación intelectual.

Consecuencias históricas de esta concepción

Como la mayoría de los arquitectos creadores, Domènech corregía constantemente sus proyectos, no sólo sobre el tablero, sino también durante la construcción, tal como puede verse al comparar los dibujos originales con el resultado final. La concepción es mas clara y sencilla en sus dibujos, en los cuales se observa que el patio de iluminación iba de punta a punta del edificio, con lo cual la sala de audiciones y la escalera estaban igualmente iluminadas por ambos lados. Se nota constantemente su lucha con el emplazamiento, si hubiera dispuesto de un solar abierto, el éxito del edificio hubiera sido evidente en todo el mundo, ya que en realidad fue concebido como una caja de vidrio muy decorada, una joya gigantesca, rica, centelleante y transparente. Domènech, en colaboración con Francisco Guardia Vial, fue perfeccionando los detalles y la decoración a medida que iba subiendo el edificio. Añadió la escalera secundaria, colocó las ventanas y mamparas, que tenía previstas dentro de la luz de las aberturas, un poco hacia atrás, separándolas de los elementos de obra; despegó de la pared la balaustrada de la escalera, etc. La gran tragedia del **Palau de la Música Catalana** ha sido su consiguiente incomprensión por parte de los barceloneses, que han reclamado y han permitido cambios con una falta absoluta de sensibilidad, completamente extraños al genuino espíritu cultural del edificio.

DESCRIPCIÓN DETALLADA DEL EDIFICIO

Zonas exteriores

La primer cosa que debe observarse en el exterior del **Palau** es que las dos fachadas fueron compuestas como una sola unidad, haciendo seguir el ritmo a lo largo de la esquina, como lo confirma un primitivo croquis del mismo Domènech. Sin embargo, paradójicamente, desde cada una de las calles la visión es limitada y se trunca con la colocación de una escultura gigantesca, de Miguel Blay, en esa misma esquina redondeada. En realidad, toda la fachada es como una paradoja destinada a solucionar realidades contrapuestas. En ella se pueden leer, al mismo tiempo, los volúmenes, las funciones y los niveles de los distintos suelos del interior. Esto se ha logrado retirando las ventanas del plano del muro exterior y dejando que se extiendan las ventanas del plano del muro exterior y dejando que se extiendan horizontalmente, como en la planta administrativa, o verticalmente, como en la Sala Millet. La función del interior domina también, por encima de otras consideraciones, hasta el extremo de existir una abertura ciega en la parte que da sobre la escalera de la galería del segundo piso, con lo cual esa escalera está claramente expresada al exterior. La decoración está fuertemente controlada y se limita casi a las zonas de aberturas, dejando desnudos los macizos intermedios. Las columnas están completamente cubiertas de mosaico con motivos florales y arabescos; cuando ese mosaico rebasa la zona de columnas, se incrusta dentro del muro de ladrillo, sin sobresalir de su superficie.

La entrada principal, en la calle Alta de San Pedro, consiste en un doble pórtico abovedado: uno cerrado con cristales, destinado a peatones; otro, abierto, para los coches. Sobre esta entrada se desarrolla un valiente planteo espacial, parecido a muchas construcciones posteriores de Le Corbusier. Lo constituye el balcón principal, muy retirado, que abarca la altura de tres pisos, expresando y resumiendo la función de las dos salas de descanso, la primera de las cuales tiene la altura de dos plantas. Está atravesado por dos hileras paralelas de cinco columnas, las cuales están unidas perpendicularmente a la calle a la altura que correspondería al inexistente segundo piso. Los intercolumnios paralelos a la calle no están unidos hasta el tercer piso, a partir del cual continúan solamente parejas de columnas, formando tres aberturas en forma de arco, en las que se proyectan los tres balcones semicirculares de la sala el tercer piso. El muro ciego por encima está ligeramente retirado para enmarcar una gran composición en mosaico representando el **Orfeó Català**, encima de la cual hay una cúpula cubierta de cerámica. El conjunto de este juego espacial está dispuesto entre dos masas lisas de ladrillo rosa, una de las cuales redondea la esquina para juntarse con la fachada de la calle lateral. Esta se encuentra claramente dividida en cuatro partes: la zona de recepción y circulación, la Sala de Conciertos, la parte posterior al escenario, y la zona administrativa. La primera zona está tratada como un eco de la fachada principal, e incluso se mantienen en ella los faroles sobre voladizos, pero en lugar de la composición en mosaicos, hay una galería acristalada. La parte correspondiente a la Sala de Conciertos es totalmente abierta, con cinco grandes ventanas. Cada una de ellas está dividida en tres partes verticales y tres partes horizontales, que corresponden a los tres pisos. En la zona posterior al escenario se retorna al macizo dominante pero con un ritmo algo distinto al de las ventanas de la zona de recepción. Toda la fachada se une por medio de un balcón continuo en el primer piso (Platea) con sus balaustres de hierro encerrados dentro de tubos de vidrio verde. Debajo de la Sala de Conciertos, las ventanas de los locales administrativos están retiradas detrás de las columnas, como un anticipo de las posibilidades de un edificio con estructura independiente.

Vestíbulo y escalera

El espacio interior empieza suavemente en el pórtico, de planta y volumen muy sencillos; el paso desde del exterior se realiza a través de una ligera mampara de madera y vidrio, apenas perceptible. Nótese el cuidado con que se ha separado esta mampara de la columna, en el ángulo interior, por medio de una faja continua de vidrio opaco fijada con un ángulo metálico que sigue la forma irregular de la columna. El techo enyesado lleva unas molduras de cerámica vidriada oscura que contienen los primitivos tubos de luz; el suelo tiene un pavimento de mármol blanco dispuesto diagonalmente. En la pared, aparece por primera vez el arrimadero, aquí de baldosas amarillas floreadas en relieve, combinadas con mosaico cerámico azul pálido con cenefa de cerámica amarilla y con bordón de piedra. Por encima de él, había una grandiosa pintura mural a la manera romántica de Massot. Subiendo tres peldaños y pasando entre dos lámparas, centinelas de cristal sobre zócalos de piedra y por debajo de una arcada de piedra, que tiene una estrecha abertura a cada lado para esconder y también para reflejar la doble escalinata, se pasa de un volumen tranquilo, pasivo, a otro dinámico, vital, apasionado. Los arcos de piedra tienen su reflejo en el otro lado de la escalera, a un nivel más bajo que el rellano. Este rellano se proyectaba un poco hacia atrás de la doble escalera para formar un estrecho balcón, desde el cual, bajando cuatro peldaños, se iba al café del **Orfeó**. (Este retroceso espacial ya no existe después de las modificaciones realizadas). La mampara de madera que separa el café está tratada como una unidad, de extremo a extremo, detrás de los arcos de piedra. Todo el techo está ocupado por las grandes bóvedas de la escalera, en las que se repiten los elementos cerámicos y las baldosas azules del arrimadero del pórtico. Dos lámparas de cristal con elementos cerámicos, con sus cuatro globos blancos satélites, puntúan el espacio sobre el pilar de piedra de la escalera. La balaustrada está compuesta nada menos que de cinco materiales distintos: el verdadero balaustre es una barra de acero torcida, aunque luego se envuelve con tubo de vidrio amarillo con capitel y base de cerámica entre dos fajas de piedra, la superior de las cuales está recubierta con un pasamano de mármol blanco liso.

En el rellano intermedio, los cerramientos están completamente acristalados detrás de tres arcos de piedra. Estas aberturas proporcionan una intensa luz a la escalera y al rellano superior, espacio fundamental de este conjunto. Este espacio es uno de los mayores aciertos del edificio. La impresionante vista sobre la sala a través de las aberturas horizontales de la modulada estructura de separación, equilibrada con la alta vidriera de entrada a la "Sala Millet", es una de las mejores experiencias arquitectónicas del mundo. Bajo las cinco bóvedas del techo, la doble escalera sube en un tramo hasta los dos tercios de su altura y gira luego hacia la Sala, volando dinámicamente, combándose, acercándose una a otra, cada una de sus alas, en los balcones del primer piso, para encontrarse encima de la entrada de la sala. Y, en la mitad de este espacio, en el recodo de la escalera, se repiten las dos lámparas de pie para subrayar espectacularmente todo el completo movimiento espacial. Son las mismas lámparas de la fachada y del vestíbulo, que, en cierta manera, forman una sucesión que empieza en el exterior y termina precisamente aquí, a la puerta de la Sala de Conciertos.

Sala de Conciertos

La Sala de Conciertos es una de las más bellas del mundo. Dejando aparte el revolucionario lugar que ocupa en la historia de la arquitectura, es, sin exageración, uno de los más importantes tesoros arquitectónicos. Su espacio simple, complejo, mítico y paradójico, no admite una digna y eficiente descripción; sólo un poema podría traducir en palabras ese espacio extremadamente humanizado.

La sala es rectangular, con naves laterales que abrazan la platea hasta encontrarse en el ábside, a su mismo nivel, formando propiamente el escenario. El órgano está en el centro, al fondo del ábside, a la altura del primer piso, y desde detrás de él las paredes completamente acristaladas rodean el ábside para continuar a lo largo de ambos lados de la sala, por lo que las galerías laterales parecen como flotar en el espacio, circundando al auditorio. Estas galerías están interrumpidas en la boca del escenario por unos enormes contrafuertes aplacados de piedra que, en contraste con la ligereza de la construcción en los demás elementos, vienen a equilibrar la composición y a sujetarla visualmente al suelo. Sin embargo, incluso estos mismos elementos macizos se han tratado con un toque de ligereza al ser divididos lateralmente para dar lugar a los accesos del escenario y al modelar de manera barroca y exuberante sus remates superiores, con las esculturas de Gargallo, que se proyectan hacia delante y que llegan casi a unirse encima de la boca del escenario, precisamente en un punto descentrado. Esta escultura pesada y violenta es esencial para contrarrestar la delicadeza del resto y lograr esta calidad estática del espacio de la Sala de Conciertos. Como un eco, esa escultura se repite en el fondo de la sala para puntuar el cambio de volumen hacia el ábside cuadrado del último piso, en el que el techo se eleva un tramo.

Los ventanales, como dos "cortinas de cristal" a cada lado de la Sala, van del suelo al techo y sus vidrios rosas se decoran con guirnaldas de cristales de colores, diseñados tanto para ser vistos en conjunto como para serlo en el pormenor de cada hoja. Esta enorme superficie vidriada continua se interrumpe únicamente cuando se interfiere la última galería que, pasando sobre la escalera y las salas secundarias, llega hasta la fachada y cuando penetra el edificio contiguo cegando un lateral de la sala.

El secreto del acierto de esta sala es el haber creado un espacio estático de tales características que si bien la vista se dirige naturalmente hacia el escenario, no está exclusiva y forzadamente dirigida a él. La unidad entre el escenario y la sala es constantemente evidente.

La pared de detrás de la platea es, en sus tres cuartas partes, una mampara de vidrio que puede abrirse totalmente para ampliar la sala a través de la escalera, igual como los ventanales laterales pueden abrirse para utilizar el balcón durante los descansos. Por esta mampara trasera, debajo del techo bajo del primer piso, se entra a la Sala, con lo que se produce como un intervalo dramático, en este volumen bajo, que procura, como diría Le Corbusier, un "**période de silence**". Cualquier posible sensación de opresión desaparece gracias al total acristalamiento de las paredes laterales y a la exposición del sistema estructural de los voladizos de la galería. Esta galería vuela algo más que la sucesión de palcos de platea, con lo cual ésta logra una agradable sensación de recogimiento.

En el ábside no se tiene el sentimiento opresivo de estar en el punto focal del edificio; uno se siente como contenido dentro de la sala, pero no ligado a ella, con la interrupción visual de los contrafuertes laterales. La pared del fondo se curva hacia arriba debajo de una galería balaustrada. Encima, sigue la sucesión de los arcos de la Sala, pero con un ritmo doble, con sus pequeñas bóvedas en abanico. Detrás de estas columnas, con capiteles labrados, se encuentra aquella vidriera rosa misteriosa con guirnaldas florales y orlas a base de motivos triangulares azul y rosa que reproducen la forma apuntada de las ventanas principales. Luego, por encima de todo ello, el techo se perfora con una galería semicircular de iluminación, cubierta con cristales azules y amarillos reflejando el diseño formal de la claraboya del centro de la Sala. En la pared maciza, el típico arrimadero se repite ahora con baldosas anaranjadas y rosas; por encima de él emergen dieciocho bustos femeninos, seguramente obra de Arnau, tocando instrumentos musicales, con los cuerpos de mosaico unidos con guirnaldas de flores sobre un fondo de **trencadís** de cerámica, el metal y la cerámica en los instrumentos, el sensible tratamiento de las piernas y pies de tres figuras, en los que se han utilizado unos trozos grandes de cerámica cuidadosamente quebrados en lugar del mosaico pequeño; el predominio de la línea sobre las masas de color, logrado contorneando las figuras en blanco. (Esta técnica fue empleada probablemente para resaltar los dibujos que debían ser vistos de lejos).

El primer piso (Anfiteatro) está sutilmente dividido en dos zonas por el balcón del segundo piso, que no coincide con el primero, por lo cual las primeras filas se sienten dentro del espacio abierto de la Sala, mientras que las de atrás se recogen bajo un techo bajo, entre las dos columnas que sostienen la galería superior. A esta zona de atrás se llega directamente desde los vestíbulos de ambos lados y está dividida en tres partes, que se corresponden exactamente con los balcones que se abren sobre la escalera.

El suelo del anfiteatro, como el de la platea, está a un mismo nivel en la parte perimetral. El techo es una síntesis de las anchas bóvedas del piso bajo y de las estrechas bóvedas del techo total de la Sala. Las bóvedas anchas se utilizan en el pasillo y las estrechas, paralelas a las del techo, están debajo del voladizo. Estas pequeñas bóvedas reflejan la decoración del techo principal con motivos de flores sueltas alrededor de las columnas. La decoración de éstas es similar a las de abajo, pero tienen más movimiento lineal. El pavimento está formado por baldosas de alfarero dispuestas diagonalmente y combinadas con mosaico hidráulico de varios dibujos.

La galería superior se proyecta en pendiente desde las pequeñas ventanas rectangulares de la fachada principal hacia la Sala para dividirse en dos galerías laterales que atraviesan incluso los contrafuertes de la boca del escenario para reunirse junto al órgano, detrás del ábside. Aquí, pasada la corona oval que forma la galería, la Sala encuentra su volumen completo, aquí los ventanales naturales pasan de una decoración naturalista a una decoración heráldica; aquí las columnas, con sus coronas de luces asimétricamente ladeadas, se rematan con arcos apuntados que siguen a lo largo de la sala.

Donde el último piso sobrepasa el volumen principal, la línea del techo se continúa como un arrimadero en las paredes laterales hasta terminar en un simple zócalo en la pared del fondo delimitando así claramente la zona de butacas. Este arrimadero estaba compuesto por unas grandes baldosas cerámicas color marrón y unos baldosines rosas de un cuarto de su tamaño, oposición de colores que pretendía disfrazar la intrusión del volumen de la propiedad vecina, fundiéndola con la vibración de color de la gente sentada. (Las baldosas rosas ahora han sido pintadas). El friso por encima del arrimadero está tratado con **trencadís.**

El techo plano con cerámica verde es extraordinario en su claridad estructural, con sus jácenas de un lado a otro de la sala, con sus viguetas muy juntas y, entre ellas, las bóvedas cerámicas. La pieza central es una soberbia claraboya de cristal, de una calidad a la altura de las mejores vidrieras emplomadas de la historia. Es como un globo de fuego suspendido, en el que las lentes redondas de vidrio rojo oscuro, anaranjado, amarillo claro y marrón, se van convirtiendo en realistas llamas y rayos azules que se funden en los verdes fríos, azules, púrpuras y blancos de las cuarenta doncellas colocadas en composición geométrica regular.

Salas secundarias

De las dos salas secundarías, la sala "Millet" en la planta principal, es la más importante. Se trata de un gran volumen simple, con una altura de dos plantas, cuyo elemento más significativo es un **"curtain wall"** de madera y vidrio, desde el suelo hasta el techo, que se abre al balcón columnado, encima de la entrada principal. Actualmente la parte superior de esta mampara es una sucesión de hojas de madera, practicables para la ventilación. La sala es extraordinariamente sencilla, con muros lisos, arrimadero de estuco rosa y techo casi desnudo, dividido en ocho amplias bóvedas, de las cuales las seis centrales coinciden con compartimientos de la **"curtain wall"**. Este paramento acristalado está ligeramente apuntado hacia fuera, en el centro, lo cual corresponde al doble pórtico de planta baja. El testero que da sobre la calle lateral está retirado para formar como una alcoba en la que se repite un elemento de la **"curtain wall"**. La entrada desde la escalera es una rica mampara de madera y cristal, aplicada a la pared con independencia de las columnas de piedra. El pavimento, que era de baldosas de alfarero, de acuerdo con la sencillez de la sala, ha sido sustituido ahora por losas de mármol blanco. Esta sala fue concebida sin duda para contrarrestar la riqueza decorativa de la Sala de Conciertos.

Una de las grandes sorpresas del **Palau** es la pureza del espacio geométrico que forma, debajo de la última gradería, la sala del segundo piso. Su techo apuntado de color blanco, la intensidad de la luz natural que fluye de los cuatro grandes ventanales, la simple y directa geometría de líneas y formas y la ausencia de casi toda decoración produce un impacto sólo comparable al que logra la zona donde termina la gran escalera, a la entrada de la Sala de Conciertos. El espacio está bellamente tratado con una general norma de simplicidad, tanto en la estructura como en los detalles y en la decoración. La sala está estructuralmente dividida en tres grandes bóvedas y otra pequeña en cada una de los extremos y un cuerpo más bajo que corresponde a las tres bóvedas centrales. Los arcos están recubiertos con cerámica estriada de amarillo-verdosa interrumpida con relieves de hojas de castaño. Las paredes están pintadas de verde aceituna sobre el arrimadero típico, tratado como siempre. Las columnas de piedra son de planta oval y las juntas se señalan con un profundo surco. Es curioso que no se repita la columna en forma de pilastra de piedra en la pared de fachada, como lo hubieran hecho tantos arquitectos, lo cual viene a ser una de las claves de la deliciosa calidad de la sala. El pavimento consiste en baldosas rojas de tierra cocida, mosaico hidráulico gris y mosaico con dibujo de acuerdo con la disposición de la bóvedas. El embaldosado del cuerpo bajo repite el motivo del paso perimetral de la galería: flores rojas y rosas sobre fondo blanco. El arrimadero de cerámica se repite como frontal en el bar, mientras que el auténtico arrimadero de este cuerpo bajo son dos tablones horizontales de madera, fijados a la pared revocada. Obsérvese que los plafones de las puertas de los armarios son simplemente paneles machihembrados y que los delgados travesaños corren también horizontalmente entre las puertas.

Sala de ensayos y administración

La sala de ensayos, en la planta baja, debajo del ábside, es una de las delicias del **Palau**. Repite la forma semicircular con la adición de una crujía. A cada lado de esta crujía hay dos pequeños despachos que, como todos los compartimientos de esta planta, están casi completamente acristalados. Originalmente la vidriera se continuaba alrededor y detrás de las columnas del ábside y llegaba luz natural indirecta a través de los archivos. Nótese la barandilla de hierro junto a los bancos en gradería, que demuestra una gran maestría en el tratamiento del material.

Al lado de la sala de ensayos se encuentran los archivos, notables por la simplificación en todos sus detalles y por una ingeniosa escaleras de caracol, ligada a una galería en voladizo.

El resto de la planta baja está dedicado el conjunto de locales administrativos y sociales del **"Orfeó"**. Están divididos por mamparas acristaladas que proporcionan una unidad de espacio, a pesar del pequeño tamaño de los recintos. A cada pieza se le da una personalidad propia, cambiando el dibujo del arrimadero, de las baldosas del suelo y de las lámparas. El patio interior de iluminación del edificio empezaba originalmente en esta planta y la sumergía enteramente en una brillante luz diurna. Esta patio de luz ha sido últimamente edificado.

Mobiliario

En distintos puntos del edificio encontramos varias piezas de mobiliario: sillas, mesas, bancos, pupitres, etc. Todos ellos son interesantes porque se encaminan hacia soluciones francamente racionales en su diseño, por otra parte ligeramente decorado de acuerdo con el carácter general del edificio. Cabe subrayar las mesas del café y los desaparecido asientos de la sala.

Lista de colaboradores de la obra

Arquitecto director - Luis Domènech y Montaner
Constructor - José Gabriel
Arquitecto colaborador - Francisco Guardia
Hierros armados y laminados - Sociedad "Material para Ferrocarriles y Construcciones"
Hierro fundido - Hijos de J. Plana, Donsomas y Lacoma
Cerrajería - Pedro Corbella, Domingo Pascual, Cugat y Cadena, Botey hermanos.
Carpintería - Francisco Garriga
Lampista - Antonio Vill-lloc
Embaldosados - Escofet, Maciá y Torres, Cosme Toda
Piedra artificial - Sucesores de Morell
Cemento Armado - Claudio Durán
Tierra refractaria - Cucurny
Asfalto - Sociedad Pavimentos Modernos
Timbres y pararrayos - Federico Fonts
Fumistería - Hijos de J. Preckler
Electricidad - Compañía Barcelonesa
Instaladores - L. Horeter; Tomás y Fernández
Sanitarios - Lacoma hermanos
Agua y servicios de incendios - Sociedad General de Aguas

Decoradores

Modelos de escultura - Miguel Blay, Eusebio Arnau, P. Gargallo
Vidrieras - Rigalt, Granell & Cía.
Escultores de la piedra - Federico Bechinni, Francisco Modelell
Marmolistas - Víctor Colomé
Mosaicos - Mario Maragliano, Luis Bru, Luis Querol

Metalistería - Domènech & Cía. C. Caritg
Vidriería - (balaustre y lámparas). Juncosa y Torrida, Tarrés y Cía. Juan Vilella
Mayólicas, cerámicas y vidriados - José Orriols, Modesto Sunyol, Antonio Villar (Valencia), Cosme Toda, Jaime Pujol, Torres & Maciá, Pascual Ramos, J. Romeu, C. Guillemón
Pintura - Villaró & hijo
Esmalte - F. Grondin
Mobiliario - Sebastián Miarnau, N. Sánchez
Terciopelos - Pedrerol y Ribó hermanos

RESUMEN Y CONCLUSIONES

Importancia histórica

Aparte de la importancia que tiene este edificio en sí, como una soberbia muestra de calidades arquitectónicas, hay que subrayar también la trascendencia del lugar que ocupa en la historia de la arquitectura. Proyectado en 1904, es un ejemplar único, representativo de la extraordinaria síntesis del movimiento de Morris, de las esencias estilísticas del **"Modernismo"**, del desarrollo de la construcción en entramado de hierro, y del nacimiento de la arquitectura racional y científica. Es el más importante eslabón entre el **Art Nouveau** y el Racionalismo. Es como una flor insólita en la arquitectura europea de su época.

LISTA DE MODIFICACIONES Y MUTILACIONES

Exterior

1 - Las puertas de entrada han sido sustituidas por otras "Security".
2 - Se ha colocado una doble ventana en todas las aberturas de la Sala de Audiciones, para aislamiento acústico, con lo que ha desaparecido la plástica de separación de materiales en la fachada. (Una solución factible quizás hubiera sido cerrar al tráfico las calles colindantes).
3 - Los faroles de cerámica de la fachada han sido sustituidos por copias neoclásicas de hierro.
4 - Demolición de la torre de la esquina.
5 - Se ha cambiado el mosaico de la cúpula central de la fachada.

Vestíbulo

6 - El mural de Massot ha sido sustituido por una fotografía.
7 - Las piezas del pavimento con mosaico reproduciendo las iniciales del "Orfeó Català" has sido sustituidas por piezas de mármol.
8 - El rellano de la escalera ha sido ampliado para dar mayor importancia al acceso al café.

Café

9 - Las puertas de entrada se trasladaron del centro a los extremos.
10 - El bar ha sido sustituido por otro nuevo y cambiado de lugar. Ahora está frente al eje del pasillo de administración, con lo cual varían esencialmente los ambientes.
11 - Todas las lámparas han desaparecido. La lámpara central figura ahora en la Sala Millet y los pequeños apliques están abandonados en las buhardillas.
12 - La puerta entre el café y el antiguo comedor está tapiada. Los azulejos de la parte de arrimadero que se ha prolongado, han sido colocados erróneamente, ya que se han utilizado los de tema musical cuando corresponde los de tema floral.
13 - La sala anexa al café ha sido decorada de nuevo en un estilo distinto al del conjunto del edificio.

Administración

14 - El patio lateral ha sido construido para situar en él la ampliación de la administración en planta baja y dos salas de descanso en los pisos. Esta modificación, sin duda la más importante, ha hecho que se perdiera totalmente la transparencia y ligereza de la Sala de Audiciones. Un 50% de la Administración no tiene ahora ni luz ni ventilación directa.

15 - Se han macizado las ventanas de la Sala de Ensayos.
16 - Los bancos de la sala de ensayos han sido sustituidas por sillas de contrachapado de madera.
17 - Se han cambiado las lámparas de la Sala de Ensayos.

Escalera

18 - En 1915 se puso la lápida dedicada a Vidiella en medio de la carpintería de relleno intermedio, lo cual afecta el equilibrio de todo el elemento. La parte está tapada con cortinas que evitan el paso de la luz.
19 - Se añadieron las dos vitrinas en el rellano principal.

Sala Millet

20 - La faja de vidrio de color en las puerta ha sido cambiada de posición.
21 - El pavimento de loseta de alfarero se ha sustituido por mármol blanco.
22 - Los grandes ventanales que dan acceso a la terraza están permanentemente cerrados y tapados con una gruesa cortina opaca. Los postigos superiores fueron sobrepuestos ya hace muchos años.

Sala de Audiciones

23 - Se ha cambiado el pavimento original por terrazzo de color rosa.
24 - Los asientos y bancos han sido cambiados.
25 - La barandillas de los pisos han sido cambiadas, sustituyendo los elementos de hierro, cerámica y cristal por una balaustrada.
26 - A las lámparas de alrededor de las columnas se les han suprimido muchos elementos.
27 - Los mosaicos de Bru y el arrimadero del escenario han sido uniformizados con pintura sobrepuesta.
28 - La iluminación del escenario es nueva.

29 - Se han edificado las salas de descanso laterales, cerrando los correspondientes ventanales.
30 - Las vidrieras laterales son ahora prácticamente inaccesibles con la indicada colocación de un segundo acristalamiento, lo cual imposibilita la utilización de los balcones durante los descansos.
31 - Los azulejos del fondo del último piso han sido también pintados.
32 - Han sido esencialmente modificadas las viviendas encima de la sala de conciertos.

Restauración y conservación

Este edificio está bajo la responsabilidad de los barceloneses, que con todos los catalanes, tienen la suerte de poseer y conservar esta joya, fruto de su alto patriotismo. Es de importancia capital para Cataluña preservar sus tesoros fundamentales: el **Palau** debería ser declarado prontamente Monumento Nacional y deberíamos disponer de fondos para devolverle su esplendor primitivo. Estamos seguros que, en este sentido, el Ayuntamiento de Barcelona, esta ciudad que ha vivido la más extraordinaria aventura arquitectónica del fin de siglo, que ha contado con el incansable esfuerzo y el trabajo aleccionador de un hombre como Domènech y Montaner, acudirá a la salvación de unas reliquias mucho más vivas y más fecundadas que tantos otros vestigios arquitectónicos. Pero, por encima de apreciaciones locales, está aún el interés de toda Europa.

El **Palau** es para los catalanes, como escribía Joaquín Cabot, **"el nostre casal, el temple de l'art català, el Palau del nostre Renaixement"**. Y, en esta reestimación del **Palau de la Música Catalana**, en esta llamada a los catalanes para conservarlo y apreciarlo, recordemos la llamada de Cabot en esa súplica a la Patria:

"Bona mare, aquí teniu una casa, un reliquiari, un temple, que és vostre i rés més que vostre. Entreu-hi, si vos plau, aspireu son ambient, mireu sa fesomia, palpeu-ne l'ossera, escolteu els batecs de son cor, i no trobareu rés més que carn de la vostra carn, sang de la vostra sang i esperit del vostre esperit."

La revitalización de las artes industriales

Oriol Bohigas

Lluís Domènech i Montaner, en el 50é Aniversari de la seva mort
Barcelona, Lluís Carulla i Canals, 1973. p.p. 36-41

Por estas fechas, Domènech ya había conseguido el gran prestigio cultural y ciudadano que le había de conducir a los dos hitos más importantes de su carrera política: la asamblea de la *Unió Catalanista* en Manresa, el 1893, i la famosa candidatura de los cuatro presidentes, en 1901, que fundamenta la dirección política del catalanismo. Durante estos años, Domènech representa la encarnación del Modernismo con todo lo que éste tuvo de movimiento colectivo, a la vez que de renacimiento nacional y afirmación cultural, entendida ésta desde el punto de vista de una pretendida totalidad, que abarcaba desde la historia a la poesía, de la pintura a la arquitectura, de la música a las artes industriales.

La revitalización de las artes industriales constituyó uno de los aspectos más característicos de ese afán por la globalidad dentro del campo del diseño. En esta revitalización, Domènech jugó un papel preponderante. La historia de aquella revitalización en Cataluña está todavía por escribirse, porque la documentación de que disponemos nos permite cuantificar y hasta calificar la producción, pero no nos aclara demasiado los propósitos ideológicos que comportaba. No obstante, es evidente que se trata de un eco, originado en Inglaterra como reacción contra la clara disociación entre arte e industria, consecuencia ésta del distanciamiento de los artistas de las «artes menores» y de la autonomía del diseño y de la producción de las nuevas estructuras industriales. Esta disociación provocó el empobrecimiento de la producción industrial, lo cual se puso de manifiesto de forma escandalosa en la *Great Exhibition* del 1851. La reacción se inició en Inglaterra a mediados de siglo con el grupo de reformistas que capitaneaba Henry Cole, que se lanzó a una campaña de propaganda activa a favor de un reencuentro del arte y de la industria. Pero para este reencuentro no se indicaban vías operativas: la acción de H. Cole consistió puramente en denunciar el hecho, en un esfuerzo para mostrar cuáles eran los valores estéticos de los objetos de uso en el pasado y para convencer a la industria de la necesidad de un diseño que tuviera una decidida voluntad artística, sin darse cuenta de que la reconciliación era imposible porque no lo eran las estructuras sociales del arte y de la industria. En Cataluña, esta fase se corresponde con una serie de programas i exposiciones de arte industrial que arrancan de 1882 y llegan a prodigarse de forma notable a partir de los años sesenta.

La obra de J. Ruskin y W. Morris, aglutinada y divulgada por el movimiento *Arts and Crafts* en el último tercio del siglo, ataca el tema desde su base auténtica: el sistema industrial ha alejado al artista y al artesano de los procesos reales de producción y la industria no tiene elementos creativos propios porque su misma naturaleza los excluye.

De este modo, la industria -producto del capitalismo- no puede hacer otra cosa sino utilizar con mentiras y conductas deshonestas a los antiguos y desaparecidos valores de la artesanía y las manualidades - encarnación, todavía hoy, del espíritu corporativo de los gremios e imagen utópica de un socialismo romántico. Es necesario, pues, evitar la fealdad de la industrialización y revitalizar las antiguas artesanías. Es necesario también alejarse de la modernidad y adscribirse a una resucitación medievalista.

Si bien es cierto que esta postura comporta un actitud aparentemente reaccionaria, fue -como todo el mundo sabe- el punto de partida para la revisión de los fenómenos de la artesanía y el diseño; porque estableció de forma clara la imposibilidad de que la industria asimilase el arte en su sentido tradicional y porque consiguió retornar el prestigio cultural a los simples objetos de uso. Cuando los continuadores de W. Morris -W. Crane, R.N. Shaw, C.R. Ashbee o C.F.A Voysey- y algunos arquitectos del *Art Noveau* superaron los prejuicios contra la industria y abandonaron la imitación estilística, el paso hacia el nuevo concepto de diseño industrial fue definitivo y sólo hizo falta que el *Deutscher Werkbund*, y a continuación la *Bauhaus* establecieran las bases del nuevo proceso de creación formal dentro del marco productivo de la industria.

Medievalismo y nacionalismo

Ya he dicho antes que conocemos muy mal las formulaciones ideológicas en que se basa la revitalización de las viejas artesanías en Cataluña durante el Modernismo, pero podemos pensar que fueron similares -reducidas por lo que de imitación tenían a un contexto industrial menos violento- a la de los artistas de *Arts and Crafts*. Las diferencias tendrían que establecerse sólo en dos puntos. El primero es que la vocación medievalista y gremialista va ligada en el caso de Cataluña al reencuentro de una personalidad propia, tanto por lo que hace referencia al prestigio político de la Cataluña medieval como por el recuerdo de la pérdida de la estructura política y social del país a causa del derrumbamiento que produjo la Guerra de Sucesión española. Así, el eco de la cultura europea encontró aquí un apoyo político autóctono. Los gremios y la artesanía constituyeron también una reivindicación política. En el discurso presidencial de los Juegos Florales, Domènech comenta, por ejemplo, los libros de los gremios con los que se realizaban pruebas para pasantes con un apasionamiento más político que artístico: «...encogen las formas de los dibujos; manos torpes y pesadas trazan, con tosco y vacilante perfil, croquis incompletos de composiciones vulgares. De repente, tras unas páginas yermas, cambian extrañamente los temas: en lugar de joyas, pinturas de combates y sitios, figuras de soldados y detalles de armas». Los autores de los dibujos participan en la lucha que ha de terminar con sus tradiciones: «... el último da pena verlo: con vanidad inocente pinta el autor un figurín militar con el traje blanco de vueltas rojas de principios del siglo XVIII! Lleva la fecha de las últimas victorias de Carlos, anteriores a su huida y a la caída de Barcelona... después, dad vuelta a la hoja y veréis páginas en blanco. El gremio también ha muerto al servicio del país».

Es necesario apuntar que este vínculo catalanista es muy distinto de los objetivos éticos y políticos que defendían los hombres de *Arts and Crafts* y la mayor parte de los diseñadores del movimiento francés. En Cataluña, no creo que nadie implicara en la revitalización de las artes industriales ninguna ideología socialista ni ninguna intención ética de masificar y de propagar entre el pueblo los productos de la estética. Si en algunos teóricos catalanes eso fue un propósito más o menos explícito, entre los arquitectos y artesanos no se concretó de una manera consciente. Más bien predominaba en ellos -incluido Domènech i Montaner- un espíritu de refinamiento elitista, mientras que la carga ética indispensable la trasladaron al campo de las afirmaciones nacionalistas, siempre dentro del entorno burgués al que pertenecían.

Retraso respecto a *Arts and Crafts*

El segundo punto importante es la situación cronológica. El retraso del movimiento de revitalización con respecto a *Arts and Crafts* hace que aquel coincida en Cataluña con el Modernismo y, por tanto, con un criterio arquitectónico más evolucionado que tenía fe en las nuevas tecnologías y en el uso de los nuevos instrumentos que iba proporcionando la industria. Esta coincidencia en el tiempo liberó a la artesanía de una excesiva nostalgia reaccionaria e hizo que ésta se abriera más tarde a los cambios hacia un arte industrial. Esta evolución quedó luego desafortunadamente truncada hasta que en Cataluña se vuelve a recuperar el pulso del progresismo.

Resulta curioso que precisamente fueran los arquitectos que se habían adherido más a la línea racionalista del Modernismo los que trabajaran de una forma más activa para revitalizar la artesanía. Y al frente de todos ellos estaba, sin duda, la figura activísima de Domènech i Montaner.

El taller del *Castell dels Tres Dragons*

Poco después de clausurada la Exposición Universal, Domènech i Montaner estableció un taller en el mismo edificio del Café-Restaurant con el fin de terminarlo definitivamente, de acuerdo con las intenciones del alcalde Coll i Pujol. En aquel momento dirigía también las obras de decoración de Comillas, de las que hablaré más tarde, y el taller se convirtió en lugar de trabajo e investigación de las artesanías revitalizadas y, además, en el centro de la tertulia política catalanista de Barcelona. En el taller del *Castell dels Tres Dragons* colaboraron de forma activa los arquitectos Antoni M.

Gallissà y J. Font i Gomà. Según el propio Domènech, se restauraron toda clase de artes y procedimientos: «fundición de bronce, forja de hierros, terracotas, alicatados de mayólica, tallas de madera y escultura decorativa» Allí debutó el escultor Eusebi Arnau, que se convirtió en un colaborador fundamental para Domènech. Allí se inició Quintana, que había venido de Madrid recomendado por Arturo Mélida, y emprendió sus obras de escultura decorativa. Francesc Tiestos empezó a trabajar la cerrajería floral con plancha de hierro martilleada, lo cual se convirtió en uno de los elementos característicos de la ornamentación modernista. Se recuperan las técnicas cerámicas más complejas. El propio Domènech fue a investigarlas a Manises, donde todavía quedaba algún viejo artesano que conocía las antiguas tradiciones. Esta tarea de investigación y de promoción duró prácticamente toda la vida profesional de Domènech y, por esta razón, en todas sus obras encontramos la colaboración de la nueva generación de artesanos i modelistas: M. Maragliano y Ll. Bru (mosaicos), el mueblista G. Homar, los escultores E. Arnau, M. Blay, P. Gargallo, los modelistas L. Escaler y F. Modolell, el dibujante F. Labarta, los metalistas Masriera y Campins, el vidriero A. Rigalt, etcétera.

Lo decorativo en Domènech i Montaner : estructura y símbolo

Lluís Domènech i Girbau

Lluís Domènech i Montaner-Arquitecto, 1850-1923
Madrid, Colegio Oficial de Arquitectos, 1980.
pp. 5-10

La exégesis del Modernismo, y sobre todo la de Domènech i Montaner, se ha realizado fundamentalmente desde la óptica del movimiento moderno, en momentos cruciales para éste durante su reinstauración catalana (1950-1960) y no es de extrañar que al comparar las dos arquitecturas, la modernista y la racionalista, se pretendiera un biunívoco proceso de legitimización. Siguiendo una tendencia crítica, ya utilizada en el resto de Europa, se realizaba también desde Cataluña una "interpretación moderna" de la arquitectura, buscando en un recorrido hacia atrás los orígenes de la ruptura con lo clásico y la aparición de los primeros gérmenes de funcionalismo. Evidentemente el Modernismo cumplía las exigencias de la noble paternidad y prestaba una limpia cuna a la arquitectura moderna. El Modernismo, simultáneamente, era liberado del desprestigio en el que sus detractores le habían sumido en los años 30 y 40, pues tras la inextricable selva decorativa se descubrían concepciones estructurales modernas y mentalidades que desarrollaban con pericia la función lógica de la arquitectura.

Los efectos de esta interpretación del Modernismo, dejando aparte los objetivos culturales que en aquel momento se pretendían, fueron, básicamente, un cierto desquiciamiento en la búsqueda de la mencionada racionalidad y un tímido olvido del tema del lenguaje ornamental, todo ello consecuencia obligada de la interpretación realizada en clave moderna.

Diversas circunstancias han permitido variar el ángulo de observación y enfocar este segundo tema, el de la ornamentación, como aspecto significativo y primordial de la arquitectura modernista con lo que queda abierto un campo prácticamente virgen a investigaciones y tratadistas. La contribución de este artículo será la de esbozar dicho tema referido a la obra de mi bisabuelo Domènech i Montaner.

Habría que insistir, en primer lugar, en la acción ya desarrollada por otros, de deshacer el malentendido consistente en no ver que si para el Movimiento Moderno el repudio de lo decorativo estaba en la base de sus iniciales principios éticos, para el Modernismo y los movimientos paralelos que se produjeron a finales de siglo en Europa la decoración expresaba, en cambio, contenidos de vital importancia para los hombres de aquella época, y cuyo conocimiento ahora explica el significado de su arquitectura.

Para lograr un distanciamiento efectivo en cuanto a la mencionada deformación de ver al Modernismo con ojos modernos, podemos recurrir, aunque sea apresuradamente, a la inteligente interpretación que Giulio Carlo Argan propuso para la evolución del **"concepto de espacio arquitectónico desde el Barroco a nuestros días"**. Para la historia global de la arquitectura hasta llegar al Barroco, Argan propone un modelo de **"arquitectura como representación"**, en la cual el arquitecto cree que está representando una realidad que existe fuera de sí mismo, una realidad objetiva. Argan explica cómo mediante un proceso histórico-filosófico, en esta realidad se identifican Naturaleza y arte clásico, ya que *"los artistas admiten que la naturaleza es algo mucho más complejo de lo que nos es dado a reconocer por la experiencia empírica; y que, sobre todo, la naturaleza no puede ser presentada en sus apariencias dado que éstas se trasforman continuamente, sino que debe ser representada a través de sus formas fundamentales, de sus elementos estructurales o, en otros términos, de sus leyes"*. El arte clásico es el que mejor manifiesta estas leyes.

Argan propone a continuación su contra modelo para después del 600, cuando, con Borromini, *"empieza a aceptarse la idea de que le arquitecto no 'representa' un espacio, una realidad que existe por fuera de él, sino que esta realidad se va 'determinando' a través de las propias formas arquitectónicas. Ya no se trata del arquitecto que 'representa' el espacio, sino del arquitecto que 'hace' el espacio"*. Añade Argan algo importante para lo que estamos tratando: "Si se considera la arquitectura contemporánea, la de nuestros días, la idea de que es el arquitecto el que determina el espacio en el que se desarrolla la vida de la comunidad es una premisa ya completamente aceptada y fundamental".

Consecuentemente con esta cita son sobradamente conocidos los principios de que el Movimiento moderno establece apriorísticamente la necesidad de partir de cero, de aplicar una solución diferente a cada problema de diseño, de prescindir del mundo figurativo y simbólico contenido en la Historia, todo ello con el propósito ético de afrontar correctamente el problema de diseño para una sociedad nueva.

Para llegar a esta eclosión última y total de lo que Argan denomina **"arquitectura de la determinación del espacio"**, han hecho falta siglos, durante los cuales **"la arquitectura de la representación"**, la arquitectura de la visión objetiva del mundo y de la Historia, de la naturaleza y de lo clásico, han experimentado diversas crisis y resurrecciones. Por encima de éstas, atravesando los impulsos desesperados y lúcidamente críticos de Borromini y Guarini, sobreviviendo al replanteo revolucionario del Iluminismo de reinstaurar un lenguaje clásico con nuevos significados, una noción arquitectónica llegó hasta los modernistas, hasta Domènech i Montaner, conformando una manera de proyectar que luego con el Racionalismo se perdió casi totalmente: esta noción es la de tipología.

El **"tipo"**, entendido en el contexto de lo antedicho sobre la **"arquitectura de la representación"**, responde a la necesidad, intrínseca de esta arquitectura, de manejar **"compositivamente"** unos elementos arquitectónicos sin poner en crisis la existencia de éstos. El **"tipo"** es, pues, una idea general de la forma del espacio, que permite cualquier posibilidad de variación, naturalmente dentro del ámbito del esquema general del tipo.

Interesa, pues, establecer que la clara pertenencia de los proyectos de Domènech y sus contemporáneos a una tradición tipologista los hace, en este aspecto, antimodernos cuando, en cambio, el tema del lenguaje decorativo se constituye en el componente dinámico, ahistórico y antitradicional, que dotará a los esquemas más o menos ligados a la tradición académica clásica, de una fuerte contenido semántico.

La primera afirmación me parece evidente, pues, frente a la mentalidad de tipo metodologista, no apriorístico, referida al mito de la máquina, que caracterizará a la arquitectura moderna, la época de Domènech, aún en sus momentos más visionarios, permanece ligada a la idea estilizadora y modificadora de un pasado cultural del que no desea prescindir. En su conocido escrito *"En busca de una arquitectura nacional"*, Domènech, después de convenir que los nuevos problemas humanos y técnicos que afectan a su época no pueden afrontarse mediante una arquitectura mimética del pasado, se plantea la posibilidad de una síntesis de los valores de ésta, síntesis nueva, pero inevitablemente ligada a la historia que se pretende superar. Concluye Domènech: *"Se nos dirá quizá que esto es una nueva forma de eclecticismo. Si procurar la práctica de todas las buenas doctrinas, que como buenas no pueden ser contradictorias, es ser ecléctico, si asimilar, como la planta del aire, del agua y de la tierra, los elementos que se necesitan para vivir una vida sana es hacer eclecticismo; si creer que todas las generaciones que nos han dejado alguna cosa buena que aprender, y quererlo estudiar y aplicarlo es caer en esta falta, nos declaramos convictos de eclecticismo".*

La arquitectura de Domènech, consecuentemente con esta voluntad de integrar el pasado, desarrolla el contenido tipológico en una infinita variedad de gamas, fruto de una lenta maduración iniciada en los cursos de "copia de edificios" en la Escuela de Arquitectura, de valor pedagógico incuestionable y que continuará durante toda su vida con el estudio y los frecuentes viajes a arquitecturas que le aportan el caudal de sugerencias superadoras del monocorde discurso vitrubiano. En la parte recuperada del archivo de Domènech i Montaner se encuentran cerca de un millar de placas fotográficas fruto de su viaje al Románico pirenaico realizado a lomos de burra, a finales de siglo. Muy de la época me parece la anécdota, explicada por mi abuelo Pedro Domènech, de que parte de dichas fotografías, oportunamente escamoteadas, pasaron a enriquecer el conocido libro sobre el Románico de Puig i Cadafalch. En dicho archivo impresiona también la cantidad de textos alemanes sobre tipologías consideradas en aquel tiempo como nuevas (hospitales, salas de conciertos y hoteles), verdadera arquitectura civil, que completaban con el estudio de la Historia del Arte el ya comentado proceso de formación del conocimiento arquitectónico.

Una vez, pues, mencionado el carácter estructural, profundo y previo que adquiere lo tipológico, me referiré al lenguaje decorativo, utilizado como conductor del discurso más plenamente significativo de la época.

Dos son, a mi entender, las fuentes de las que se alimenta este discurso: En primer lugar, se produce una asociación estrecha entre decorativismo y artesanía, en la que ésta representa el papel de reacción moral del hombre del siglo XIX ante el embrutecimiento de la máquina y al mismo tiempo el intento de establecer un sistema de diseño del entorno humano a partir de los nuevos presupuestos de seriación e industrialización. No es tópico acudir al paralelo con Ruskin y Morris, pues si en el campo institucional la Diputación catalana fomentó los intercambios con los movimientos ingleses que propiciaban las relaciones entre arte e industria, la labor de Domènech y Gallissá en el "Castell dels Tres Dragons", en la etapa posterior a la Exposición del 88, permite establecer claramente cual era el trasfondo moral e incluso político que se perseguía con el fomento de "les Arts i Oficis". El lenguaje decorativo se convertía, a través de la reflexión que suponía su producción artesanal, en consideración crítica que una joven sociedad burguesa establecía frente al progreso.

La otra fuente que proporciona contenido al lenguaje decorativo domenequiano es su capacidad simbólica, que encuadra en la concepción filosófica romántica e idealista de la época que permitía expresar anhelos y sentimientos.

Los ideales de Fin de Siglo, difíciles de entender para los educados en la mentalidad posterior a los grandes cambios sociales del siglo XX, tienden principalmente hacia la celebración de valores abstractos, pertenezcan éstos al nivel colectivo, como es el caso de las ideas de progreso, industrialización, nacionalidad, o sean conceptos que se refieran a la esfera individual, ámbito en el cual se desarrolla la mayoría del pensamiento filosófico y en el que quedan englobadas las categorías estéticas.

Existe, a mi entender, una coherente y fácil conexión entre este tipo de pensamiento romántico que abarca desde las densas construcciones nietzscheanas hasta los discursos de los políticos de la época, y los medios mediante los cuales el artista, músico, escritor o arquitecto expresa dichos ideales.

La forma artística permite la aparición desde dentro de la compacta y sedimentada estructura de la obra de unos "temas" de individualizado valor sígnico que trasmiten mediante un rápido código el contenido moral de aquélla, expresando de manera eficaz el ideal abstracto.

En el caso de Domènech, la admiración que sintió por la música wagneriana puede que se dirigiera más a la maestría y eficacia compositiva, el equilibrio entre música de fondo y "leit-motiv", que a un sentimiento de íntima comunicación que no iba con su carácter. Una música que de forma brillante lanzaba eslóganes tan atrayentes en su tiempo como el del amor de los Welsas, el de la renuncia al poder en Wotan, el de la primavera triunfante o el de la nostalgia por un paraíso perdido causó una impresión imborrable en todos los artistas que luchaban por expresar ideales similares en sus obras.

También la afición a la heráldica en Domènech se explica porque en ella encontraba un útil instrumento de proyectación, manejando un código que le permitía trascribir contenidos que, sobre todo, en el aspecto histórico-político tenían en esta época una obvia justificación.

Se podría seguir por este camino hablando de los conocimientos colaterales que permitieron a Domènech establecer la síntesis entre la idea unitaria, primera y la composición adicional, englobadora, verdadero lenguaje de modernismo. Existe en el trabajo de Domènech una continua interpenetración entre sus proyectos y la paciente investigación, sin objeto aparente, de "rilievo" de los infinitos repertorios iconográficos escondidos en objetivo los repliegues de la Historia.

Pero de la misma forma que la incorporación de lo decorativo no supone frivolidad o formalismo vacío respecto al destino o significado del edificio, tampoco provoca incoherencia o incomodidad cuando se trata de su plasmación física, constructiva. En la formación de los modernistas y en particular en la de Domènech pesó de manera fundamental el conjunto de disciplinas que relacionaban la representación geométrica de la idea arquitectónica con su construcción.

Los historiadoras han explicado cómo, en este sentido, la cartesiana tradición francesa estableció una línea científica que liga los tratados de descriptiva de Monge con los análisis de Rondelet, y finaliza con la obra de Viollet le Duc, sin duda la figura de más influencia en la formación de la personalidad de Domènech. El control formal y constructivo simultáneo, la posibilidad de proyectar conociendo previamente la técnica del despiece y estereotomía de los materiales, mantienen a la obra de Domènech fuera de cualquier predominio de lo casual o pintoresco como quizás pudiera sugerir una primera impresión de sus dibujos o de sus obras. En la fluida materia decorativa domenequiana se confunden curiosamente los elementos que tienen un rol emblemático (textos o viñetas, escudos, esculturas simbólicas) con los que han sido absorbidos por la componente significante de la arquitectura, es decir los que son arquitectura por sí mismos. Una reja coronada por gallardetes, una testa de jácena terminada con un mascarón, enmechados de madera en formas zoomórficas, son elementos incorporados plenamente a la sustancia arquitectónica y que se hacen imprescindibles en la composición y justificables en la construcción.

Poco a poco la estructura de la composición en Domènech se va así descubriendo. Se parte de una elaborada propuesta tipológica (las múltiples soluciones preparadas para el concurso de las "Institucions Provincials d'Instrucció Pública" son un elocuente ejemplo), mientras la forma general del edificio viene controlada por una primera aproximación volumétrica o consideración de los elementos primarios. Sobre esta forma diluida, en la que apenas se insinúan torreones, huecos, impostas, se van detallando en un ajustado proceso de hallar un "pattern" repetitivo los motivos básicos de la composición, en aquel diálogo entre arco y columna, entre ladrillo e hierro, que para la arquitectura moderna trató de resucitar Louis Kahn.

Cada "pattern" tiene una lógica formal y constructiva y puede ser trasladado a cada zona que le corresponda del alzado o sección del edificio por simple calco. En su momento, aparecerá el motivo simbólico que inicialmente estará encajado en la composición, pero su perfil indefinido esperará la mano de Arnau, Gargallo o Brú para que aparezca, por fin, una ninfa o una bandera.

Cronología Biográfica

1850
Nace el 21 de diciembre en Barcelona.

1870-1873
Estudios en la Escuela de Arquitectura de la Real Academia de Bellas Artes de San Fernando.

1873
Obtiene el título de arquitecto, el 13 de diciembre.
Viaje por Europa, con su amigo y compañero, el arquitecto José Vilaseca Casanovas.

1875
Inicia su labor docente en la Escuela de Arquitectura de Barcelona, como profesor interino de **Topografía y Mineralogía.**

1876
Colabora con José Vilaseca en el primer diseño del Camarín de la Iglesia de Nuestra Señora de la Bonanova, Barcelona.

1877-1882
Con José Vilaseca se presentan y ganan el "Concurso de Proyectos para la construcción de un edificio destinado a las Instituciones Provinciales de Instrucción Pública", convocado por la Diputación de Barcelona (el proyecto no se realizó).

1877-1896
Catedrático interino de las asignaturas **Aplicaciones da las Ciencias Físico-naturales en la arquitectura y Ventilación de edificios, y Conocimientos, manipulación y fabricación de materiales.**

1878
Publica en la revista "La Renaixensa" **En busca de una arquitectura nacional.**

1881
Dibuja la cabecera del periódico "La Renaixensa".

1887-1888
Académico numerario por la Real Academia de Ciencias Naturales y Artes de Barcelona, Sección de Artes (16 de junio 1888).
Arquitecto-Director de la Sección V para las obras de la Exposición Universal de Barcelona (30 de junio de 1887).
Premio de Diploma y Medalla de Oro como director de las obras y por los trabajos de arquitectura (1888).

1891
Miembro de la junta Técnica Municipal de Museos de Bellas Artes, Industrias Artísticas y Reproducciones, de Barcelona.

1892
Presidente de la "Unió Catalanista" (Bases de Manresa).

1895
Presidente de los Juegos Florales de Barcelona.

1898
Primera Presidencia del Ateneo Barcelonés, curso 1898-1899, siendo reelegido en seis ocasiones más, (1903-04, 1904-05, 1905-06, 1911-12, 1912-13 y 1913-14).

1899
Catedrático por oposición, de **Teoría y Composición de Edificios, y 2º 3º cursos de Proyectos** de la Escuela de Arquitectura de Barcelona.
Dibuja la cabecera del periódico "La Veu de Catalunya".

1900
Es nombrado Director de la Escuela de Arquitectura de Barcelona.

1901
Académico de la Real Academia Provincial de Bellas Artes de San Jorge de Barcelona.

1903
Participa en el "Primer Congrés Universitari Catalá".
Académico correspondiente de la Real Academia de Bellas Artes de San Fernando de Madrid.
Miembro de la Asociación de Arquitectos de Catalunya.

1904
Dibuja la cabecera del periódico "El Poble Catalá".
Vice-presidente y miembro del Comité Permanente del VI Congreso Internacional de Arquitectos, en Madrid.

1909
Diseña la copa que la ÷Jove Catalunya√ofreció a Angel Guimerá en su homenaje.

1920
Cesa por jubilación como Director y Catedrático en activo de la Escuela de Arquitectura de Barcelona.
Nombramiento de "Director Honorario" con voz y voto en el Claustro.

1921
Académico de la Real Academia de Buenas Letras de Barcelona.

1923
Muere en Barcelona, el 27 de diciembre.

Cronología Arquitectónica

1874
Monumento funerario de Anselmo Clavé, en colaboración con José Vilaseca Casanovas. Cementerio del Este, Poblenou-Barcelona.

1876
Casa de pisos, ronda de la Universidad. Barcelona.

1878
Casa-chalet para Francisco Simón, calle Larrad, Gràcia (totalmente reformada, actualmente es un Colegio). Barcelona.

1879-1885
Editorial Montaner y Simón, calle Aragón 255 (actualmente es la sede de la Fundación Tàpies en Barcelona).

1887
Ateneo Catalanista, Riera de Sant Domènec esquina calle Ample, Canet de Mar. Barcelona.

1887-1888
Café-Restaurant de la Exposición Universal. Parque de la Ciutadella. Barcelona.
Gran Hotel Internacional de la Exposición Universal, Paseo de Colón (derribado después de la Exposición).
Reforma de la Casa de la Ciudad, plaza Sant Jaume. Barcelona

1889-1890
Casa Roura, Riera de Sant Domènec 1, Canet de Mar, Barcelona.

1889-1899
Trabajos en Comillas, Santander: Reformas del Seminario Pontificio, del Cementerio, Lápida sepulcral del Primer Marqués de Comillas, Monumento a D. Antonio López.

1889
Reforma Casa de pisos, calle Trafalgar 44, Barcelona.

1890
Casa de pisos, calle de Balmes 67. Barcelona.

1890-1893
Palacio Montaner, calle Mallorca 278. Barcelona.

1893
Casa Agustí, calle Roger de Flor esquina Pep Ventura. Badalona.

1895-1898
Casa Thomas, calle Mallorca 291-293. Barcelona.

1897-1919
Instituto Mental Pere Mata, paseo Briansó, Reus. Tarragona.

1900
Casa Rull, calle San Juan 27, Reus. Tarragona.

1901-1907
Casa Navàs, plaza Mercadal 7, Reus. Tarragona.

1901
Proyecto del Hospital de la Santa Creu i de Sant Pau. (primera fase de construcción, 1902-12), Avenida San Antonio Maria Claret 167, Barcelona. "premio del Ayuntamiento al mejor edificio del año 1912".

1902
Casa de pisos, calle Girona 113. Barcelona.
Reforma de la Casa de l´Ardiaca para sede del Colegio de Abogados de Barcelona (hoy, todavía conserva su artístico buzón), calle Santa Llucia 2. Barcelona.

1902-1912
Gran Hotel, plaza Weyler 7, Palma de Mallorca.

1902-1903
Reforma y decoración de la Fonda España, calle San Pablo 9 y 11, Barcelona.
"Premio del Ayuntamiento al mejor trabajo de decoración interior del año 1903".

1905-1908
Palau de la Música Catalana, calle San Francisco de Paula 2, Barcelona. "Premio del Ayuntamiento de Barcelona al mejor edificio del año 1908".

1906
Recuperación y restauración de las tres columnas del Templo de Augusto, en la sede del Centre Excursionista de Catalunya, calle Paradís 1. Barcelona.

1907-1909
Castillo de Santa Florentina, Canet de Mar. Barcelona.

1908-1910
Casa Fuster, paseo de Gracia 132. Barcelona.

1911
Casa Gasull, calle San Juan 29, Reus. Tarragona.

1913-1914
Bodega Cooperativa, L'Espluga de Francolí. Tarragona.

1913-1916
Reforma de la Casa de Joaquím Solá, paseo del Firal, Olot. Girona.

1915-1920
Reforma "Mas Casanovas" (actual Convento Montsió), calle Iglesia 82, Esplugues del Llobregat. Barcelona.

English version

Presentation

Lluís Domènech i Montaner inspired -rather than was inspired by- the movement that marked the beginning of Europe's adventure in contemporary architecture, as did Behrens, Berlage and others who carried his innovative message still further.

People like Gaudí, Vilaseca, Domènech and Fontseré took the step away from an architecture that still owed a debt to Classicism and towards a totally new approach, freed from the often heavy burden of the past.

That is why they remain close to us, our forebears and companions in the task of continuing the rich model of architecture to which they gave birth.

For many years (1900-1920) Domènech was the director of the School of Architecture from which he transmitted his thoroughly modern message, which was not always well-received, to the coming generations.

Editor's Note

Design Classics is a collection which will gather all the experiences that have developed during a certain period, broadly defined by the concept of Modernity.

This period starts with the definition of Modernity at the beginning of our century and reaches more recent, but already consolidated work, achieving the necessary historical perspective. Each volume will be a monographic book about authors, works or trends with the double aim of providing solid documentation on a movement which may not have received the attention it deserves and opening a broader critical debate stimulating future contributions.

Following the first four titles, dedicated to Antoni de Moragas, Arne Jacobsen, Lluís Domènech i Montaner and Josep Torres Clavé, the first volumes on Barba Corsini, Santiago Marco, the Clínica Barraquer in Barcelona, GATEPAC, José A. Coderch and others, developed by well known authors, whose contributions offer new views on these subjects and are complemented with a large proportion of previously unpublished documentation, are already underway.

In general terms, the works of the collection are structured according to the following outline: a first section, providing introductory texts by different authors; a second, profusely illustrated with a selection of designs, and a third one based on the bibliographical works, including texts written by the author himself (whose biography is also included) as well as by other representative authors. Next, there is a chronological-biographical section, followed by the English version of all the texts.

Introductory Texts

Page 11, Spanish version

Domènech i Montaner
Industrial Designer

Lluís Domènech i Girbau

Dedicating one of a collection of books on industrial design to Lluís Domènech i Montaner might seem illogical if industrial design is considered, as it usually is today, in terms of problems of technology, marketing, styling, financing, royalties, etc. In Domènech's day these problems did not exist and hardly anyone had given even a thought to the ideological problems which designers involved in the *need-work-consume* pattern have since had to face.

Still, Domènech i Montaner worked at a time when Catalonia's society and economy were deeply affected by the onset of industrialization and he and the craftsmen who worked with him were all extremely sensitive to what would later be called "industrial design." He could be considered a forerunner of today's industrial designers just as his designs for the Palau de la Música and other buildings can be considered precursors of modern architecture.

This book examines the work of Domènech i Montaner and demonstrates that certain of its features are an embryonic form of things which are considered common to the world of industrial design today.

Industrial design was born when machines erupted into our daily lives. As Francastel put it, "One generally accepted idea is that the dominant factor of our age is the sudden and absolute determination by machines of the terms of human existence. It is a breaking point in the history of cultural development which was caused by the intrusion of machines and which places ancient civilizations, all of which are burdened to a certain extent with archaic holdovers from the distant past, in opposition to present-day civilization which has been abruptly freed from all its traditional anchoring points."

Domènech i Montaner belonged to the first generation that was sensitive to this "dominant factor" and his well-known article, "In Search of a National Architecture" indirectly reflects the background to this major discovery.

The mid-19th century saw a widespread cultural and political renaissance in Catalonia that further widened the gap with the rest of Spain which had been opened by Catalonia's industrialization and created expectations of progress and recovery of the Catalan national identity. The same love of rationality and passion for everything new that marked the literature and art of the *Renaixença* years translated into architecture as a search for conceptual clarity and the use of new materials and logical construction processes, all of which were ideas borrowed from the new machine age.

My personal research has revealed how these new scientific/mechanical ideas took root in the mind of Domènech i Montaner and how his boundless curiosity led him to study them and arrive at the same conclusions as S. Giedion in his magnificent analysis of how the world of technique had revolutionized architecture at the end of the 19th century. The most recent research into Domènech i Montaner's private library and his activities while at the School of Architecture reveal his interest in technical/scientific subjects. Not only did he have a collection of the best German and French books of the time on topography, machines used in applied physics, optics (all marked with copious notes), but when he began teaching architecture he made every effort to examine issues related to these subjects as though he instinctively knew the direction new trends in architecture would take.

My grandfather, Pere Domènech Roura, was a living example of this love of machines and he doubtless inherited his passion from his father. Domènech i Montaner was such an enthusiast of trains and steamships that he wrote and talked about them constantly, took involved train trips and a memorable cruise around the coast of Italy. He built exquisite scale models and after the Spanish civil war, when there was little work in the field of architecture, he set up a small factory which produced miniature trains and ships.

I am certain that Domènech i Montaner's fascination with the logic and efficiency of machines triggered a line of thought that was to have a powerful influence on his life.

He grew up among his father's bookbinding machines and later among the more sophisticated equipment of the Montaner i Simón publishing house. This is where he learned the rules of graphic design and the rigor and synthesis implicit in this field had a definite impact on his work as an architect and designer.

Throughout his life Domènech i Montaner designed various objects. For reasons that will be explained later, he did not design a great many objects, but his furniture, banners and pennants for buildings, decorative grills, books, stamps, tiles, newspaper mastheads, special tiles for dados, drainpipes, chimneys, etc. were a sizeable contribution to the field of what could be called "pre-industrial design" because they were rational, stylized to facilitate machine production, used new materials, were mass produced, easy to combine with other items and, above all, functional.

If I were to describe Domènech's production of objects in terms that would not only describe this production but also demonstrate how far removed it was from today's design world, I would have to mention the same features that characterize his architecture just as I would have to do were I discussing the work of many present-day designers/architects (Rossi, Venturi, Graves, etc.).

The first characteristic to mention in any analysis of Domènech i Montaner's work is its sense of *continuity* in terms of form and composition. Continuity is understood here to mean that there is a perfect link between various episodes which are different from one another but related by an internal structure in which sequence is the key.

Let us take the interior of the Palau Montaner as an example. There is a magnificent perspective drawing done by Domènech in 1890 and a photograph dating from just shortly after the building's completion. The drawing clearly reveals the structure of the building's composition and the *continuity* that links its different spaces, imperceptibly marked by staircases, balustrades, walls, benches, dados, chandeliers, decorative panels, canopies and wall hangings. The photograph shows that this continuity survived into the constructed building, but now through the use of elements made of materials (stone, tile, glass, fabric, paint, stucco) and in designs which are inherently very different from one another.

This continuity enabled modern architecture to be integrated into the major European turn-of-the-century trends, ranging from Guimard's *coup de fouet* through Mackintosh's dramatic shapes to the last moments of German expressionism as seen in Peter Behrens' theater in Poelzig.

The "continuity" of the *modernista* style was a recourse to be used when adopting major innovations in form and technology that represented a real break with classic architecture. For centuries the classic idea of "stability" had been the embodiment of an immobile social structure and of certain rigid schemes of thought, but the general crisis of ideas triggered by the onset of the machine age and the consequent emergence of a working class helped drive *modernista* architecture and its counterparts elsewhere to search among other things for an impossible point of balance in a situation that was gradually beginning to disintegrate. Writers like M. Tafuri and K. Frampton have attempted to explain how the middle class idea of "continuity" evolved into the modern, classless idea of "fragmentation" which was formally symbolized by the avant-garde movements of surrealism and cubism.

Domènech i Montaner was one of the people most aware of the importance of continuity, not only in terms of the Expressionist empathy which led Gaudí to take continuity of form to its furthest limits, integrating ideas, settings, architecture and objects, but understanding continuity as necessarily implying a collective task. Domènech's concept of creation as a "concert" in which the work of a number of artists, craftsmen, industrialists and technicians was integrated into a single structure represented quite a modern approach to overcoming the individualism of Romantic artists and provided a series of outstanding examples of what could be called "fragmental" continuity.

As Ignasi Solà-Morales says, "What should be emphasized is the fact that all this had far-reaching effects, i.e. it involved a revision of ideas that affected design on all its levels. It was a matter of reorganizing the construction industry in order to introduce new techniques and technology to age-old crafts. Craftsmen and technicians alike worked under the direction of a professional architect to shape 'the livable space in its totality'. The resurgence of the crafts is not a simple reappearance involving no radical changes. People working with stucco and marble, carpenters and artisans working in wrought iron, glassmakers and masons are all aware that they are acquiring new knowledge and their working together in the belief that the division of labor means work well done is in fact the beginning of a division of labor organized from the top down, like a pyramid in which the architect is the spokesman and specialist."

Domènech's ideas and working method made it possible to redeem the "solitary craftsman" for industry in a process typical of the machine age and thus we find artists such as G. Homar, E. Arnau and M. Maragliano, all of whom were prominent in their own right, involved in Domènech's projects.

This may be one reason why Domènech himself designed very few objects in the course of his career and may also explain why it is so difficult to establish to whom exactly certain fragments of his interiors should be attributed (Hospital de Sant Pau, Palau de la Música Catalana), fragments which form part of this curious continuity that is based on the lofty idea of creativity as a collective process as well as the formal expression of a country that is on the move.

A second characteristic of Domènech's designs is their symbolic content, which has been conscientiously examined by all critics writing about *modernisme* and artistic movements in general at the end of the last century. In Domènech's work these symbols refer to the history of Catalonia, its military and civic high points, its literature, its music and whatever else serves to invoke our glorious and sometimes idealized Middle Ages. From the graceful female form that is the pedestal of the goblet designed in honor of Guimerà to the coats-of-arms that alternate with wooden latticework to form the wainscoting on the walls of the Fonda España, there is a varied repertoire of symbols in Domènech's work and they are so delicately balanced between syntax and semantics that they can be included in any design without distorting it or being the least bit inappropriate in form and serve moreover as an effective filter for his message.

Henry van de Velde, the great Belgian architect and contemporary of Domènech's, made a subtle distinction between *ornamentation* and *ornament* which I think is applicable here. Van de Velde argued that "the former, by virtue of being applied, has no relation to its object while the latter, which is functional (i.e. structural) is an integral part of it." Domènech's use of symbols in his work (the coats-of-arms in the Café-Restaurant; the Valkyries in the Palau, his repeated use of the initials of Pau Gil, patron of the Hospital de Sant Pau) falls into Van de Velde's category of "ornament."

In fact there is more to Domènech's use of symbols than first meets the eye. In his essay, "In Search of a National Architecture" he advocated searching for a new style that would be representative of the times while incorporating symbols of our history in order to assert Catalonia's oft-threatened identity. He advanced along the path of architecture while looking over his shoulder at the past. As Eduard Valentí once said, "the *modernista* approach attempts to preserve something (in this case Catalonia and its culture) by imbuing it with modern features."

Perhaps it is in this very symbolism that lies the greatest difference between design today and in Domènech's time. In order to work, symbolism should always refer to a collective aspiration or history and the problems of our contemporary world have reduced solidarity and shared ideas to a minimum.

The third characteristic of Domènech's work is the high value he placed on structure. Innovative even among the designers of his own generation, he was concerned with structure in the double sense of the word: structure as the means of supporting and giving order to the parts that make up the whole and structure as the heart of the matter, a revelation of the inner truth of any object.

Anyone searching for the origins of both accepted definitions of structure would do well to remember Viollet-le-Duc's highly operational proposal on the subject of classic French rationalism as an architectural tradition. As Domènech once said, "His illustrations for *Entretiens*, which were to a certain extent precursors of Art Nouveau, hinted at the type of architecture he would develop on the basis of his structural rationalism. Much to the envy of Ruskin, Viollet contributed something more than a moral argument. Not only did he present models, but also a method which would theoretically free architecture from the eclectic irreverences of historicism."

Domènech assimilated Viollet-le-Duc's message about structure and it is visible in even the most elaborate of his eclectic remarks as a sort of unifying fact and as a fundamental, defining shape.

All of Domènech's designs, whether they be tiles, book covers or wrought iron grillwork, have a pattern which by virtue of repetition or alternation tends to serve as the driving force of his design.

From his rough sketches for the facade of

the building with which he and Vilaseca won the contest for public school designs to the finished drawings for the memorial to King Jaume I, one of his last projects, he uses a repetitive structure that is very different from Gaudí's more open compositions as an infallible means to sustain the internal tension of the object.

This brings us back again to the world of industry and the apprenticeship Domènech served in his family's printing company where he so often observed the production of endless copies of vignettes and flyleaves, etc. in that continuous repetition that was later to be used so profusely in his work.

The second accepted definition of structure, as a resistant feature which is the key to any planned building and which is at once a matter of construction and of form, is reflected in even the earliest of Domènech's work and was, as mentioned before, the result of Viollet-le-Duc's Neo-Gothic influence.

The exposed iron arches in the Café-Restaurant, the clean lines of the Montaner i Simón building, the joyous exhibitionism of the roof of the Palau are all professions of Domènech i Montaner's faith in a method of design which is reflected in even his most minor objects.

Continuity, symbols and structure are thus the three outstanding features of Domènech's work as a designer of both buildings and objects. Though he used his method widely, it was obviously never as universally applicable as the method which rationalist architecture later aspired to use for everything from "spoons to cities." To Domènech the city remained a place whose history and excessive dependence on morphological criteria weighed heavily, combining to prevent him from forming an urban vision that was structurally complete. Still, the subtle way in which architectural solutions spill over into secondary objects to shape a landscape which establishes a continuity of light, textures and colors enabled him to make the leap from one scale to another, as demonstrated by the examples of his work which appear in this book.

Throughout his lifetime Domènech cherished a store of knowledge which provided him the basic material for his designs. His love of history, books and new techniques were the sources of that material which his creative freedom and limitless power of synthesis forged into architecture. Thus, he prepared a framework within which his collaborators could design with utter confidence.

In addition to examining the work of Domènech i Montaner from the very specific angle of design, this book is also an attempt to pay homage to all the craftsmen who collaborated with him and whose work is as inseparable a part of his buildings as Domènech's own designs.

Page 21, Spanish version

Lluís Domènech i Montaner
In Search of a Style

Lourdes Figueras

Everyone who has written about Domènech's work agrees that he made a decisive contribution to the use of decorative arts for industrial purposes. I can only stress that his work went a long way towards renewing the design of his times and shaping modern thinking on art. Still, I believe that there is room here for a different interpretation of his creative spirit and the methods he employed, reviving techniques and motifs from the past in order to shape a uniquely innovative repertoire of ornamentation.

Domènech was among the turn-of-the-century artists whose search for a new style led to a total freedom from academic rules. The "lesser" or applied arts played a key role in the long search and eventual discovery of a new style.

The pre-established 19th-century model had impregnated all of society, from government agencies to artists. When the saturation point was reached, the doors were opened to a new concept of aesthetics, a new line of thought, a new kind of art. The alternative was Romanticism, an option that involved discovering the possibilities of new beauty in literature and form: the recovery of the past, symbols, allegory and tradition; the belief in the medieval model of society; crafts as a form of artistic sublimation and a way to dignify one's daily surroundings; rejection of the industrialization that threatened to de-personalize and banalize the art of small objects. And most importantly, old ingrained attitudes gave way as people began going back to nature with its abundance of color, light and forms. This new appreciation of nature became a genuine way of life that was mirrored in all forms of expression and in all the revisionist theories that preceded or culminated in the modernist movement.

A new concept of art also emerged and creativity and a sense of beauty went hand in hand. The idea of ornamentation took root; it was a differentiating feature through which one could communicate in a new artistic language.

Paradoxically enough, the artists were too academic to spearhead this revival. Instead, it was the architects and in their wake a plethora of craftsmen, free-lance artists, illustrators, designers and industrialists, who became caught up in the project of making art an integral part of daily existence.

Domènech's role in this new order of values was preceded by an intense search for aesthetic solutions especially designed to give beauty to everyday objects.

In Catalonia numerous factors, initiatives and interests combined to encourage a revival of the arts. First and foremost was industrial progress, which shaped new social values, new demands and naturally a new focus on production. This, coupled with a reaction to the rigid academicism of European art, made people particularly receptive to modernist ideas, which in Catalonia soon developed into a unique style.

Although trade guilds were officially abolished in 1835, master craftsmen long continued to instruct apprentices in their arts. This meant that traditional skills survived despite both the existence of formal schools and the absence of official support, and played a decisive role in the evolution of design at the turn of the century.

Art education became officialized, but this involved nothing more than an attempt to formally educate illustrators and artists. The schools contributed nothing new and teaching was on the same lines as it had been since the first academy of fine arts, the *Real Academia de las Tres Nobles Artes de San Fernando* (later to become the *Real Academia de San Fernando*) was founded in 1744. State protectionism basically took the form of support for the activities of the workshops known as the Royal Manufacturers and Factories where arts and crafts co-existed in a semi-industrialized production system, and in sporadically encouraging the Boards of Trade to arrange fairs and competitions.

From the outset, art education in Spain lagged behind its counterparts in the rest of Europe and this state of affairs gradually became chronic. Throughout the 19th century there was such confusion about "officializing" art schools and making certain that they were answerable to public agencies that it was extremely complicated to analyze the evolution of art education and the schools' performance. Schools whose programs were directed by the province-level government agencies were absolutely chaotic. There was no rhyme or reason to the levels of education, the number of hours dedicated to different subjects or the content of the subjects themselves. The lack of clearly defined official objectives affected not only the programs but the teachers and to such a point that it was virtually impossible to distinguish between the curricula for arts and crafts, applied and industrial arts or determine how these studies should relate to fine arts programs and secondary school art education.

With such confusion it was unlikely that any practical good would come from public art education and even more unlikely that it could fill the gaps that had appeared throughout the 19th century. The solution had to come from the private sector, which took the initiative in revitalizing the arts and design.

One of the best and earliest examples of this was the private Board of Trade, which had started the first free design course in 1775 in an attempt to meet the textile industry's need for printed fabrics. This was not only a matter of applying industrial technique but also producing prints designed by qualified artists who supervised their production. The idea that design is the essence of the applied arts continues to be valid today.

What began as an attempt to provide cotton and silk prints to the textile industry soon became a whole program of art education designed to teach the "noble arts" as well as "provide a solid knowledge of manufacturing and handicrafts to all sorts of people, train perfect painters, sculptors, engravers in the principles of design, transmit the information necessary in order to create and promote good taste in arts and crafts, cause talents to be successfully applied, ideas to clarify and multiply, simple and natural forms to be preferred over the extravagant and complicated and last but not least, to further the arts and crafts" (excerpt from the Regulations of the *Escuela de Nobles Artes y Oficios de la Llotja*).

The Board of Trade encouraged art education, endowed professorships and awarded grants and prizes to advanced students at its *Escuela de Nobles Artes*. In 1877 the Board started the first course in architecture. In addition, it organized exhibitions of fine and applied arts, which were a good way of publicizing the school's accomplishments. The first exhibition was held on the school premises in 1822. The Board of Trade continued sponsoring art education until 1849 when the *Academia de Bellas Artes de San Jorge* was founded and the provincial government, the *Diputación*, was given responsibility for organizing and directing art education in the Barcelona area.

Taking the Board of Trade as their example, a number of other organizations set up their own systems of education, arranging courses, conferences and, above all, practical design workshops. From 1844 to 1903 activity in the field of decorative arts was such that it deserves a separate study. Social, cultural, recreational, secular, religious and purely artistic organizations all offered art education and they all shared a desire to make people more aware of art in general and decorative or industrial arts in particular. Among the best known of these organizations were *El Instituto Industrial; La Associació Catalana d'Excursions Científiques* (1876); *El Centro de Maestros de Obras*; *El Círculo Artístico e Industrial*; *El Institut Català d'Artesans* (1875); *El Círculo Artístico de San Lluc* (1893); *La Asociación Artístico-Arqueológica Barcelonesa*, all of which were founded during the second half of the 19th century.

This did not mean that ornamentation and objects immediately began reflecting this subtle blend of art, technique and good taste. In some cases, almost the opposite was true. Inasmuch as the market was subject to the demands of a middle class anxious to make an impression but not certain how to do it, it is not surprising that some amazingly tasteless materials and forms were produced, using textures and compositions that were utterly incomprehensible. Mass production was a fact, as were artistic clichés, copies of architectonic details borrowed from different styles and produced in a variety of materials and using a variety of techniques. Molds were made in every material, from imitation stone through cast iron to terra cotta and painted as though they were stone, marble or bronze. Not only architectural details, but everyday objects and a full range of decorative items began to be mass produced in the mid-19th century. A good example of this was the *Album Enciclopédico-Pintoresco de los Industriales* published by Rigalt in 1857 and all the other advertisements, calling cards, industrial logotypes, notebooks, albums and catalogues produced during those years in an attempt to market a variety of ornamental details which could be used in architecture and interior decoration, selling the advantages of industrialized production to a public with a new concept of economics and society.

Another significant example of the enthusiastic participation of workshops, schools and institutions in the arts and crafts movement was the *Ateneu Barcelonés*, which resulted from the merger of the *Centro Mercantil Barcelonés* (1869) and the *Ateneo Catalán* (1860). From 1872 onward the people most active in Barcelona's cultural, business and industrial worlds belonged to the Ateneu Barcelonés, which did everything in its power to promote economic and technical progress in Catalonia.

The *Centro Industrial de Cataluña*, with its specific courses in drawing and textile design; the *Asociación para el Fomento de las Artes Decorativas* (founded in 1877 and known as FAD as of 1903) as well as the *Centro de Artes Decorativas* (founded in 1894),which represented the interests of a large number of exhibitors, artists and craftsmen, all contributed actively to the boom in art. The *Centro Industrial de Cataluña* planned to found a museum of replicas of historic styles, along the lines of British institutions like Marlborough House or its later version, the South Kensington Museum. Unfortunately, this museum, which was to be open to students, professional designers and industrialists, never materialized. The *Asociación para el Fomento de las Artes Decorativas* encouraged study and research, particularly on naturalism, as the best way to aesthetic renewal. Both organizations tried to shape distinctive identities and strike a balance between art and industry as a differential feature and practice through which to revive the arts and crafts and home decoration.

Along the same lines were the *Talleres de Industrias Vidal*, a project started by Frederich Masriera (1846-1932) silversmith, sculptor and metal founder, and Francesc Vidal i Jevelli (1814-1914), cabinetmaker, decorator and metal founder, both of whom had solid backgrounds in art and made their living manufacturing and selling decorative products. Their first idea was to bring together artists and craftsmen to work in a variety of fields and eventually form large workshops for cabinetmaking, metalworking, wrought and cast iron and sculpture. The first people to set up business there, in what was apparently a sort of cooperative arrangement consisting of various sections, were Antoni Rigalt i Blanch (1861-1914), whose workshop experimented with Tiffany-style glassmaking techniques; an adolescent Gaspar Homar (1870-1935), who at age 13 was an apprentice furniture maker and designer in his father's workshop; Masriera with his casting shop and Santiago Marco (1870-1945), who apprenticed with Rigalt before setting up on his own as an interior decorator and furniture maker.

All these organizations differed in their approach to design as a profession. As mentioned earlier, the basic objective of the *Centro Industrial de Cataluña* was to produce textile design while the *Fomento de Artes Decorativas* aimed to promote design as an essential feature of any object. Generally speaking, all the organizations established in an attempt to foster the industrial arts had one of two basic aims. Either they promoted textile design in order to make local products more saleable at home and abroad or they encouraged decorative arts in general in an effort to promote their use in industry.

The *Fomento* and the *Centro de Artes Decorativas* were the organizations most deeply involved in research and study. Although their aims were similar, they shared no common philosophy or style. With such a profusion of schools and other institutions all concerned with the same themes and with much the same interests, finding a modern design concept should have taken a great deal less time than it actually did. Nevertheless, it was not until *Modernisme* had taken firm root that the concept of aesthetics was truly renewed and credit for this was not exactly due to industry. Only the individual contributions, the thinking, the artistic skills and the human qualities of people like Domènech, Gallissà and Gaudí caused the thinking of all artists, craftsmen and industrialists to change. This design concept, also expressed in a particular style of architecture, developed its own distinctive features and became a definite tendency within the general artistic renewal taking place in Europe.

The article Manuel Vega March wrote in 1903 for the magazine *Arquitectura y Construcción* (note how advanced it was for its time) gives a good idea of the aims and realities of this period. Vega y March, managing editor of the magazine and also a founding member of the *Fomento de Artes Decorativas* described the interest in creating industrial design schools in his article *Artes decorativas e industriales* and reported that "....Barcelona's Fomento Nacional is studying a plan for specialized education that is as vast as is no doubt necessary to make up for our backwardness and the need to remedy this situation as soon as possible..." He also criticized all the schools, associations and cultural associations that were being created for the "lack of relations between them; (they are) totally separate, with no point of union, no harmony, no contact, no connection at either the outset or the end of the process. (They are) like separate concepts invented by minds which do not communicate, which pay more attention to circumstances that have an immediate influence on them as individuals than to things that influence and ought to influence all of them in general. Therefore, more than being different, they are all often divergent, sometimes even contradictory, perhaps even harmful to one another.."

The 19th century was torn between an awareness of the precarious situation of the industrial arts and deliberate efforts to change this situation. Still, the agencies that were empowered to make changes had no clear idea to guide them and were by no means capable of "discovering" a new basic approach that would directly affect the very concept of design.

The pressure of an eclecticism that enthusiastically adopted different styles of architecture and *objects* long kept the decorative arts from evolving, even though all the above-mentioned institutions attempted to create a distinctive style. Curiously enough, none of the leading *Modernista* architects were among the teachers or members of these schools. Neither Gaudí, nor Domènech nor Vilaseca belonged to any of these associations. The only exceptions were the *Círculo de San Lucas,* with which Gaudí was affiliated and the work Domènech did for the *Asociación Artístico-Arqueológica* in Barcelona and Tarragona, arranging exhibitions and writing articles for their newsletters.

All this brings us once again to the idea that this generation of architects and artists, who found the essence of the modern design approach in the recovery of handicrafts and the use of honest materials, were responsible for introducing a new concept of aesthetics and a new form of artistic expression.

Although industry began flourishing at roughly the same time as these new artistic concepts took shape, industry and art were not necessarily connected. This is abundantly clear in the earliest work produced by Domènech and Gaudí (between 1879 and 1888) where all the features so characteristic of this new order of aesthetics and form were personally designed by the architects and either handmade or semi-industrially produced.

Not only was Domènech's concept of art unconnected with industrial interests, but industrial progress had no impact on his original design concept and did nothing at all to alter it. His repertoire of ornamental designs was so extremely personal and the motifs he used were developed in such unexpected ways that any thought of their having been designed with an eye to mass production must be definitely discarded.

However, his architectural-artistic approach never clashed with the idea of mechanization. On the contrary, he was in favor of progress and always quick to adopt technological advances in his work. There is no indication that he was opposed to modernization in the way Ruskin or even Morris (in his early criticisms of industrialization) were. But it is certain that his idea of art, which always involved a search for the differential and aimed to set the highest standards, was in no way compatible with vulgar mass production.

Like the work produced by the Arts and Crafts movement, Domènech's designs for both architecture and objects were essentially functional and aesthetic. Form and deliberate design became part of the "how" and "why" of his work, shaping a new and revolutionary idea of space and an endless repertoire of ornamental sequences. His style was the outcome of a continuous evolution of line that led through different stages of form. This caused his work to constantly progress and it was therefore difficult to adapt it for commercial purposes. Moreover, he, like Ruskin, believed ornamentation to be a key feature of any architectonic project, involving continual changes of materials, techniques, textures and colors in order to ultimately create something totally *unique.*

From the very outset Domènech was absolutely independent in the way he handled his artistic and structural language. It was almost a law, the principles of which can be glimpsed in his article/manifesto *En busca de una arquitectura nacional* (1878). It is not a specifically formulated law but it constituted his method and shaped his own particular style. This firm insistence on renovation, on creating something new, unique and yet characteristic was without a doubt one of Domènech's major contributions. Paradoxically, this very renovation involved a return to the past, a search for roots (his medieval period) and an apparent recycling of historic styles.

It is a happy contradiction that the past was the basis for Domènech's break with the present. His backwards glance became a look towards the future just as Romanticism, which was a matter of spiritual strength based on an ideological revival, later developed into a creative force.

It is in Domènech's very commitment to reviving an historic process that his pioneering approach is to be found. Generally speaking, his innovative approach is expressed through his tremendous emphasis on the historical "essence" of the evolution of art, not as an isolated element, but as an inherent part of the evolution of human thought. It is an aesthetic feeling nourished by this "essence" of different styles; by what he expresses, in the artistic sense of the word, through his use of colors, materials and symbols. Domènech's innovative design approach was therefore largely founded on a study of the expression, the feeling and the human participation involved in each historical moment.

The attraction to the Middle Ages, visible in Domènech's work and common elsewhere in Europe, is based on an appreciation of the traditional and spiritual values: the *work ethic*, the *artistic concept*, the *aesthetic sense* and the *human participation* that produced medieval art. Moreover, it is the expression of an interest in an era in which a series of social, cultural and artistic circumstances coincided in Catalonia to produce a style that was reflected primarily in architecture and which Domènech took as a guide. Added to this was his attraction to Byzantine and Venetian art and various manifestations of Italian humanism, and the influence of everything Oriental on the entire European art scene.

Domènech's architecture, his essays and historical studies, his work as a teacher (1875-1920) and director (1900-1920) of the School of Architecture, his painstaking and erudite studies of heraldry and his incursions into graphic design all followed the same lines as his architecture.

Logically enough the Montaner i Simón building (1879-1885) and the café-restaurant built for the 1888 Barcelona World's Fair, both of which are considered typical Domènech productions, reflect the symbiosis between past and future that was the beginning of a thoroughly revolutionary approach to space, structure and ornamentation. The relationship between the vertical (the central spaces are two stories high) and horizontal planes (continuous balconies or galleries) is the same in both buildings, as were his emphasis on vertical light and his use of iron, brick and tile in almost avant-garde designs. His use of space and the way he handled exterior surfaces; his honest use of iron and brick and his concept of ornamentation as an aesthetic feature and a recovery of the traditional craftsmen's techniques are all previews of what would later be Europe's Art Nouveau movement.

A quick comparison of Domènech's aesthetic and structural concepts and the first examples of European Modernism is enough to establish the importance of Domènech's contribution to modern architectural thought.

His use of embedded surfaces, the absence of superfluous bulk; the spatial continuity; his use of ornamental features that were in close harmony with the architectural model; his uncompromising use of natural materials in both interiors and exteriors; his use of brick; the large iron arches employed for both structural and aesthetic purposes; and most particularly the surprising stylized plant and animal motifs first used on the grilles of the Montaner i Simón building and later in the tower atop the café-restaurant were all clearly ahead of their times and were among the first manifestations of European modernism.

Domènech's rationalist concept and his innovative use of ornamentation date from 1879 to 1888 and were not echoed elsewhere in Europe until H.P. Berlage (1856-1934) designed the Amsterdam Stock Exchange, which was built between 1898 and 1903. Berlage's Stock Exchange was long considered a paragon of modern architecture although, paradoxically, it is built along much the same lines as Domènech's café-restaurant, which predated it by a decade.

None of the first three plans Berlage presented to the Community Council (in 1885, 1896 and 1897) bore any resemblance to what Domènech did in 1888. But the plan he submitted in 1898 advanced the same rationalist theories Domènech had applied ten years earlier and this was the plan that was finally approved.

Likewise, Domènech's extraordinarily dynamic animal motifs on the street level window grilles of the Montaner i Simón building were not only one of the first formal uses of sinuous forms but were produced well before straight lines were commonly rejected and were a harbinger of what would later be the *coup de fouet*, so characteristic of the work of Victor Horta (1861-1945) and Hector Guimard (1867-1942), and so widely used in Art Nouveau.

When the World's Fair ended Domènech set up a workshop in the café-restaurant building. The workshop, known as the *Taller del Castell dels Tres Dragons* lasted from 1889-1893. Following the example of William Morris (1834-1896) Domènech proposed to study the very composition of materials and develop specific designs that would integrate the traditional crafts, materials and techniques whose recovery was the basis of his entire repertoire of ornamentation. With the exception of the Arts and Crafts Association, started in 1888 when C.R. Ashbee (1963-1942) joined the movement, the *Castell dels Tres Dragons* was the first collective endeavor to bring craftsmen, artists and architects together in a shared project.

This was followed by, but did not necessarily influence, the Glasgow School founded by Charles Rennie Mackintosh (1868-1928). The Glasgow School deliberately aimed to shape a group that would be influential in the fields of architecture, design and decorative arts, producing work based on the idea of total harmony of forms and materials. This school lasted from 1898-1909.

Along the same lines was the Nancy School (1901-1913) led by Émile Gallé (1846-1904), Louis Majorelle (1859-1926) and Antonin Daum (1864-1930), which became one of the schools best represented in the field of decorative arts.

The Wiener Werkstätte (1903-1932) grew out of the Sezession Movement (started in 1897) and was fostered by the movement's leading figures: Josef Hoffman (1870-1956), Koloman Moser (1869-1918), J.M. Olbrich (1867-1908) and Gustav Klimt (1862-1918).

All of these groups regarded architecture as a catalyst of the new style and believed that the arts should coexist in a balanced whole where daily-used objects would help create beauty. In other words, along with designing spaces for particular purposes they created a specific program of applied and decorative arts designed to form a coherent and harmonious whole.

As is true of all processes that give rise to new artistic movements, the similarity of their concept of aesthetics and their aims to renew design and create a new language of form was based on a chain of theories, feelings and influences that spread spontaneously and virtually simultaneously throughout the continent. All the historians who have written about this agree that the William Morris group had a decisive influence on the development of the various tendencies that were part of Art Nouveau.

Domènech's work was a forerunner of the entire European movement. His thoughts on art (expressed in an 1878 article in *La Renaixensa*), his founding of a school whose aesthetics were clearly influenced by Morris, and the rationalism that marked his early works were the first practical and theoretical attempts to renew and simultaneously create a particular style of architecture.

His innovativeness was carried over into all the fields of art and culture in which he was active, ranging from graphic to architectural design and reaching their peak in the decorative arts.

Although Domènech's ornamentation is intimately connected with his architectural designs, it also stands on its own. Studying his ornamentation means "discovering" an exciting succession of examples from his infinite repertoire, used not only for aesthetic purposes but also as a means of communication. Domènech used ornamentation to shape a sort of empathy between his buildings and their functions and to actively project his own personal feelings. This is perhaps the Morris version of the social value of aesthetics used as a means of communication and artistic conscious-raising: it is a dialectic relationship in which the architect is continually making a statement that might be historic, symbolic, anecdotic or purely aesthetic. It is at once a stimulus, a lesson in traditions, a challenge to the senses, to the imagination, to creativity.

Domènech uses ornamentation to shade or highlight the symbolism of his buildings and in order to make the architectural space an aesthetic and all-embracing whole.

A team of prominent artists and craftsmen made Domènech i Montaner's designs materialize. Sometimes he even used work by other architects to enhance the spaces he designed. For example, Gallissà designed a number of tiles and iron details for Domènech's buildings, and floor tiles by a number of different artists were used in the Institut Pere Mata. He let people like Rigalt and Homar contribute their own ideas about glasswork and furniture, but it was his personal direction and design that shaped the truly distinctive style of his architecture.

Page 140, Spanish version

Crafstmen & Colleagues

Arnau i Mascort, Eusebi (Barcelona, 1864-1934). Sculptor and medallist. Arnau studied at the Llotja school in Barcelona and began his work in sculpture at the Castell dels Tres Dragons workshop founded by the architects Lluís Domènech i Montaner and Antoni Maria Gallissà, in 1889. Together with Josep Llimona, he is considered one of the most representative sculptors of the Modernist movement. He worked with Domènech i Montaner on the main entrance and base-reliefs of the Comillas Seminary and designed the figurative base-reliefs and figures on the façade of the Casa Lleó Morera (as well as the base-reliefs on the first floor). In the Palau de la Música he worked on the figures in relief behind the stage and the sculptures on the outside of the building. In the Hospital de Sant Pau he created the free-standing sculptures in the pavilions and also sculpted the large fireplace in the reading room at the Fonda España.

Gargallo i Catalan, Pau (Maella, 1881 - Reus, 1934). Sculptor, a disciple of Eusebi Arnau. His first period parallels the Modernist movement, and shortly after returning from Paris he worked with Domènech i Montaner on the Hospital de Sant Pau, where he created the base-reliefs of the misericords on the main staircase and worked on the Auditorium, and the sculptures on the outdoor façades, all in the central Administrative Pavilion. He also collaborated with Arnau on the indoor base-reliefs in the Palau de la Música and the fireplace at the Fonda España.

Homar i Mezquida, Gaspar (Bunyola, Mallorca, 1870 - Barcelona, 1953) Furniture designer and decorator. He was trained in the workshop of Francesc Vidal Jevellí and was one of the foremost representatives of the Modernist movement. His decoration of the Palau Montaner was the fist project he worked on for Domènech i Montaner, and it reveals the historical inclination of his former training. Later on, in his Modernist period, he designed the furniture for the Casa Lleó Morera and the Casa Navàs. He also designed the furniture that Domènech i Montaner gave to his son Pere as a wedding gift.

Laberta i Planas, Francesc (Barcelona, 1883-1963). Painter, decorator and illustrator. In 1904 he began working with Domènech i Montaner on the Hospital de Sant Pau. He designed tiles such as the ones that decorate the façades of the Administrative Pavilion, illustrating the history of hospitals in Barcelona since the Middle Ages. Labarta painted the designs on board according to Domènech's descriptions and instructions. Later on, Mario Maragliano executed the tilework.

Escofet i Cía. Hydraulic floor tile factory. Founded in 1886 as Escofet Fortuny, the company took on the name of Escofet, Tejera y Cía around 1900, emerging as the most representative manufacturer of hydraulic floor tiles. The first step was to break away from the influence of the Italian company Orsola Sola, whose designs were primarily geometric, and begin working on naturalistic models with floral and plant motifs. The result was a beautifully published catalogue (1900) showing the collection of floor designs by the foremost artists of the time: architects such as Gallissà, Domènech i Montaner, Puig i Cadafalch, and illustrators such as Pascó, Riquer, and Rigalt, among many others.

Rigalt i Blanch, Antoni (Barcelona 1850-1914). Painter and glassmaker. He began working with Domènech i Montaner in the Castell dels Tres Dragons workshop, where, according to Domènech himself, Rigalt would bring his samples of cathedral glass for stained glass designs. During his first period, as A. Rigalt y Cía., he produced the glasswork for the Café-Restaurant in the 1888 World's Fair and for the Casa Thomas and the Comillas Seminary. In 1903 he joined the architect Jerónimo F. Granell i Manresa in the partnership named Rigalt, Granell y Cía. During this period he worked on the projects for the Casa Lleó Morera, the Casa Navàs (Reus), the Palau de la Música Catalana and the Hospital de Sant Pau.

Bru i Salellas, Lluís (Ondara, Valencia 1868 - Barcelona, 1952). Stage designer and tiler. Domènech i Montaner suggested that Bru should travel to Venice to develop his tilework techniques and skills. Upon his return he worked consistently on Domènech's projects. Even today we can see his works at the Pere Mata Mental Health Institution and the Casa Navàs, both in Reus; in the walls and floors of the Casa Lleó Morera, the Palau de la Música and the Hospital de Sant Pau.

Domènech i Roura, Pere (Barcelona 1881 - Lleida 1962). Architect. Lluís Domènech i Montaner's son. He worked with his father on the Pere Mata Mental Health Institution project in Reus and the Hospital de Sant Pau. Domènech i Roura finished the second stage of the Hospital project, which was officially inaugurated in 1930. He was one of the architects in charge of the 1929 Barcelona World's Fair, for which he designed the stadium and the press hall. He also assisted in the construction of the Palau Nacional.

Gallissà i Soqué, Antoni Maria (Barcelona 1861-1903). Architect. Together with Domènech i Montaner, Gallissà founded the Taller del Castell dels Tres Dragons, the workshop located in the Café-Restaurant at the World's Fair. His relationship with Domènech i Montaner ventured beyond the decorative and applied arts workshop: they also worked together at the School of Architecture, where Gallissà taught and compiled a photo archive together with Domènech. They were both nature lovers and shared a fascination for all medieval crafts: ceramics, glass, and iron. They also shared their enthusiasm for going on outings to the country, where they always found subjects for their studies and research.

Riquer i Inglada, Alexandre de (Calaf 1856-Palma de Mallorca, 1920). Painter, poet, illustrator, art critic and collector. Riquer began studying art in Manresa, Béziers and Toulouse. When he returned to Barcelona, he attended the Llotja art school. In 1879 he travelled to Rome, and later on to Paris and London. In England he became acquainted with the preraphaelite movement and Japanese art, which he later brought to Catalonia. His poster art and ex-libris stand out among his works; Riquer was an innovator and an outstanding designer in both these fields. His artistic relationship with Domènech i Montaner was strongest in the realm of graphic arts. They worked together on book covers, illustrations, and drawings for the *Biblioteca Arte y Letras* collection; in the field of architecture, Riquer drew sketches for the ceramic coats of arms that decorate the façade of the Café-Restaurant and the outdoor tilework of the Palau Montaner. Riquer spent the end of his life in Mallorca, where he devoted his time to painting and poetry.

Vilaseca i Casanovas, Josep (Barcelona, 1848-1910). Architect. Vilaseca graduated from the Madrid School of Architecture in 1873, the same year as Domènech i Montaner. They began their professional careers as a team; first they travelled around Europe, and then participated in a contest organized by the Diputación de Barcelona for a funerary monument for Anselm Clavé. Their project won the award, and the vault was built in the Cementerio del Este in Poble Nou (Barcelona) in 1874. Encouraged by their initial success, they submitted another project in 1877, involving an institutional building, for another contest organized by the Diputación for the Instituciones Provinciales de Instrucción Pública. Once again they won the award, but after supervising the project development during four years, the building was never completed. From then on, they began working separately while maintaining their friendship and joining forces again at certain historical moments such as the 1888 Barcelona World's Fair, where Vilaseca designed the Triumphal Arch for the entrance to the fair, leading to the San Juan hall. Vilaseca's works reveal a turn-of-the-century constructive and aesthetic perspective, ranging from the influence of a classical style —as in the Masriera brothers' workshop—, of eastern and Egyptian styles —the Bruno Cuadros house— to an entirely Modernist style, as is revealed in the house he designed for Enric Batlló.

Bibliographical files

Page 144, Spanish version

Comments on the Exhibition of Sacred Art

Ll. Domènech i Montaner
La Renaixensa, VII, 2, 1877, pp. 292-302

No matter how good the old days the future can only be better. But while we are blazing new trails we can also learn from past errors. Take, for example, the sacred art of classic times, a limited but priceless number of examples of which are currently on display in the halls of the new university. Experienced critics have judged them perfect and lavished praise upon them but, even as we applauded them, those long lines of motionless characters depicted in altarpieces and tapestries seemed, in their solemn immobility, to be severely judging those of us passing before them rather than being there to be judged. Like the genius who gave them life, they teach us. Time has shown us where they went wrong and taught us the beauties of things we are not always able to comprehend.

We must appreciate even the most rudimentary work of art. We can always learn some lesson from even the humblest worker and even the most badly-written book can always teach us something useful. And when the works are the fruit of generations that date back for centuries, when they are sanctioned by all mankind, let us study them, use them to guide us on our way, to illustrate the weakness of our judgement by giving us the shared criteria of whole generations. Haven't you ever been captivated by the most minor works of primitive civilizations. How fresh their decorative motifs are! How right their choice of forms and colors! They express what is natural, what is true, better than our own much-studied marvels of art. Just remember the art work of the savage tribes with which Owen Jones began his dictionary of decoration - those masses of arms and maces worked in agreement with the material, genuinely alternating decorative motifs, playing a true melody with a true sense of proportion between background and ornament. In short, applying many rules which even today are known to only a few. The leaders among our colorists, and fortunately we are known to have the best, will tell you that more lessons in the use of color can be learned from a fabric woven by Indian tribes than from a treatise on aesthetics. And this is because, without realizing it, the Indians receive daily lessons direct from that master of harmony in all genres: nature. And our artificial isolation from nature is causing us to begin forgetting nature's language. It is no wonder that we need translations, often made by truly inexperienced hands, but which ultimately cause us to understand her seldom erroneous lessons.

I believe that we should study everything: from the most primitive works to the latest manifestations of Art's most splendid ages. But although we must demand that the latter reveal the procedure of form, the way they overcome their problems, in the former we should search for the ideas, the fundamental principles, the sap, the new blood which will give us new life when injected in our veins. What can we expect from a tree which has already bloomed and given fruit, which has put forth thousands of close-growing shoots and then withered? Another late and poor budding forced by assiduous cultivation.

What is more splendid than the jewels of Greek art? Never has so much beauty, so much perfection, so much harmony been concentrated in one place except in the Acropolis in Athens. Nature herself strikes the keynote in this concert, this splendid festival of design.

The Parthenon, with its columns traced in mechanical solemnity by the artistic genius of an Ictinus or a Callicrates, arises in gentle majesty atop jagged rocky hills, silhouetted against the silky blue of a sky with scarlet horizons, reflected in the silvery ribbon of the Illissus. The Parthenon, crowned by Phideas and his disciples with a diadem of metapoes, with a frieze of the most select pearls of sculpture of the Periclean Age, wearing as a crest the pediments sculpted by Alcamenes and Phideas himself. And somewhat further on rise the graceful Erectheum's Ionic columns and slightly below it, clinging to the slope as though begging to be protected in her weakness is the Pandrosium, a delicate and gentle flower with its often criticized but more often copied caryatides. Still nearer us, a majestic entryway: Mnesicles' Propylaeum, and soaring above the entire hillside, dominating it, gazing outward with that serene expression that only Phideas could have coaxed from bronze is the gigantic statue of the Greek virgin, the Athena Promachus, personification of an entire race and an entire civilization.

Never again has there been such a splendid gathering of works of art: the treasure-filled temples blossom like flowers on the banks of the Illissus: flowers with a variety of forms and rich details, ranging from the Doric temple of Theseus to Callimachus' beautiful *lantern of Lysicrates* in the Corinthian style.

And then the Germans, a race of people endowed with outstanding taste, with a vast store of knowledge (despite what their enemies say to the contrary), one day took this heritage and, under the direction of a great artist like Schinkel, some truly talented men tried to continue the interrupted period of classical art. Masters of artistic technique, artists from Berlin and Munich delved deep into their knowledge of the Greeks and produced masterpieces of architecture and furnishings, sculpture and decoration. Some of them genuinely appear to have been torn from the land of Homer and transplanted to the pale horizons of the North. And they went no further than that: ornamental details were transposed and applied to all objects and buildings, but no new style emerged: Greek they were and Greek they would remain. Their skillful hands produced these palmate shapes, pavilions, crestings like the lantern of Lysicrates and so many other playthings which the *Architektonische Skizzenbuchs* have brought to houses and gardens throughout Europe where they languish far from their native soil.

And if that epitome of art, that style of art that was beautiful even in its era of florid decay did not produce another style of art, how can we expect anything new to emerge if we cultivate styles that expired in exhausted decadence?

This then is why we do not demand form from exhibitions of ancient objects; we demand principles. We study their rules and delve into their archeology in order to chart the future of art, but not art that is copied from other periods and which must therefore have little in common with present-day usage and taste.

How did the Greeks create original art? How did the geniuses of the medieval art exhibited here today create their own style? How can they teach us to study and produce in order to shape our own style of art, one that is characteristic of our times?

Let us take Greek art as an example and try to identify the elements included in this style. We will find them, one after the other, in earlier or contemporary civilizations. Niniveh, Egypt, Phoenicia and Persia provided the artistic Greeks with the rudiments of decorative scrollwork, pillars, palmate and braided forms; the lions' heads in gargoyles, the bulls' heads from some temple in Magna Graecia; the systems of lintels and panels; Egypt's proto-Doric columns and the Ionic details in the column of Persepolis. In sculpture, the ancient schools of Aegina and Sicyon seem to borrow their rigid style with its pronounced and accurate lines from the bas-reliefs, from the processions and hunting scenes in the murals of Khorsabad and Quyunjik. But you will never find an exact copy in Greek art: refreshed by the air of the Helladic age, scrollwork, pillars, palmate forms extend in long and graceful bands to become fretwork with their pure symmetrical lines; rough-hewn Asiatic and Egyptian buildings rise upward in the fine, well-reasoned shapes of Grecian order, and nature's solid sculptures with their color that is half reminiscent of stone and half of Asian statuary are reflected first in the figures of Aegina, Olympus and Athenas fashioned by the mythical sculptors of the time and then in Praxiteles' admirable marble women. Like the king in the fable, everything the Greeks touched turned to gold.

Borrowing from earlier periods but with a less exquisite taste for detail than the Greeks and more original, bolder, newer forms, Europe's Middle Ages also created its works of art based on firm principles and logical reasoning. Medieval artists, considered the finest exponents of Romanesque art with its circumvoluted ideas and shapes torn from nature, were the most practical, most positivistic of men although, according to many of today's critics, they translated into worldly matter the torments of hell they feared in the next life. In their best period they went straight to the point, they permitted themselves no whims; they were always artists but, at the same time and often first and foremost, they were master metalworkers, sculptors, stonecutters or painters. In other words, they were builders. They insisted that everything had to perfectly and comfortably serve its purpose and they never forgot that metal is metal and stone is stone. Even in painting, in altarpieces, where they could have been more free, they always remembered their mission, knowing that though their work might shine in the *loggia* or workshop this would not be the case when their paintings were mounted above an altar, becoming the dominant note in an harmonious building.

But let us concentrate now on the most important thing about the current exhibition: the paintings and particularly those which because of their size and nature can be considered an integral part of a building and a major feature of its decoration.

Unfortunately when we think about sacred art we think about large pictures with their richly worked fields of gold, ignoring the impression caused by dozens of masterworks of painting that can also be admired there. Are we so ingenious as to have been blinded by splendor or was the obscure, unknown medieval Catalan artist with his faulty linear and aerial perspective, his meager drawing skills, his crude colors, capable of producing a greater effect than the masters of the Renaissance and modern times who share space with him in the exhibition?

In modern days, as Viollet-le-Duc put it so well, a painting used in decoration "is a kind of window that opens on to a particular scene in order to please us or move us." When we close ourselves in the artist's studio in order to view a painting or make a painful effort to do so in the confusion of a gallery or museum, there is no doubt that in that sort of artistic hothouse the effect produced by a modern painting with its flawless execution would be far greater than the work of even the most polished painter of ancient altarpieces who aimed only to depict his subject in conventional fashion.

But, if an altarpiece like the *Consecration of Saint Augustine, Bishop of Hipona*, one of the four magnificent works exhibited by the Tanners' Guild, is viewed as part of the decor of a church, i.e. in the place where it belongs, the impression it will make on the broad public will certainly be as great as it is in the University. The figures will be clear and alive against their rich background of shiny metal and the scene will produce its fullest effect. But if we put in its place a painting by a great modern artist, not one of those which were so abundant in the latest exhibition and which would have considerable trouble proving their provenance, but a work of recognized origin and artistic merit such as Van Dyck's *Jesus Taken Prisoner in the Olive Grove* and viewed it from a distance of twenty paces, a very short distance in a cathedral, we would have no idea of either its worth or even of what it depicts.

Against a gloomy background of dark fields we would see four confusing spots that are the carnations or a spot that is the reddish flame and that would be all that remained of this admirable canvas. Admittedly, this is an extreme case in that it is a night scene, but even though the effect might not always be so pronounced it would be much the same. Modern paintings become dim, covered by a confusing haze, when they are part of an interior decor. This is because the modern painter, knowing his own strength, is more ambitious than the painter of old. Like Fortuny, he pursues the natural to its furthest limits, surprised by what can be done using the light Velázquez used in *The Spinners*. Completely dedicated to overcoming the problems in his paintings, he often overlooks the problems posed by the purpose for which the painting is destined.

As one critic said, decorative painting cannot boast of linear perspective because in a gallery full of viewers only a few will be placed in the correct position to appreciate the effect: the aerial perspective, the gradations of the inks used, the different planes established, the way the colors of the various objects depicted are sacrificed to make one as important as the next are all in vain when the painting is viewed from an angle as it will be viewed by almost everyone in the gallery. The eye will see a flat surface and the painting, having lost its unity and intensity of light, will appear uneven and undefined.

I feel that the worst thing about exact imitations of nature and consequently about the devices mentioned above is that the general color of the painting is diminished in intensity and becomes an average of the elements employed, losing its bold, harmonious and simple counterbalance of tones.

Paintings used as part of an interior decor fight with the reality of the objects surrounding them. Features of the building itself —columns, covered moldings, imposts, openings for light and passage, vaults and encastered beams, sculptured ornamentation— are highpoints reflecting the barely filtered sunlight; deep shadows of bright defined colors that paint could never imitate. In his study of optics and painting published some twenty years ago in the *Revue des deux mondes*, Jules Jamin applied the laws of photometric analysis to paintings and explained the utter uselessness of pursuing an idealized version of nature in order to install even a scale model of it in the interiors of our buildings. Photometric analyses show the difference between the intensity of light in natural objects and in their copies. The ratio is often 1 to 80 and sometimes even greater. Thus, as an imitation paintings are not even shadows of natural objects. But that is not the worst: the ratio of color intensity in paintings is in no way proportionate to the ratio of colors in natural objects. Thus we are still using a purely conventional field in order to depict nature. And I believe it is primarily this that destroys the effect of even the greatest paintings when they are used as architectural ornaments.

Rays of natural light reflected on real objects completely overshadow the weak and hesitant sparks which artists attempt to strike in their paintings.

Our medieval artists who painted the scenes from the lives of Saint Augustine, Saint Stephen, Saint Aloysius, the Passion of Jesus and the other magnificent altarpieces shown in the exhibition, either consciously or unconsciously opted for firmer ground with their gilded relief work and their use of precious stones. They asked more of natural light than simply a diffuse clarity. Having to compete with the brilliant highlights and facets of their surroundings, they used gentle reliefs and metal surfaces to give brilliant highlights and facets to their paintings. For them the best source of light was light itself mirrored in little sparks in the multiple cut of the reliefwork, in the filigreed backgrounds and in the folds and ornamentation of the costumes.

But golden backgrounds are not enough. The light they boldly capture and refract spreads over the rest of the painting, veiling it with reflections. This is what happens in a modern painting of the Holy Trinity included in the same exhibition. And yet the aforementioned altarpieces from the 15th or early 16th centuries are not obscured by these reflections, thanks to the way the colors, brash in themselves, are toned down and the way the figures are conventionally shadowed and edged with black or dark red, making the background and the figures in the painting similar in scale, maintaining the unity of the surface in which they are worked. There is no doubt about it: imitating nature's colors would not have produced the same effect. This is so true that when Renaissance painters used gold backgrounds to set off their figures they mostly used smooth surfaces which reflected the light with the same regularity as light is reflected by a completely flat metal mirror and contented themselves with employing a colder range of hues which, depending upon the angle of the viewer, makes the background seem brighter or darker than the figures painted against it. Because of their matte backgrounds and damask-like black stripes this occurs to a certain extent in the paintings of Saints

Peter and Paul lent to the exhibition by the Rector of Vallvidrera and in many other more accomplished paintings such as the admirable works of Raphael in Rome and the famous painting on the vaulted ceiling of the monastery library in El Escorial.

Does all this mean we ought to go back to painting the way 14th and 15th-century artists did? By no means. We who have spent hours and hours rapturously contemplating *Las Meninas, The Spinners, The Surrender of Breda* and the royal portraits of Velázquez; we who have delightedly breathed the gentle perfume of Murillo's paintings which seem wrapped in vaporous mysticism, contemplated the rough aesthetics of Ribera, the splendid colors of Paolo Cagliari, the fleshy carnations of Ruben's paintings, the superb images such as the portrait of Redbeard which Van Dyck stole from nature with his brush; we who have been deceived by a photograph of a Fortuny painting, believing it the real thing; we who have been moved by Rosales' *Evangelists,* which once again depicts the eternal doctrine and those energetic, youthful reformers who inspired the great artist's last thoughts, we cannot advocate copying the art of the distant past. But neither can we accept the idea that so much genius, so much admirable study failed when applied to its first and most noble objective, that of giving an entire race of people graphic and palpable examples of their great traditions and beliefs through their public monuments.

The Egyptian artists succeeded in doing it with their rigid and conventional drawings. The Greeks, masters of idealized imitations of nature also succeeded in the few paintings that remain to us on their urns and in the decadence of Pompeii. The Byzantine artists succeeded with their enamels and lastly, our medieval artists succeeded. None of them attempted an absolute and impossible imitation of nature. They did not want to destroy the surface unity of their paintings and they knew how to use colors in such a way as to maintain the scale dictated to them by the ornate settings in which their works would be displayed. Couldn't we achieve still better effects today with our greater knowledge and means? Couldn't we find a substitute for, or a clever and perfect imitation of, the crude colors and drawings of Egyptian art, the bold figures on the red or black backgrounds of Grecian urns and Pompeiian murals; the luminous mosaics and the gilded altarpieces? Can't the modern painter turn to the past and devote himself to truly monumental paintings, where one day the logical path to follow would be revealed to him? I don't believe this is currently possible: all art now seems seized by outright anarchy. But as we shall see in the future there is already a healthy trend towards preserving sound traditions in furnituremaking, weaving, metalwork, decorative painting, sculpture, all of which are striving to reshape their pasts and continue their mission. Only the greatest and most tasteful of art forms, the one that inspires the others with its example by ceasing to be dominated by architecture, mother of them all, continues stubbornly along its own path and pays the cost. Painting remains independent but in its independence it survives, ignored and unknown to almost everyone, in the artificial climate of a studio, a museum or a gallery belonging to the frequently ignorant people in power. And when its best, its most admirable works are displayed to the public in their true settings, like sacred art in monuments, they are completely overlooked despite their excellent qualities.

No matter how sweet, how enchanting the nightingale's song, it would be drowned out by the powerful instruments and grandiose harmonies of a Meyerbeer concerto.

Page 149, Spanish version

In Search of a National Architecture

Lluís Domènech i Montaner
La Renaixensa, VIII, 1, 1878, pp. 149-160
(unabridged translation)

The last word in any conversation about architecture, the key issue in any criticism, automatically involves the idea of a national style of modern architecture.

Whenever the subject comes up I find myself wondering: Can there really be such a thing as a true national style of architecture today? Will one be possible in the future?

Architectural monuments, like most human creations, need the energy of a fertile concept, a moral climate in which to live and, lastly, a physical medium from which to be shaped and a more or less perfect interpretation of the ideas behind them. Architects must adapt to these ideas while the architectural form itself must be adapted to its moral and physical environment.

Whenever a race of people is driven by the force of a single idea, whenever a new civilization emerges, a new era in art dawns.

India's civilization, Brahmanism with its grandiose religious and cosmogenic ideas, set in the midst of a landscape whose horizon is the immense Himalayan range, in a land irrigated by the giant rivers of Asia and populated by the largest species among Nature's fauna, boldly chiseled away the mountains to create Mahabalipuram, Elephanta and Ellora.

Despotic monarchs sitting upon their thrones of clay in the burned-out flames of Caldea, Assyria and Persia caused immense palaces to emerge in impressive majesty from the mud of the Tigris and Euphrates and from there, one after the other, they dominated the entire world.

The theocratic principle and faith in everlasting life erected indestructible granite palaces and temples on the banks of the Nile: Karnak and Ramescion, the temples of Denderah and the island of Philoe.

Republican thought and the cult of man as a demi-god created the Parthenon and the temple of Theseus.

Political ideas and the principle of social order gave life to the Coliseum, the Trajan Column and the public baths. When the flood of Islam was contained, the fanatic warrior spirit relaxed from its victories, reclining on marble columns in the shade of Byzantine churches, and sensually wove the golden sunbeams of Andalusia into the ornamental loops and mosaics of the Alhambra. Christianity while still in its cradle erected a thousand shrines to its ideals. Although many of them were later destroyed, beautiful examples still remain: the churches of Saint Vitus in Ravenna, St. Mark in Venice and Saint Sophia in Constantinople. And when the oppressed vassals of the Middle Ages saw in the cross the symbol of eternal and even worldly redemption, they rose up against the monument of strength that was the feudal castle and erected the sublime temple of idealism, the Christian cathedral.

Only societies that have no firm convictions, no set ideas, and fluctuate between contemporary thought and past beliefs with no faith in the future, only these societies fail to write their history in lasting monuments. Because their ideas are fleeting, the monuments they erect are also temporary. In the moral order of things they are like those flaming deserts, uncooled by a single drop of water, with their abrupt transitions from burning sun to a night of icy light. Only the lower species of plant life can take root there. Palm trees sway gently in the burning air of the simoom, fir trees in the snow-covered mountains unbendingly challenge the icy winds that sweep across the peaks and yet neither of them could endure a July morning or a January night in our mild climes.

In an age of transition, when ideas battle without cease in the midst of discordant notes sounded by individual passions, it is impossible to find the majestic harmony that truly marks major epochs of architecture.

If modern civilization were not undermined by internecine strife, if the public could guide its artists with opinions and applause, a new era in architecture would surely begin to dawn, although just as slowly as other artistic movements are emerging. Never before has the climate been so right. The just and liberating ideas introduced by Christianity have been borrowed from the individual and transposed to the governing spirit of different states. These ideas have been almost fully adopted by some while for others they remain aspirations as yet unable to materialize. Matters of form and personal concerns, rather than ideas, are at the root of this continual strife that is consuming the strength of modern society. But thinkers of all persuasions recognize that these ideas awake certain needs in the governments of civilized nations and accept the creation of buildings designed to satisfy these needs.

Meanwhile, the ancient civilizations bestow on us their treasures of knowledge and artistic forms; museums are filled with models from which we can learn and profit; printing presses quickly circulate studies on the ruins of Babylonia, Nineveh, Persepolis, Ellora, Mexico, Thebes, Troy, Athens and Rome as well as on those immense buildings erected in a frenzy of industrial genius, thrown up in one day only to be torn down again the following morning. Aided by electricity and chemistry, a feeble creature reaches out a hand and willfully topples gigantic mountains of marble; steel is burned in blast furnaces and then writhes before the roller press which crushes it into submission so that it will later docilely render up its strength to us. Mechanical science now defines the rudiments of architectural form and aspires to devise artistic laws of proportions and chromatic harmony just as it has already devised the laws of harmony in sound. Nations are at last opening their coffers to the artist so that his conceived ideals can be materialized. All this signals the advent of a new age in architecture, but still we must recognize that the public does not yet have definite tastes and ideas; the public has not had the formal training in the decorative arts and art appreciation which fosters an artistic sensitivity that could serve as a guide for the ideas of our architects and modern artists the way it did in ancient Greece, in the agora of Athens. Today's architect finds himself in the midst of our complex modern civilization with endless artistic and material needs to be satisfied and infinite means with which to satisfy them, but perhaps because he did not receive sufficient education in his schooldays or because he does not have talent enough to apply what he has learned, the modern artist feels that he is dominated by the material he works with rather than the other way around. Only at the end of an era to which I do not dare put a date will his work be able to make use of all the material that civilization yields to him each day. Only then will architecture be able to break free of the bonds that tie it to the stale and ignorant concerns of particular schools and while not aiming to attract attention will yet reveal an imaginativeness the public will know how to appreciate in even the simplest works. Modern architecture, the child of all the architecture of the past, will then rise above her predecessors, embellished with their treasures as well as those acquired from industry and science.

But like all the styles of architecture that have hitherto existed, an architecture acquired in this way would be the art of a single generation; it would represent a civilization but not a particular region. To put it briefly, given the current conditions of modern society, architecture cannot aspire to a truly national character. The very spirit of a nation can alter the general style of modern architecture, can establish a school, a scale of degrees, but not a distinctive art with the conditions necessary thereto, i.e. its own type of construction; its own type of ornamentation. The continual spread of knowledge across borders, modern education's power of assimilation, the similarity in the way towns are organized will annul all attempts to create a national style of architecture. Roman art is not Roman because of where it originated; it is Roman because it represents Roman civilization. If a new style of architecture that responded to contemporary needs could be created by a single nation it would soon spread to the other civilized countries with similar ideas and means. It would be a modern, but not national, style of architecture.

It is true that the centuries' old character of its people, its artistic traditions and its climate can cause one country's buildings to vary greatly from those of another country with similar ideas. These variations on a single architectural theme can be seen in different places, each with its own well-defined and completely different character, climate and traditions, but the regions that currently make up the Spanish nation will not even be able to aspire to these shared degrees in modern art when the country takes its ultimate shape.

What are our shared artistic traditions? What is our common character? What physical space should be considered as comprising a nation?

Neither a shared history nor a shared language, shared laws, customs and inclinations have shaped a single Spanish character from our diversity. The different regions of Spain boast the most varied climates, the lands that differ most in their topography, period of formation and characteristics, and, as is only natural, these circumstances have caused certain artistic traditions to become dominant, generally Arab in the south, Romanesque in the north, the Gothic architecture with its ogee arches in the ancient kingdom of Aragon and former center of Spain, and the Renaissance style in the towns born of the centralizing powers of the Austrian and Bourbon monarchies.

It would be difficult to shape from these artistic elements a unified style of architecture which would be more Spanish than the architecture of any other country and would be equally satisfactory to everyone in Spain.

We will only be able to aspire to a single architectural style on the day when Pelayo can be confused with Guifré, the count of Barcelona; when the battle of Roncesvalles, the conquest of Seville and the Greek expedition are all seen as the glorious history of a single people; when the lively melody of *Tcheco Jaona* and the peaceful ballad of *Compte Arnau* can be sung and understood by those whose voices alternate between bursts of fire and southern lassitude as they sing their colorful *playeras* or mournful *soledades*; when the mistress of our Catalan farmhouses knows how to weave into her hair the bunch of red carnations that so flatteringly sets off a forehead bronzed by the blinding Andalusian sun.

In brief, we can only shape this national style when the moral and material solidness of the natives of Galicia, the bravery and faith of the people from the Basque Country and Navarra, the energy of the Catalans and the ingeniousness of the Andalusians can be found in a single character.

All these and many other characteristics could be unified and mirrored in a national taste and style of art if a single climate and identical materials forced artists to adopt essentially predetermined forms as was the case in civilized Greece, in Asia and in Egypt. But the climate of southern Spain is almost the same burning heat of Africa; the climate in Cantabria is very similar to that of some Northern European countries.

Neither could Spain's geology and, consequently, its topography, be more turbulent. All over Spain different varieties of granite and porphyry break through the earth, making the entire surface of the country uneven and revealing different materials in every region. Although it is beyond the scope of this article, it would be interesting to compare the characters of the different people of Spain with the land which sustains them; compare for example regions like Galicia and Asturias, which are considered morally similar and both abound in granitic, gneissic and Silurian terrain, with the provinces that make up the Basque Country and Navarra and rest on lands from the secondary or ancient tertiary periods; or with Catalonia with its complex topography that reproduces world history on a minor scale; with Aragon and the two Castiles, each of which was formed on the site of a large lake whose peaceful waters date back to the tertiary age, and, lastly with the Andalusian provinces with their soft tertiary or alluvial basins still fertilized by the Guadalquivir and the Guadiana rivers, set among the oldest craggy mountains and the metamorphic lands which provide them with wood for building, fuel, marble and metal.

But this range of external circumstances aside, artists and, to an even greater extent, critics still favor four styles for modern and national architecture.

The first and oldest, which was widespread throughout Europe at the turn of the century, is that style so proudly called classic or Greek Revival.

The present generation knows Greek art and Roman architectural feats too well and respects them too much to accept either this name or this simulacrum of architecture. Majestic Doric columns, elegant Ionic columns, delicate and graceful Corinthian columns: round-based because they served as isolated supports around which crowds milled in porticos; light and lofty because they supported nothing more than a simple roof and were rooted firmly in the ground, all these columns were elements of construction wisely designed for their purpose, but which cease to be respectable when used in pseudo-classic architecture where they are sometimes piled up in front of building facades like clusters of nine-pins with no particular form and serving no useful purpose, and other times squash themselves with their own capitals which, contrary to Greek good taste, are shaped like pilasters between which sprout balconies and windows that haphazardly break the vertical lines so that the building resembles a temple converted to a rooming house. The light cylindrical shape the Greeks accentuated and affirmed with fluting is often left smooth-surfaced, and capitals, masterpieces which the Greeks retouched a thousand times without ever being satisfied, often dare display the bastard Tuscan form.

Though the lower angles of the pediments that crowned the classic temples were admittedly imperfect, acroteria were used to give the pediments an appearance of stability. Nowadays they are scrawny in shape and perch above any opening, their rampant vaulting invariably smashing its moldings against the cornices in any old way but without the good taste that in classic architecture palliated this offense... But why repeat what Viollet-le-Duc, Boutmy and so many others have already said in full volumes? Utterly abandoned by all countries, this style of architecture that thoughtlessly destroyed excellent examples of medieval work and clumsily copied classic shapes without understanding classic sentiments, is today a corpse or, more accurately, the repugnant mummy of classical architecture, disfigured in shape, lacking meaning and life. However, it still has some supporters among the people who embraced this style in other days and among those who pretend to be truly learned and always lament bygone days without doing anything to correct the present or prepare for the future.

Another school, which is eclectic but respectable, aims to preserve the classic traditions, using them in the same type of buildings in which they were originally used and, of course, imitating their architecture. This school, like the preceding one, is not limited to a particular country and is based on a genuine knowledge and study of classic and medieval art. Germany is the headquarters of this school that holds that cemeteries must be Egyptian or something similar, museums must be Greek, congress buildings Roman, convents Byzantine or Romanesque, churches Gothic, universities Renaissance and theaters half-Roman, half-Baroque and so on down the line, with few exceptions. Admittedly, this school of architecture is knowledgeable, but that does not mean we must accept it.

Ancient forms cannot be reconciled to present-day needs or building materials so that the exponents of this school are themselves frequently forced to betray their knowledge of tradition and their own purpose, hiding the modern materials they use (girders and steel columns, for example) which are difficult to disguise when they respond to a real need which deserves acknowledgement... And it is also very sad to think that were today's generation called to judgement by the coming generation, we could be stripped of all our monuments by our predecessors and left without even a style to call our own.

Lastly, there are two other schools of architecture, which I feel are deserving of appreciation and which aim to continue the tradition of medieval architecture so unfortunately interrupted by the advent of the Renaissance. The first of these two schools favors Romanesque and vaulted monuments and consequently views the Aragonese school of architecture, which is so well represented in Catalonia, as our national heritage. The second prefers Arab architecture or the variations which the *alarifes* imported to the Christian world and which is generally known as the Mudéjar style, a wealth of examples of which can be found in Toledo. If three or four centuries had not passed since both styles came to an end, if we could remain isolated from the European movement, these could perhaps have been two different types of a national architecture, one of which might have been appropriate for central and southern Spain and the other for the eastern part of the country. Perhaps the two styles would have met and clashed violently, giving birth to yet a third school of architecture, but both reason and intuition lead me to believe that no matter what progress might have been made along these lines it would not have heralded a brilliant age in modern architecture. I have spent hours and days on end eagerly studying Toledo's wealth of monuments in both styles and every day, upon making my way through the fog across the Tagus River and returning to my lodgings near the Alcázar, I thought about what I had studied that day and became increasingly admiring of what had already been done and more disillusioned about what remains to be done. There is no denying that these styles of architecture are flexible, that we could use each of them to advantage. A single building proves that: Vienna's new armory, which is rooted in identical traditions and which I consider a perfect composition. But neither this nor any other attempts to combine the two styles is sufficient to meet present-day needs. For example, how could the auditorium of a theater be adapted to the proportions of Arab or Gothic art with their pronounced emphasis on vertical lines? How could we obey the highly rational laws of economics and construction which today force us to accept iron in new shapes which are mechanically devised? How could we design large auditoriums obeying the shapes imposed upon us by the laws of acoustics and optics if we were also obliged to use forms not intended for this purpose? I could go on forever if I tried to list all the practical problems which would arise, forcing us to use new forms which would then have to be adorned with a handful of garlands from bygone days and disguised as Gothic or Mudéjar, thereby emphasizing the poverty of our creative efforts.

Why not openly comply with our mission? Why not develop a new style of architecture, even though we cannot actually invent it?

Let us be inspired by our national traditions so long as they do not cause us to ignore the knowledge we now have or might still acquire.

Let us accept the principles of architecture that we have learned from past ages, all of which we need, so long as they are viewed in the proper perspective. Let us subject decorative shapes to building laws as was done in classic times; let us seek the reason for Oriental architecture's impressive majesty in the dominance of horizontal lines and large expanses of smooth or sparsely decorated surfaces which contrast with the ornamental splendor of richly embellished Syrian or Persian sphinxes. Let us remember the principle of solidness in the firm lines of Egyptian architecture; let us try to tap the Greek temple's treasure trove of taste; study the secrets behind the magnificent construction and layout of Roman buildings, the way Christians idealized the materials used in their places of worship, and the Arab system of decoration which uses multiple ornamental details linked one to another and emerging in clear, well ordered patterns when viewed from any distance. Last but not least, let us learn from the gracefulness of Renaissance designs and from so much else which the art of all past generations can teach us so long as we study it but do not plan to copy it. And let us apply these rigorously tested principles, but forthrightly use the shapes imposed upon us by new experiences and needs, enriching them and making them expressive by using the ornamental treasures available in the monuments of every age and in nature itself. In brief, let us revere and study the past, search determinedly for what we must do today, and have the faith and courage to do it.

This will perhaps be branded a new type of eclecticism. If being eclectic means trying to put into practice all valid doctrines, which if they are truly valid cannot be contradictory regardless of their origins; if eclecticism means assimilating the elements we need to live a healthy life the way plants absorb air, water and earth; if being eclectic is an offence because it means believing that every generation has left us something worthwhile to be learned and wanting to study and apply it, then I am a confirmed eclectic.

I am well aware that people who choose to follow this path are not on the road to easy success. The painstaking work it involves is not the way to earn profits today and reap glory tomorrow. It is not a task that will produce results in just two or three generations and when it does produce results, the work of each of today's artists will be only one more drop of water in the sea of ideas from our past.

Page 154, Spanish version

Lluís Domènech i Montaner

J. Puig i Cadafalch
Hispania, nº 93, 1902, pp. 540-559

Ordinary people belong to their day and age, loving what everyone else loves and fearing anything that deviates from popular tastes. However, great men are exceptional and guide the will of others towards new horizons.

The same is true of communities and social groups: some are innovators and others follow a route parallel to that of the lucky few who occupy a place at the forefront of humankind. That parallel road, the road of backward communities, is followed by some at almost the same pace as the innovators, whereas others lag far behind, truly living in the past. Nowadays we encounter individuals and communities that live twenty years behind the times, others that live in the same environment we witnessed thirty-five years ago, in the midst of the September Revolution; there are even those who are still living in the times of Espartero or in the 1820s, and those who still embrace the ideals of the French Revolution.

This is why our history is a poor imitation of another, often a repetition in a new guise, sometimes a harmonization and at times even a new composition based on an old theme played by the geniuses born in the cultures that have been the leaders of history. This is why several centuries continue to live on in this one and one can relive events of the past a few miles out from the main cities and experience the shock of travelling through towns that have been less fortunate in their struggle and live in periods we left behind long ago.

In communities like ours, which are not in the vanguard of human culture, the innovators are invariably imitators to a lesser or greater extent. There are not many men who venture beyond the parallel road we mentioned; there are fewer still who lead their fellow citizens ahead. The serious, upright man lives in community with his people, and from a moral and intellectual standpoint he is considered an *ordinary* man, *comme il faut* according to mainstream views.

I will now refer to a man who has changed those parallel courses in the art of our land. He is the product of an artistic period and school with a spirit all its own which has echoed and perhaps surpassed a period and school that developed in other countries; but which he knew how to adapt to our own unique character, one of the few things that can be qualified as innovative in our country.

* * *

Nothing is more difficult than trying to make a statement about the art within which one lives and whose boundaries are thus hard to define, attempting to distinguish it and separate it from what it is not. This is the feeling I have when I try to explain the work of Domènech, the man who exerted such a strong influence on all Catalan architects younger than himself and whom I was lucky enough to have as a teacher, and who honoured me by saying I was an adequate disciple of his school.

People are not aware of the existence of schools of architecture. At most, they believe that there are certain *styles*: six or seven *ways* with their respective established rules, perfectly recorded, and nothing more. Essentially, a series of formulae that contain all that which is needed to elicit the thrill of architecture.

People do not know this because architecture is too fine an art, too subtle for uneducated minds. It is an art without a *plot*: it does not describe a murder, has no final act, no drawing room scene like the favourite paintings of the *gros public*; none of those fearful moments in horror stories; not even the unexpected passage in a piece of music. On the contrary: it is a still, solemn, unchangeable art form. The viewer enters it without its losing its sublime gravity, as if it were not the work of man but rather of a higher being.

The fact that architecture is not the work of an individual, makes it particularly difficult to explain its value to ordinary people and convey the merit of the author of an architectural work as part of the collective task of developing a new stage in the global evolution of mankind, as part of the slow, majestic progress of what is the quintessential social art that more than any other, is the product of people and generations rather than of a single man or a given moment.

However, it has always been this way, particularly the more intense the author's life and the more vigorous his works: architects have participated in this enormous task, each making his small contribution, gradually changing, fine-tuning the joint effort like all those who contribute to a communal endeavour.

This, which has never been otherwise, has become more apparent than ever during modern times. During this period of development and transition, as historians would have it, new educational methods have allowed architecture to encounter the works of other countries and historical periods; even the new construction methods have opened new horizons.

Two trends have emerged: one based on a passion for the new resources in construction, and the other fascinated by new historical and archeological knowledge. And yet another has appeared over the past few years, prevailing here and there, and still present throughout Europe. It has produced a series of positions and schools that I would like to list briefly and from a Spanish perspective in order to explain the personality of Lluís Domènech and introduce him to both the local and a broader public in all his complexity and his many different facets.

If one leafs through any architecture magazine, it is easy to discover the contemporary trends that have developed here and there, combining ideas about archeological recovery and mechanical and constructive realism, all of them permeated with a spirit that has transformed them into new ideas and will continue to do so in the future.

But despite all the new subjects of architectural composition and all the recently discovered construction methods and materials, the artistic revolution has not yet flourished with the intensity of the historic revolutions triggered by the arrival of new construction materials and systems, such as the advent of the brick in the Rome of Augustus or the tunnel vault in Northern France which gave birth to the Gothic structure.

There is something incomplete about the new forms of the bridges of vast light built of iron and steel. This could also be said of the immense exhibition halls of the world's fairs. They seem to belong more to the realm of engineering, which art, at best, covers with ornamentation: the 1889 Paris World's Fair is a good example. There is innovation in the decorative arts, but the Art Nouveau building has yet to emerge. As one can often see in the history of architecture, decoration has repeatedly preceded architecture; the experiments that have been made until now are none other than old forms, old systems of composition with new decoration.

All modern schools, even those which call themselves "*new free schools*" (*Neuen freien Schule*) searched for new forms in their traditional architecture, which in turn was inspired by the Greek and Roman models of the Renaissance or their Gothic derivatives. In France, a Louis XV building is lurking beneath Schöllkopf's Art Nouveau; beneath the buildings of the World's Fair there are Neo-Classical or Baroque buildings; in England, medieval and Renaissance English houses underlie Baillie Scott's "cottages"; there are medieval Germanic houses beneath Olbrich's houses in the Darmstadt Colony; beneath Horta and Van der Valle's Art Nouveau in Belgium there are the old Flemish buildings of Bruges and Ghent; under Otto Wagner's and Hoffmann's buildings there are Neo-Grecian forms and elements from the Austrian medieval and Renaissance tradition.

Likewise, in Spain the first two efforts to break away from decadent Neo-Classicism were very clear: the Castilian school explored the ways of Mudéjar art and Castilian Gothic, while the other, begun by Rogent from an entirely archeological perspective, was inspired by Catalan Gothic and transformed by Domènech, who drew from the old to create the new.

That is Domènech's primary achievement. It is not isolated like a sterile work prematurely born, far removed from its appropriate place and time. It is fertile work supported by an entire school, germinating and bearing fruit and seeds that spill over and generate new life in the rich surrounding soil.

Looking through the pages of this magazine will convince you of the fertility of the approach of an architectural school that stems from the most advanced art of stone construction known to date, the most ductile and free of all art forms, the one most suitable to be applied to the inventions of modern building, for adopting the boldness of ornamentation and fitting in with the newest concepts in sculpture and painting.

The local progressives, both here and elsewhere, are unaware of the advances and innovations of Gothic art, the medieval art that created the cathedral, the wisest structure in stone construction, compared to which a Greek temple is a primitive, simple work, and which an atheist who became quite famous several years ago claimed was the only miracle of the Catholic religion.

When one sees drawings of the monument that was supposed to be erected in the Plaza de Balaguer representing Catalonia guarding the empty throne of its monarchs; the iron cross on a funeral monument; the glazed tiles in the church of Comillas; the engraved tombstones and the beaten metal or cast bronze doors; the crosses and mosaics designed by Domènech, one can feel this modern art permeated with an ancient spirit, like the new wine described by Horace, which suddenly ages when it is poured into old amphoras.

Lluís Domènech did not reach this level in his art all of a sudden. Twenty years ago, when I first set foot in the Barcelona School of Architecture, his work was not what it is today.

At that time there were three schools in Barcelona. On the one hand, there was the archeological art school of Rogent, the historian and restorer of Romanesque buildings who rebuilt the church of Ripoll and whose architecture was the Catalan version of Viollet-le-Duc's work in France, embodying the historical spirit of Catalan Romanticism, a precursor of the powerful political movement in favour of restoration in this country. Secondly, there was the school of Martorell, the remarkable master who designed the Salesian church and the Cathedral façade, which was never built. Thirdly, there was the school of Domènech i Montaner, which was represented above all by the project for the Barcelona provincial government's Educational Institutions building, a project that never saw the light of day due to the poverty and greedy stupidity of the people who turn the public administration into a ridiculous housewives' economy.

But that style, which still has many a follower, was only a step towards a better path, and I remember details about the change Domènech underwent and from which I learned so much.

The first vision I had of the great Barcelona we are all working for was Domènech's studio in the Hotel Internacional which had been magically erected with American speed, in fifty-three days. My first vision of this modern Catalan art was also in his studio, which was set up in a room in the pointed tower of what until now has been the Museum of History, and which was also built for the World's Fair. It was a square room, shaded by the trees in the park. The walls were decorated with leaves cast in plaster and ceramic samples; among them, Domènech drew the rich wrought iron designs for the spire that crowns the building and the ceramics that are yet unfinished for that resurrection of an ancient Catalan palace embodied in the new forms of modern industry. Meanwhile, he also modelled the iron gates and bronze doors that would enhance the Palace and Seminary in Comillas.

In that studio, I saw a dream come true: the theories of Viollet-le-Duc were being applied in our country and with yet more vision, greater flexibility, with a more human, modern spirit.

On another occasion, far from home, at the Madrid School of Architecture, I realized the value of Domènech's works. There, in a world that was hostile to Catalonia, especially to Catalan industry, in a place where our country's personality is unknown and consequently despised, a pro-Catalan newspaper, *La Renaixensa* was passed around among Madrid architecture students. The Catalan periodical had the fine idea of publishing reproductions of Domènech's buildings.

These works made our Catalan identity respected and through these images I saw, for the first time in that city where my language was not spoken and our industry was not appreciated, how my country's name and language gained respect through its art.

The list of Domènech's works is long, ranging from the Montaner palace with its Plateresque courtyard, the Palace and Seminary in Comillas, the Casa Thomas on Carrer Mallorca, the Fonda España and the Hotel in Palma de Mallorca, to the Reus Mental Hospital and the Hospital de Sant Pau built for Pau Gil.

It covers a wide range of areas within the architectural art of the new Catalan school, which is as free and as embodied in vague forms as any other in Europe, and aspires to a new architecture which had barely been dreamed of before.

* * *

I cannot make this article into a brief listing, or explain a theory by cataloguing buildings, or give an idea of the man by citing his works one after the other. This would be particularly difficult to do in the case of Domènech, who was an architect and a member of Parliament, an erudite user of library archives and a methodical, neurotic artist; an historian, a writer and journalist... and at times even a mathematician and geologist.

And none of this in the superficial style of Madrid. He wrote a volume on art history, focusing on prehistoric buildings and Egyptian and Assyrian architecture. But even that is not as admirable as the views on art he voiced with his friends, based on a knowledge that would be the envy of many who consider themselves true scholars.

It is fascinating to hear him teach a class on building composition at the School of Architecture or lecture at the Ateneu or the Lliga Regionalista on the history of an event or an art form, showing documents and using old maps and drawings instead of books to illustrate his explanations.

His halting words have a charm all their own, spoken in a natural, logical, order. His lectures are spontaneous, full of quotes and facts, and heightened by the image of what he is describing, which is brought to life in all its color and form by his powerful imagination; not explained in the arid style of a historian, but rather with the graphic richness of a painter.

I have seen audiences gathered at the Ateneu, the Lliga Regionalista or the Jocs Florals, listening carefully to his lectures on ancient industrial arts in Catalonia or the origin of the Spanish flag, or his reconstructions of famous battles in the times of Felipe IV and Felipe V. His subject came vividly to life as he described the colors, the characters' attire, the look of the place, the entire setting of that day and age.

As unfortunately happens so often in this country, academics have not yet learned from the practical spirit of businessmen and most of his research as a scholar and historian has never been published. What little has appeared in print has only managed to reach a limited audience of art lovers. Domènech has an enormous wealth of material on the history of decorative arts in Catalonia; there are thousands of sketches in the treasure chests of this avid scholar. Every piece of paper is covered with numerous drawings depicting works of ancient Catalan art - a true dictionary in the style of Viollet-le-Duc, but more precise and truthful, containing the wellspring of his renovative art, this art that mirrors the soul of Catalonia.

Domènech is a professor at the School of Architecture, but he had not taught art history before now despite having devoted so many hours to the subject. Neither has he taught architectural theory, building composition, or plans. Due to one of so many Spanish anomalies, a man with a restless temperament has been forced to research the composition of rocks and recipes for mortar and concrete and struggle with problems of ventilation, heating, lighting and acoustics in buildings.

Some time ago, in one of the small compartments in the Ateneu library, he spent hours drawing strange combinations of lines on paper. These cobwebs of sorts were his research on sunlight, an original application of mnemonics that offered the solution to curious architectural and hygienic problems, effectively solving what had until then had been vague concerns about the orientation of buildings and the shape and size of openings.

At some point he decided to take the examination to become a professor of physics as applied to architecture and construction materials at the School of Madrid. Despite the verdict of the architects on the jury and due to the unanimous vote of a handful of chemists, the position was given to another man, who performed quantitative analyses by weighing buckshot and who has since honored official science becoming the laughing stock of his pupils.

Needless to say, Domènech is unlike any academic in this country or any other for that matter.

* * *

Who would have guessed that a man of his sort would devote himself to politics? What kind of an impression must he have made in that Congress where Cánovas was a monster and Moret a sage: that strange Catalan representative who barely spoke and was surrounded by an aura of strength and respect, as if he were the *deus ex machina* of a powerful movement, of a fearful movement that shook one end of the country - the richest and most intelligent end - with convulsions of new life which were in turn the death throes of all the old ways?

That modest man of few words, who seemed almost shy even with uneducated, lesser people, is the same man who drafted the famous *Bases de Manresa*, and virtually imposed them upon his party, which had until then been led by poets, like an army of artists or a regiment headed by a musician instead of a general.

The man who devised that political system and made it the subject of serious discussion was an artist in his own right: a well-balanced man, an architect of both buildings and societies.

The history of the *Bases de Manresa* is truly fascinating: they were approved in 1892 and soon became a Koran of sorts for a bunch of idiots, who made them intangible in thought and expression, full of symbolic meanings like an Oriental book. They were used by four specific gentlemen to banish others left and right, and they even published pedantic, holier-than-thou encyclicals as if they were the popes who upheld the ancient law.

There had for some time already been a group of young people who were searching for a way to establish a federation of associations to promote our doctrines of love for Catalonia. These ideas were extremely vague at the time, as is natural for all truly nationalistic ideas. There were those who conceived a kind of provincialism similar to that of Milà i Fontanals, with a belief in the variety of cultures within Spain; those who dreamed of a romantic past that could never return -a kind of memory of a history long ended, of a lost ideal, worthy of an archaeological museum, forgotten in the nation's attic- and those among us who considered that the idea of Catalonia's personality was dead.

A wise professor synthesized these thoughts at the Manresa meeting, saying that "The existence of great nationalities is inherent in the general spirit of the times: we are the children of an age. Reclaiming the status of the regions that used to be independent, autonomous nationalities; demanding compliance with the agreement according to which they were joined [to Spain], would upset the course of history. Those times will always make our hearts beat faster, awakening memories of glory; yet attempting to bring them back to life would be tantamount to denying history. Therefore, we must not think of reestablishing those regions with their autonomous, independent organizations, joined together by the ties of a federation.."

Only a few saw regionalism as an appropriate political system for the different cultures whose unity was "barely stitched together", to quote an expression used repeatedly by Mr. Silvela in his rise to power. Even fewer understood the broader national significance of the complex problem that has now spread beyond Catalonia's borders and has been discussed by the press outside of Catalonia and even outside of Spain, escalating in the Parliament and even becoming the *Western Question*, as important for Spain as the famous Eastern question for the downfallen, dying Turkish empire.

These young men triumphed against the will of the phalanx of poets who were in love with the idea precisely because of its vagueness. After hard work and many a discussion they triumphed, not because they imposed their views, but rather because of the power of their actions as opposed to the enormous passivity of older men as indolently devoted to art and literature as those who practice a religion in which they are at one and the same time God and priest. The result of this victory was the founding of the Unió Catalanista, the approval of a set of regulations, and the decision made by the federated *Consejo de representantes de las asociaciones catalanistas* (the Council of Representatives of Catalanist Associations, which were few and far between at the time) to create a Permanent Board. The secretary happened to be a very young law student by the name of Enric Prat de la Riba, the current editor of *La Veu de Catalunya*, and the president was Lluís Domènech.

The Council of Representatives led by the extreme nationalists chose Domènech to promote the plan to vote for a political program that reflected the ideology of this movement in terms of art, poetry, literature, archeology and history.

I would rather not remember the laborious decision-making and further specification of ideals that ensued. It is sad to have to explain the vanity of serious men and the meanness of worthy people. If someday in the future I were to see a statue erected in honor of one of these men with feminine weaknesses and vanities, I would feel remorse for having robbed my fellow citizens of the customary illusion that causes them to focus on small things and imagine great men as demi-gods who rise above the pettiness common to the majority.

Let us forget these comical aspects of most great things in life, and look at the scene as a whole, ignoring the backstage ropes, the threadbare backdrops and the dyed cotton we are to see as damask, the glitter that is supposed to be gold, the cardboard posing as marble or bronze.

When I was a student my teacher named me delegate for my hometown as a reward from diligence. The appointment gave me a place on the Council of Representatives of Federated Catalanist Associations, and I had just finished my university studies when I attended what is now the famous General Assembly of Delegates of the Unió Catalanista, which approved the *Bases de Manresa*, the foundation for Catalonia's regional Constitution.

Domènech the politician is best known for his delivery of the presidential speeches at the memorable Congress held in 1892, from which I will transcribe several paragraphs, which now, after everything that has happened in Spain since then, seem truly prophetic.

* * *

"I welcome all of you who have gathered here today for the first time to work together on the task of restoring the Catalan nation. If until now you have kept it alive, cherishing and respecting it in isolation, in your homes, in your specific jobs, in local communities and companies or in writings on multiple aspects of human knowledge, showing its active intellectual personality in the arts, science and industry to your own people and to others, now you must bring back to it the autonomous life it deserves and needs to progress and prosper.

"That ancient autonomic spirit of Catalunya and many other regions on the Iberian peninsula that worried and continue to worry the central government, who repeatedly tried to destroy it, bathing it in blood in the name of national unity, has been during all difficult times the mainspring of the Spanish resistance against major invasions, rebuilding the nation after the great disasters in our history. This is not the time or place to cite examples of that regenerating force; the very names of this city and its surrounding areas bring them to mind. In fact, we have sought shelter and protection in the memory of this force.

"The arrogant race so wonderfully endowed with the most beautiful external qualities of prestige and leadership when power is in its hands, the race which so cheerfully and even proudly took on the representation of Spain in times of prosperity, does not seem endowed with the virtues that would enable it to overcome adversity and rebuild a country. We watch it sink in terror, its past splendor long lost, and fall helplessly into ruin. We see it collapse unheeding in the inflamed class struggles that threaten to destroy society. It seems to void of a talent for order and future vision, for the constant work and vigorous and firm organization that nowadays are essential if we are to successfully breech the gap we are facing.

"The fact is that we Catalans consider ourselves masters in this realm. I would even venture to say that it would be easy for us to accomplish all these things. We are all convinced that we would be the only ones to emerge unscathed from this difficult situation and I must confess that if we keep relatively calm when threatened by widespread ruin, it is because all of us, regardless of our opinions, trust that Catalonia's capacity to regenerate will prove to be the salvation of our nation, as it has been so many times in the past.

"It would be useless to attempt to impose our spirit throughout Spain, to try to guide the country. We lack the means and strength to do so. If we were to take such measures, the rest of the country would neither believe us nor want to follow us.

"For the time being, we must limit our aspirations to regenerating Catalonia. If we could apply our ideas here, we would soon become a living example for the other regions in Spain, and they would not take long to follow suit, at a greater or lesser distance, depending upon their special inclinations. Because, in fact, the cause of regionalism is eminently Spanish.

"The subject of discussion in our meetings tends towards establishing principles for the reconstitution of Catalonia. Yet I must state this clearly: we are not going to discuss a constitution in the ordinary sense of the word. In a country where there have been so many, official and unofficial, and where so little of their contents has been applied, it would be ridiculous to draft yet another.

"I am utterly convinced that if we follow the path *that the popular government has now taken, regionalistic ideals are bound to be put into practice sooner or later*, and we can begin to discuss them, communicating our private reflections and trying to define our own guidelines and attract the distracted attention of our fellow citizens to our aspirations, which in a more or less vague, latent manner -perhaps unconsciously- are shared by all good Catalans. You could say that we want to create a positive climate for our new organization, a favorable atmosphere where it can grow exuberantly and become strong without developing bad habits.

"*Only God knows what will remain of today's proposals when they are put into practice. Any attempt to foresee that would be like trying to depict a plant when it is still but a seed: let us choose the best soil, air and water*, let us sow good seeds and the tree will be as strong as can be, but it will also depend upon how it is nourished by the sun and the storms, or the rains that fall during its lifetime.

"*Therefore, the subject of our deliberations must not be a Constitution or a political program with rigid boundaries*. We will instead propose food for thought, principles which have not yet been developed, and which will provide the basis for Regionalism."

The famous *Bases de Manresa* were approved, and Domènech defined them once again, well aware of the task that had been accomplished.

"Whether their fate is favorable or adverse in times to come, we have done our duty. *As the Spanish nation moves towards its destruction; as each individual selfishing works to save his own fortune from the widespread ruin or to exploit the public disaster to amass a new one*; at a time when no one believes or can believe it possible for today's Spain to be regenerated because it continues addicted to the same vices and clings to the same system that brought about its ruin, it is the duty of honest men of good will to join together and work to restore what can be salvaged from the general wreckage.

"We are all children of the Catalan nation, which still has the strength to regenerate itself, and it is our duty to work for its future since there is little we can do for its present. Catalonia joined the Spanish state of its own free will; our ancestors served Spain loyally, working hard and leading it towards prosperity; loyally and heroically they fought against its ruin, and then stubbornly and indomitably resisted - until they died on the battlefield - the rash central policy that was bound to drive us to an abyss, and has indeed done so. We owe nothing to the Spanish state. Nothing more than bloody injustices and cruel humiliations. And once again we so-called separatists do not look beyond the Spanish border to prosperous neighbouring nations that would receive us with open arms, but rather, *as the hour of the disaster approaches*, we hoist the white flag of truce once more, sending a new message of union to the Iberian regions that were long ago joined in brotherhood.

"There is still hope that we will all be saved, we tell them, if the old treaties are given new forms that are adapted to modern needs and you work and allow us to work to profit from the strength that is latent but still alive in the hearts of the natural regions of Spain.

"Let us rid ourselves of the rotten monster of the central government that corrodes our blood and eats us alive; let us work freely from our homeland to make the most of the sparse riches that are currently embezzled from us; let us invest them in exploiting our mountains and mines, the force of our rivers; let us build roads and create vehicles that will transport us on the highways of civilization; let us revive our ancient arts and the trade that once made Spain the ruler of Europe, that brought credit and glory to the colors of this flag of which you are so proud and which you have allowed to fall so low; let us advance freely on the road that will lead us again to the forefront of civilized societies. We have faith and strength, and we will succeed."

***

"Your aspirations are better captured in the Bases you have just approved than in any synthesis I could possibly make; may they successfuly endure *the fearful times we are living in and the even darker, more tempestuous times that lie ahead*. We are starting anew, and from the heart of our land we have chosen the materials to build the ship that is the sacred ark to which we entrust the salvation of our nation and which we launch upon the sea of public discussion. *It will be rudely attacked; I do not expect it to reach its destination unscathed*. Yet it or the fragments it leaves behind will remind our children and our grandchildren that we witnessed times of corruption and of lost faith with heavy hearts, that we did not grab at the remains of our fallen country, but instead joined with our fellow citizens to raise it from the depths into which it had sunk. If Catalonia could count on the efforts of all its children, its restoration and prosperity would be a triumphant, easy task."

The following year, 1893, Domènech, who had demanded that the Spanish government explain its mismanagement of Catalonia, once again prophesized disaster, describing it in the tragic words of a man who was all too familiar with the problems of Spain. These words were an epilogue to his report on the status of public works in Catalonia and of the cumbersome Spanish administration, which taxes us as if we were a rich state and then gives us the services of a poor one, where the private sector lives the life of a European country while the public administration operates like some place in Africa.

The immediate object of this report, according to Domènech, was to show our fellow citizens the material prosperity of which Catalonia would be capable if it had its own government and could make use of its own income, and its ultimate objective was to prepare the execution in more or less remote future of as many public works as are necessary for the progress to which our land aspires.

This report would also serve another purpose: by the mere fact of being published it would prove that the central Spanish government was utterly incapable of letting us attain the most basic level of modern countries in terms of public works.

"After two or three hundred years of central government, we would be ridiculously naïve if we were to believe that the Spanish state could stop beating around the bush and finally impose order and administration, setting aside its inveterate vices of proud presumption, thoughtless lack of foresight, disorder and demoralization.

"Because we were governed according to these vices, we lost power in Central Europe and Italy; the same vices led us to lose the American continent. *Because they are ruled by these vices, we are losing the Antilles and are bound to lose our territories in Oceania*. The same vices consumed the treasures that were brought back from America; all the wealth of the Spanish Church, the government properties and those of the crown, those of towns and corporations and everything that could conceivably be sold or pawned in Spain.

"Even now there are those who claim that the races of the North and East should imbue the central government with our practical instinct. There are even those who speak of exerting a Catalan influence in Spain despite the fact that we are not wanted there and there is no human strength nor intelligence capable of changing that. Neither the greatest legislator nor the wisest government that could possibly be formed would know how, or be able to, turn the central government's all-pervading bureaucracy present into an economically viable system; the strongest force shrinks upon hearing the clamor of hundreds of thousands of families who live off the public administration or gnaw at it from the outside and are to a great extent utterly unfit for the hard work and laborious tasks of material improvement.

"When you come across the great mass of a rusty old motor, do not dream of repairs or reforms. The only solution is to pull it apart and melt down its parts."

Everyone knows how those prophesies were fulfilled and the influence they had on public life in this land.

Domènech's position in the life of Barcelona at that time is well known.

Aware of the possibility that a vacuum of power might be produced in the city in those days when we were threatened by foreign troops and domestic anarchy, he organized the Junta de los Cinco Presidentes with the presidents of the most important associations in Barcelona so they would act as a popular government of sorts, alert to the dangers that might overwhelm the city. The federation of the Sociedades Económicas de Amigos del País, the Instituto Agrícola Catalán de San Isidro, the Ateneu Barcelonès, the Foment del Treball Nacional and the Liga de Defensa Industrial y Comercial has since become an urban and regional institution that makes a significant contribution to guiding the life of Catalunya.

As I write these lines four years later, that federation of illustrious aristocrats that took a message from Catalonia to the King (Lluís Domènech, president of the Ateneu, Juan Sallarés of the Foment, the Marquis of Camps of the Instituto Agrícola, Sebastián Torres of the Liga de Defensa and the ill-fated Doctor Robert of the Sociedades Económicas) have never ceased in their efforts. The federation continued its revolutionary movement of protest against Villaverde's taxes, continued struggling in the elections that took the presidents to the Spanish Parliament, continued working to settle the general strike, and has not yet concluded its work. A few days ago, the presidents addressed the king on behalf of the Catalan people, expressing their outrage at Romanones' decree forbidding the use of the Catalan language in schools and insulting the vehicle of external expression of this country's ideas, which has been used by so many philosophers, poets and artists.

Domènech was one of the people who worked hardest on the famous campaigns of *La Veu de Catalunya*, whose pages conveyed his vibrant, concise and biting style, full of knowledge and good sense. Some of his articles have had an enormous impact on the course of events in our regionalist movement. In the midst of the separatist, pro-annexation movement that arose in Catalunya when Spain was losing its colonies, a movement that represented the protest of a strong society against those who had lost two worlds with their savage intemperance and their hollow native pride; in the midst of the mindless passions of the former Patriots, when only the poor suffered the consequences of the war in Cuba, dying of hunger in the jungle, Domènech clearly defined the mission and duty of the Catalans in his famous speech opening the academic year at the Ateneu, stating that they must make their downtrodden country react and impose its sound judgement in Spain.

The lecture, which compared the loss of Cuba, Puerto Rico and the Philippines to what happened in the times of Carlos V and Felipe II, portrays Domènech's political personality, demonstrating his knowledge of history, his great mastery of politics and of style, which can be inferred from the difficult translation of those words that many a writer might envy.

"We must realize," he said, "that the modern world in general is on the side of the Catalan people...

"Catalans are industrious, hard-working, intelligent and active, foresighted and organized, individually enterprising yet reserved, and are therefore well equipped for modern life. However, they lack a collective spirit of enterprise, the broad and transcendent views that can only be acquired through the complete education and participation in the major universal events.

"On the other hand, they have an enormous capacity to assimilate. It is remarkably easy for the artist, the industrialist or the businessman to work his way up, and perhaps not be the first, but certainly among the best in relation to his competitors in the great centers of universal activity.

"The ideal of a society like Catalonia that sees itself growing healthy and strong must be to build a center of civilization with a life and character of its own, one that can offer security, strength and prosperity to its children, and influence the progress of human civilization.

"Although the modern outside world may be suited to the Catalan character, that is hardly the case for the immediate surroundings in which we now live. All of Spain has provided a fertile field for Catalan trade and industry, and it has proven lucrative, though risky, to save with the usurious interest granted by the Spanish Treasury. But that very ease with which we made products and obtained wealth has brought about a narrowing of views, leading away from the universal movement and making Catalonia protective to its industry and its trade in a single market where production is uncertain."

In the speech from which these paragraphs are quoted, Domènech compared the current government to those of other times, revealing a history of economic disorder and State borrowing at usurious rates. The country is always living off foreign loans; the old story of good intentions; of bureaucracy, of countless immoral employees kept on staff to avoid having to dismiss them and then endure their complaints; the time that has gone by since it was acknowledged that work was necessary, that promotion of material interests should be encouraged. It is the story of the inadequacy of brave armies led by generals who lead them to disasters and navies led by inland seamen, and the precedent of the famous expression, "the last soldier and the last *peseta*."

According to Domènech, that expression originated with Felipe II, who referred to the Flemish wars in the following terms: "before I surrender, I will lose all my states and one hundred lives, if I had them, because I neither intend nor wish to be the lord of heretics... and if all cannot be solved as I wish without taking up arms, I am determined to take them up, and I will personally take charge of all executions, without being stopped by danger or by the ruin of all those countries or of all the countries that remain under my rule."

After having spread terror with the executions of the *Tribunal de Sangre* (Court of Blood), the implacable Duque de Alba proved incapable of repressing the uprising he had brought about and did not hesitate to ask the King to *do everything within his power and use every gentle word that could be uttered in this world* to subdue the Flemish. The King replied to his cry for help saying that he would easily find a skilled, loyal successor for him, one *whose moderation and mercy would put an end to a war that could not be ended by even the most severely wielded weapons.*"

Domènech concluded his speech as follows:

"Within Spain, only a loyally conceived, truly autonomic solution could satisfy the historical aspirations and modern needs of Catalonia.

"Once its government was restored, our land would once again be the downfallen Spanish State's strongest bulwark against foreign ambitions.

"The study and experiences of the past and of recent disasters have led us to the definite conclusion that we are being dragged to our destruction.

"Without due representation in the Spanish government (we all know that representation can also be false) Catalonia considers itself to be far removed from the current disasters, many of which it had actually foreseen."

Recently, Domènech was able to use the

authority of his position as a representative for Catalonia to repeat these same ideas and define Catalan policies to the Spanish Parliament.

At times, when I have read certain Barcelona newspapers that attack Lluís Domènech without knowing him, and seen how certain people only stand out by criticizing those who rise above the crowd, I have feared that our sad fate has condemned us to being governed by strangers or ruled by those who appear as wise -the rigid, serious men who alone manage to escape the venomous bile of the enemies of our country's progress- and to follow in their steps, leading a tame, bourgeois existence, contented with belonging to the withered mediocrity of a former civilized state, as if we were a degenerate Yankee society.

Those of us who know how difficult it is to find someone capable of embracing the complexity of a community's life, those who know how scarce men of integrity are among us and how few do not conceal a coarse mind in the head of an artist or a thinker, fear for the future of our race, which is now incapable of carrying out the great ventures led by the businessmen of Barcelona and supported by our citizens who, like the Italians and the Flemish, belong to cities made rich and ennobled by hard work.

That fear mingles with the doubt as to whether the average citizen's education makes him inferior to his counterparts in other countries or whether the environment is discouraging enough to stop him from opening a broad, easy road such as others are opening.

When we think of all that remains to be done, the state of our cities compared to that of other more fortunate ones in Europe, the education of our official sages, the value of our politicians, the culture of the rich and powerful, the difficult task that must be performed and those who must perform it, at times our spirits fail us, we feel discouraged and pessimistic, believing that what we have striven for throughout our lives is unattainable.

I have sometimes seen this discouragement in the man I am speaking of, caused by dead moments such as are part of every struggle, or at times by utter exhaustion from the pressures struggle entails. Yet at other times, listening to or observing him, contemplating his work, particularly what he has done for society, I feel the impulse and the fever of his work on the collective task of rebuilding our nation, of creating an art and a culture here, of transforming that servility and that *greedy poverty* described by Dante into an open, prosperous life, of changing the coarse work of Spanish American exports to a cultured, European effort.

If there were more men like Domènech, this dream would soon come true.

Page 165, Spanish version

Maestro Lluís Domènech i Montaner

Bonaventura Bassegoda
Catalana, Revista. VII, 158, 1924, pp. 10-12

The more is said or written about the man we have just laid to rest in his grave, the more aware we become of how much has remained unsaid. His extraordinary character cannot be captured within the narrow limits of a conversation or an article and even less so if we try to sketch a moral portrait or human likeness. Modern polygraphy has just lost one of its pillars, and one can well say that since the death of Miquel S. Oliver, perhaps as scarcely known as Domènech i Montaner, we have precious little left in the way of major intellectual figures. And I am not referring to culture, since that word has been so overused for all sorts of extravagance and sensuality that it can hardly be applied to the two models of sovereign spirituality I have referred to above.

I said that Lluís Domènech was not well known, and I must qualify that statement. His knowledge was so broad that it was impossible to grasp it all at once; new areas were constantly being unveiled. Just as the heir gradually comes across new memories of the deceased in corners of unsearched drawers -a jewel, an autograph, a bag of gold coins- likewise, each time you ran into the maestro and the conversation ventured into new realms, a whole series of subjects emerged that were new to you, and that you would never have imagined he would have talked about.

This was true not only of the past, but also of the present. He was abreast of everything that was published; he read incessantly. He wasn't often seen in libraries, particularly the one at the Ateneu, because he sacrificed his regular lunch hours to be there alone and undisturbed, not like others who spend hours in the library and do not even know what they are reading.

When he was a student at the Madrid School he was greatly admired for his drafting skills. Rumor has it that in a closed-door exam he and Arturo Mélida (another remarkable man) finished their assignment early and used the remaining time to help their fellow students so they would not lag too far behind. And he is remembered not only for this generous act but for many others. There were several other Catalans at the Madrid School; Falqués, Salas, Tarragona, and Pasqual i Tintorer. Poor Falqués caught typhus in his boarding house, from which all the other students quickly fled. Domènech and Pasqual cared for him day and night, not mentioning a word to his parents so as not to worry them. They cared for him as if he had been their own brother. I heard this story from a grateful friend: Falqués himself. The others didn't lift a finger.

Domènech had a noble, generous heart, and the kind of moral standards that are offended when faced with injustices or coarse words and actions.

As a teacher, he was priceless. He drew out his explanations as long as he could, concentrating on them to such an extent that he would forget the rest of the class and focus on the one or two pupils who showed special interest. When he left the rostrum at the end of the lecture he carried on teaching by means of friendly conversation. His drawing skills, which enabled him to create the numerous pieces that were constantly published in the newspapers, were equalled if not surpassed by his talent for writing, and he prepared speeches (for the Jocs Florals, the Ateneu and other pro-Catalan societies) as well as many other monographic papers and lectures that have never been published. It would be a pity if they were all consigned to oblivion. There is no doubt however that his illustrations made for costly publications. They were filled with sketches and pencilled notes and were very expensive to reproduce.

His literary interests led him to publish the *Biblioteca Artes y Letras* collection, which gave him little profit, a great amount of work and serious troubles.

He wrote and illustrated much of the *Historia del Arte* collection for the Montaner i Simón publishing company, of which the first two volumes on architecture were printed.

Lastly, he left us his chef d'oeuvre, the "Armorial històrich Català" (Catalan Book of Heraldry), awarded a twenty-thousand peseta prize in the last Martorell Contest. Unfortunately, this piece, which he finished towards the end of a lifetime of hard work, will not be published, because when he received the prize he was already housebound, confined to the bedside of his dear companion, whom he loved with all his soul, during the sad hours of her illness.

He died without having seen the completed Hospital de Sant Pau or the building of the sumptuous monument to King Jaume I, the Conqueror, in the cathedral of Tarragona; what with one thing and another, this last fruit of his talent may never be more than a drawing on paper.

Domènech i Montaner the politician was always characterized by his austerity. He never faltered in his unrelenting determination to make Catalonia greater, and if he ever took paths that might have led him astray, he soon left them to patiently and calmly return to the course he had set from the very start. It is too early to judge him as a patriot. In order to be truthful and fair, history needs to be misted by time, which filters passions and leaves only the most valuable sediment: the synthesis of a life that has been freed from the onslaughts of its contemporaries.

One day or another, justice will be done to

his legitimate aspirations and his works. They were both so closely bound together that the most important academies had eagerly offered him seats, which his excessive modesty kept him from accepting. He did, however, occupy a seat in the Spanish Parliament during the crucial period when the inflamed voice of Dr. Robert took Catalunya's struggle for autonomy to Madrid.

May the fighter for good causes rest in peace. His life and his death were in turmoil. Even his last moments were a torture as he fought death, refusing to be an easy prey.

Glory to the teacher, the artist and the honest man!

Page 166, Spanish version

Excerpts

Rosend Serra i Pagès
Boletín de la Real Academia de Buenas Letras de Barcelona, XII, 90-91, 1926, pp. 386-410

From Germany he imported the science of building and architecture which the wise Teutons had used in the splendorous age of their victory over France and applied it to the works he was commissioned to design, explaining it clearly and with a Latin twist to his students who never tired of listening to him and who admired his constant efforts to renew his classes and always keep up to date.

From France he brought the spacious and beautiful work of the Romantic architects who, inspired by the Renaissance and with the special touch that marked the 17th and 18th centuries, designed such beautiful buildings as the École des Beaux Arts in Duban; Bartholdi and Espérandieu's Longchamps Palace in Marseilles, Garnier's Grand Opera and others. He studied the work of Viollet-le-Duc, who was not only an incomparable essayist but also celebrated for his restorations of Notre-Dame in Paris and the walled city of Carcassonne.

He went to Italy where he studied ancient Roman construction and this helped him a good deal in his study of Catalonia's monuments from that same period. He admired the marvels of the Renaissance and particularly the special flair of architecture in Venice as exemplified by the Doges and Vendramin palaces, Cà Doro, the library, the admirable St. Mark's Basilica and many other buildings. Still, his favourite of all was the Doge's Palace which had been rebuilt several times: its Gothic façade from the 15th century; the two splendid ogee-arched galleries with over one hundred columns with lavishly ornamented capitals; the outstanding courtyard, the majestic stairway; the Golden Staircase, the huge council halls filled with famous paintings; the large halls and other assorted rooms, all of which were exactly right in terms of distribution, proportion and decoration for the objects housed there.

The architect and builder was gradually shaped by studying the work of others, by reading, by visiting monuments. His work is always clear and its structure clearly expressed as is the way materials are adapted. The volumes of the buildings are well thought out in terms of their proportions and their relationship to one another. His distribution of openings and solid walls is highly knowledgeable and he uses very graceful shapes and finishing touches which make lovely silhouettes when clearly outlined against the sky.

But in addition to constantly studying architecture, he was also constantly learning about history and archeology, nourishing himself, at least as far as Catalonia was concerned, on four great works: *Cròniques Catalanes*; Zurita's *Anals d'Aragó* (which for him were to history what the Doge's Palace in Venice is to architecture); Bofarull's *Comtes de Barcelona vindicats* and the *Història general del Llenguadoch* by the Congregation of Saint Maure.

Domènech took his knowledge of classic works of architecture and the spirit behind them and followed it through all its derivates of *sfragistica*, heraldry, toreutics, ceramics, armory, etc. attaining a rare global understanding of art. He could unhesitatingly plunge into the shadows of history, knowing the canons of each style, perfectly aware of the needs of every age and the countless number of objects to which they can give rise and he took the most modern scientific principles and joined them to his skill as an artist to whom ideas come easily and who carries them out with indisputable elegance.

An outstanding example of Domènech's solid background in art is the beginning of his *Historia General del Arte*, published by Montaner i Simón in 1886. The first volume consists of I. Primitive architecture, which describes the buildings and monuments of prehistoric times; II. Egyptian architecture, which is examined according to quite modern criteria and deals with the country, the sites of the ancient monuments, the people, the historical periods, the civilization that gave rise to Egyptian architecture and the materials, construction methods and type of ornamentation used. Having established the background to his work, he then proceeds to give detailed descriptions of funeral monuments (steles, burial mounds, tombs from the ancient empire, mastabahs and pyramids), religious monuments (the abundant temples and their assorted outbuildings as well as the various sacred objects in the sanctuary: the boats of Bari, altars, statues and offertory tables); civil monuments (palaces, houses, labyrinths, bridges and canals) and military monuments (fortresses and battlements). And III. Chaldean and Assyrian architecture with the same format as the section on Egypt. Seven hundred forty-six large pages with about 850 illustrations (not counting the color plates which are separate from the text), many of which were drawn by Domènech himself, showing floorplans of all the temples, assorted perspectives, general views, interesting details of sculptures, base-reliefs, ornamental work and reproductions of an infinite number of fragments which graphically reveal the public and private lives of our ancestors. It is a great pity that the author's excess of professional zeal prevented him from continuing his work, but the rates the publishers paid him were not commensurate with the amount of work he invested in the project, beginning by studying the complete history of each monument before even starting to write about it.

In 1887 and 1888 Domènech was exceptionally busy with his own studies and his teaching at the School of Architecture. In addition, he bore much of the burden of arranging the World's Fair and was President of the Lliga de Catalunya where in his prescribed speech he explained why the Lliga's aristocratic members were participating in the Fair despite the opinions of the political parties and their newspapers, and clearly voiced the Lliga's aspirations. The following year when the new Civil Code was passed he published a manifesto entitled *Nova lley y cau de plets per la familia catalana*.

There was a tremendous amount of work involved in preparing on short notice lodgings fit for the queen and her entourage, building a huge palace-restaurant and the 1000-bed Hotel Internacional. This was all further complicated by the fact that business at the City Hall could not be disrupted and though time was at a premium Domènech was abruptly prevented from progressing any further by the existence of one large room that had been turned into offices/archives. His pleas were useless in the face of bureaucratic routine and the huge bundles of papers couldn't "be sent upstairs" because in official language that meant they would have to go through a complicated process in which they would be stamped with all the regulation "receiveds", initialed, notes taken and the pertinent signatures affixed and no matter how quickly this was done it would still not be finished until long after the World's Fair had ended. Since no one was more interested in success and in the royal chambers being finished than the Mayor himself he gave Domènech permission to do whatever he felt necessary and one night Domènech ordered the office door torn down and the entire stock of documents carefully moved to the upper floors. When the official in charge arrived the next morning he stared in horror at the devastation (the builders were already hard at work) and shouted, "Mother of God, what is going on here?"

"As you can see," Domènech replied calmly, "I've speeded up the process and sent everything upstairs." And, of course, that was all there was to it! The documents were duly filed and the remodelling finished in a matter of days.

The Gran Hotel Internacional was truly an amazing building, reminiscent of the castles and palaces in fairy tales built by spells and superhuman creatures who toiled feverishly day and night, piling stone upon stone and finally completing their work at the very moment agreed upon. That was how they built the beautiful hotel at the eastern end of the Paseo de Colón with its lobby and dining rooms large enough to accommodate an army, with one thousand rooms tastefully decorated although everything was improvised and done, so to speak, on the run, built on less than solid ground that had been almost wrested from the sea, with no plans and in the space of fifty-three short days. It was admired by locals and visitors alike and I still remember Barcelona's justified pride over the telegram from the United States, asking if such a feat had really been performed. There were countless problems to reckon with and Domènech was frequently awakened in the dead of night with questions about how to solve some serious setback that had arisen and he would reconstruct the building mentally, gazing at plans traced in space until suddenly he would come up with just the right answer and go back to sleep again. I know this happened many times and every time I think about it I can't help remembering Moltke, who was awakened in 1870 with the news that war with France had been declared. The great commander simply pointed to the shelf where he kept his plan for invading France.

Naturally, none of this would have been possible had Domènech not had a close-knit team of assistant architects and craftsmen who worked in tile, wrought iron, glass, polychromy, etc. The former were drawn from among the many architects he had trained throughout his years as a teacher at the School of Architecture. They were extremely fond of him and it would not be exaggerating to say that they adored him for his brilliant technical and artistic talents and for his good-natured personality. The craftsmen were harder to find. They were people he had selected from among the artists who worked with sacred art, taking them under his wing, giving them models, teaching them processes and giving them all sorts of assistance. He got excellent results this way, especially in decorative tiles from Valencia and tile work in general, stained glass, iron work and all the ornamental arts. Incidentally, one of the craftsmen who worked with metal made some copies of antique swords for the Café-Restaurant that were real masterpieces and he buried them right there on the building site so they would take on the patina of age. While pulling out some poles that had sunk deep into the mud a labourer caught sight of some rusty old pieces of steel. He retrieved them and cleaned them off, only to discover the handsome swords beneath. He immediately raced over to Domènech with the news. At the time Domènech was engrossed in some technical problem and simply said, "Take them to City Hall right away. They can donate them to the museum". Just as the labourer was about to do so, the swordmaker realized what was happening. Thoroughly embarrassed, he asked Domènech to countermand his order because he was planning to sell them to an antique dealer from abroad who was going to pay generously. Domènech couldn't keep from smiling and he agreed on condition that the swordmaker never return to the site again. The swordmaker kept his word and no brand new antique weapons were ever again found on any of Domènech's construction sites.

Page 169, Spanish version

The Decorative Aspect of Domènech i Montaner's Work

J. F. Rafols
Cuadernos de Arquitectura, 24, 1956, pp. 1-6 (97-102)

1. Biographical outline

The architect Lluís Domènech i Montaner was born in 1850 in Barcelona, where he died on December 27th, 1923. He studied in his hometown and in Madrid; he graduated in 1873. In 1875 he began teaching in Barcelona at the Escuela Superior de Arquitectura, where he later was named Director.

Under Elías Rogent's excellent supervision and hand in hand with his close friend José Vilaseca, Domènech worked for the World's Fair which was held in Barcelona in 1888.

Domènech's untiring and extraordinary contribution to this World's Fair marks the beginning of a glorious period in his artistic production when he was still a young man.

We are still fortunate to be able to admire the building which was the Café-Restaurant in the park in those days of splendor and witness his understanding of austere volume without sacrificing the careful details; Domènech asked the artist Pellicer to help him with the illustrated ceramic scrolls below the battlements.

An example of extraordinary serenity of composition, the Hotel Internacional —built in fifty-three days— was another outstanding building which Domènech built for the Fair. It was later demolished because it had been raised on grounds that had been ceded temporarily by the Junta de Obras del Puerto (Port Construction Board). Illustrations of its unique hall were published in 1888 in *La Ilustración Española y Americana.*

Domènech designed and then directed construction of the Palau de la Música Catalana, the Hospital de Sant Pau in Barcelona and the Institut Pere Mata in Reus.

Along with the seminary in Comillas, which he built in his youth, these are his most complex constructions, but aside from these, Domènech i Montaner also designed and built a number of important private residences, several of which were in Barcelona: the Casa Thomas on Carrer Mallorca 291 (he was only responsible for its first stage when it consisted of a ground floor and a main floor (his son-in-law, the architect Francesc Guàrdia, was responsible for the floors that were added on later), Eduardo S. de Lamadrid's house on Carrer Girona 113; Albert Lleó i Morera's house on the corner of Passeig de Gràcia and Consell de Cent, and the Casa Fuster, near the gardens at the top of the Passeig de Gràcia. Other important buildings designed and directed by Domènech were the Gran Hotel in Palma de Mallorca, four private residences in Reus, and another private residence in Olot. He also built in L'Espluga de Francolí, restored the Castell de Santa Florentina in Canet de Mar, and gave his unique style to the interiors of the Hotel de España on Carrer Sant Pere in Barcelona; most of his contribution to this building can still be seen today.

On three different occasions, Domènech was awarded the Barcelona City Council's annual prize for the best new building in the city.

He published architectural papers and studies on history and art; some of the former are "Iluminación solar de los edificios" ("Solar Lighting in Buildings") (1877) and "Acústica aplicada a la arquitectura" ("Acoustics Applied to Architecture"); among the latter are studies on Centelles, Poblet, Santes Creus, Sant Cugat del Vallès, Santa Maria de l'Estany, Romanesque architecture in Tarragona, and the Barcelona City Hall. He also researched Romanesque architecture in Catalonia and the history of several old Catalan families (Cardona, Pinós, Alemany, Cruïlles, etc.)

He was president of the "Unió Catalanista" in 1892 and a member of the Spanish Parliament representing Barcelona from 1901 to 1905. He was President of the Ateneu Barcelonès in 1898, 1911 and 1913 and also President of the Jocs Florals. He was a member of the Real Academia de Bellas Artes de San Fernando and the Acadèmia de Bones Lletres in Barcelona.

Lluís Domènech i Montaner was also involved in several publishing ventures such as the *Arte y Letras* collection, which he directed. He wrote the first volume of the Art History collection published by Montaner y Simón. When he was director of the *Arte y Letras* collection, he invited his most prominent friends in the art world to collaborate with him. Yxart was the main literary figure; Apel.les Mestres, Pellicer, Joan Llimona, Alexandre de Riquer, Francisco Gómez Soler and Maria Foix were hired as illustrators.

2. The renowned architect's use of decorative elements

Lluís Domènech i Montaner inspired respect and veneration at the School of Architecture. We didn't dare express our doubts and worries when he looked over our projects. On the other hand, in Composition class he would alternate an enormous amount of information and theories with wonderful digressions into the field of history. All of this contributed to developing his image as an outstanding architect, an expert at structures who was also involved in a wide range of cultural ventures.

It has only been years later, long after his death, that we have discovered the great artistic value of his work, which we were unable to appreciate in our youth, perhaps because we were distracted by other figures whose presence was overwhelming at the time.

Other writers who are better endowed than I to analyze actual architectural structure and building techniques will undoubtedly voice an abundance of theories, suggestions and observations on the occasion of the centennial of Domènech's birth. I merely intend to remain within the realm of the **faith** and **poetry** in Domènech's work, which in no way whatsoever hindered his technique or his professional endeavours.

His patriotism is particularly apparent in the architectural and decorative elements of the Hospital de Sant Pau. With Perrot and Chipiez at the point of his sharpened pencil, with Viollet-le-Duc at the service of his great knowledge of the Middle Ages, Domènech became involved in turn-of-the-century Catalan politics, never separating his two identities as an architect and a politician. He was President of the Unió Catalanista; earlier on he had belonged to the Lliga de Catalunya and afterwards he was involved in the Lliga Regionalista, fighting beside Doctor Robert in the Spanish Parliament in Madrid. Meanwhile, the Ateneu Barcelonès, the strictly cultural organization in favor of Catalan traditions, named him president three times. All of this may lead one to believe that Domènech i Montaner was a secessionist. However, that would be a true misconception, since even if he had been a secessionist at some point in his diverse and disperse career, his overwhelming knowledge of history and art would have changed his stand. I will make the point clearer still: after an initial dip into his Mediterranean origins, the president of the Unió Catalanista was very Spanish in his art. His work synthesized all his knowledge: the first civilizations, which he drew and wrote about in Volume I (Mesopotamia and Egypt) of the Art History collection published by Montaner y Simón; ancient Greece and Rome; Byzantine art and its combinations of structures and chromatic ornamentation and finally the peculiarly Catalan style of the lobe-shaped arches and other details of Sant Pau del Camp, which he so liked to combine with Roman orders and *Modernista* floral adornments. But of his vast store of knowledge, which transcended geographic limits, country borders and acknowledged historical cycles, he was perhaps most strongly influenced by Flamboyant and Isabellino-style architecture on the one hand, and on the other, insistently and obsessively, by the Mudéjar tradition.

Domènech i Montaner's intellect and his artistic sensitivity must have been particularly captivated by Hispano-Arabic ceramics. One can imagine him -what need is there to know for sure?- in friendly conversation with Osma, with his friends Gallissà, Font and Gumà, the latter of whom was known both as an architect and as a collector of Catalan and Valencian tiles. Domènech never lost his youthful and vivacious enthusiasm for this subject. At the Morelló pharmacy, at the Ateneu or at his family's country home at the Castell de Santa Florentina, whenever he received one of those visitors who was fascinated by simplicity and the Moorish or Mudéjar sense of color, Domènech i Montaner was thrilled and full of enthusiasm.

The Moors, the Moriscos and the Mudéjars tore Domènech i Montaner away from the Catalanist party and made a true Spaniard of him, as can be seen in his many exceptional private and public buildings.

We must note, however, that the architect Domènech i Montaner's interest in history never prevented him from adhering to the styles of his time. His thorough knowledge of the past never kept him from being well informed about the present (the present, that is, of his time). The classes he taught unquestionably proved his knowledge of the progress and improvements in architecture. He was also extremely curious about and fascinated by anything concerning the evolution of the fine and decorative arts, by the splendor which the magnificence and abundance of his various floral capitals gave to his work. Some of them are even animal-shaped, like the bird nests on the axis of the ground floor of Casa Fuster, right on the Passeig de Gràcia in Barcelona. One would have to study or at least take a short course in the composition of floral capitals to be able to adequately discuss this interesting and peculiar aspect of Domènech i Montaner's work: its strictly Modernist decorative aspect, particularly in his capitals,, which demonstrates that the obvious historical influences in his work did not prevent him from linking it to the art of the moment. His ornamentation is the outcome of a period which we remember with nostalgia, in which the unusual conjunction of Munich Secessionism, the Pre-Raphaelite movement and Parisian Modern-Style took place.

How can one relate Domènech's *Modernista* floral crests to his neo-Ionic columns, to his eaglets and dragons of Mudéjar roots, to his heraldic elements taken, perhaps, from the Isabellino style, and to his wide arches of Gothic proportions? To succeed in this difficult mixture of styles, Domènech needed all his strength and talent, as well as the intensely poetic spirit which is apparent in the arrangement of his floral ornaments on the supporting elements and in the subtlety of the openwork in the designs along the surfaces or on the pinnacles of his buildings.

As well as being a Catalan architect -in the innermost reaches of his being - the eminent Lluís Domènech i Montaner was a Spanish architect. Stylistically speaking, he had great faith in Spain. By the same token, he did not turn his back on the ornamentation that marked art of his times concerning. He felt *Modernisme* deep in his soul. A devout follower of the movement, he wanted it to be known that he was not a mere historian and scholar; he was a great man who, like Verdaguer, adored the poetry of plants and flowers, a poetry which he adapted brilliantly to the geometric rhythm of his work without sacrificing any of its pristine charm.

Page 172, Spanish version

Background Notes

M. Coll i Alentorn
Cuadernos de Arquitectura, 52-53, 1963, pp. 62-64

Lluís Domènech i Montaner was born in Barcelona on December 21, 1850, during Spain's "Moderate Decade". At that time the country was ruled by Isabel II through General Narváez's fourth cabinet. In France, following the 1848 revolution with its repercussions throughout Europe, the prince/president Louis Napoleon was preparing for his coronation as Emperor Napoleon III. In England Queen Victoria reigned with Lord Russell as her Prime Minister, and the country was embarking on a period of prosperity which was to last a quarter century. Not long before this, the Emperor Franz Josef of Austria had begun what was to be a long and troubled reign. Friedrich Wilhelm IV, already on the brink of the madness that would later completely overwhelm him, reigned in Prussia, which was becoming the nucleus around which the constellation of German states revolved. Victor Emmanuel II, king of Piedmont and later to become first king of the united Italy, had just taken over the crown following the abdication of his father, Carlo Alberto who had been defeated in Novara by the Austrians. In Russia Czar Nicholas I reigned in absolute sovereignty. In the United States Vice-President Fillmore had just succeeded the late president Zachary Taylor, one of the architects of the conquest of California and New Mexico which had practically doubled the country's territory. And lastly, Pope Pius IX had returned to the Eternal City after two years of exile in Naples where he had been driven by the climate of insurrection in Rome.

Seventy-two years later, on December 27, 1923, Domènech i Montaner died. The Holy Father at that time was Pius XI, an active man who had recently been made Pope and who, a few years later, would end the period of Vatican isolation begun by Pius IX. The President of the United States was Calvin Coolidge, the taciturn former Vice-President who had succeeded the weak and incompetent President Harding who had died on April 2, 1923 before completing his term of office. In Russia, now the Union of Soviet Socialist Republics, Lenin continued introducing his New Economic Policy which had been easing the rigors of Communist doctrine since the summer of 1921, but his days were numbered: death was to claim him on January 21, 1924. In Italy, slightly more than a year after the March on Rome, Mussolini's fascist regime continued gaining strength. In Germany, where the Weimar Republic had replaced the Hohenzollern empire, the socialist Ebert was president, Wilhelm Marx, the Christian Democrat, was chancellor, and a *putsch* led by a mad painter called Adolf Hitler had been put down not long before. Austria had become a small, unstable republic and was leading a precarious existence under the presidency of Michael Heinisch with the Christian Socialist Ignaz Seipel leading the cabinet. Under the rule of George V, Queen Victoria's grandson, England had a conservative prime minister, Stanley Baldwin, who would soon be forced to step aside for Ramsey MacDonald and the first Labour government. And Spain had come full circle and was once more governed by a general, just as it had been in 1850. This time the general was Primo de Rivera.

So much had happened between those two dates that marked the beginning and the end of Domènech i Montaner's life. Somewhat later on we will take a look at what happened in Catalonia during these years, but first a rapid review of what was taking place abroad. In addition to the aforementioned events there was the Crimean War, the U.S. Civil War, the Prussian-Austrian War; the publication of *Das Kapital* by Karl Marx; the Franco-Prussian war and the aftermath of the Commune; the beginning of France's III Republic and unification in Germany and Italy; the building of the Suez, Kiel and Panama canals; the publication of Pope Leo XIII's encyclical *Rerum Novarum;* the Anglo-Boer and Sino-Russian wars, the Balkan struggles, the Turkish-Italian war, the First World War; increased use of electricity; internal combustion engines, aeroplanes and submarines; the Russian Revolution, the decline of the Austro-Hungarian and Turkish empires and the triumph of nationalistic principles in much of the world.

This was the background to Domènech's life. As can be seen from all the above, he lived at a time when radical changes were taking place.

Catalan literature's *Renaixença* was just getting underway when Domènech was born. Aribau had published his famous *Oda* to which Rubió i Ors had responded shortly afterward with his Catalan poetry published in the former *Brusi* under the pseudonym *Lo Gayter del Llobregat*. These poems had been collected in a book only nine years earlier and the year following their publication Rubió had been awarded first prize in a literary contest which was organized by the *Acadèmia de Bones Lletres* and was a sort of dress rehearsal for the Jocs Florals, a Catalan literary tradition which would not yet be recovered for years to come.

On November 3, 1842, just a few months after this literary event, "Espartero's bombs" were set off at Montjuïc Castle and fell on Barcelona. The state of siege was raised on February 18, 1843 and life had barely gotten back to normal when the first issue of the fortnightly *Lo Verdader Català*, which has been described as the *"Renaixença's* first newspaper" was published. It was a short-lived endeavour, lasting from March 15 to May 31, 1842. On September 4 Barcelona was bombed again during the Jamancia uprising and suffered repeated attacks between then and November 20th. Curiously enough, at the same time, on November 3rd to be exact, Victor Balaguer produced what was probably his first poem in the Catalan language and shortly after these dramatic days, in December of that same year, Milà i Fontanals published his first verses in Catalan: *La Font de Na Molior*.

The Bank of Barcelona was founded in 1844. In 1845, Jacint Verdaguer was born in Folgueroles and Josep Anselm Clavé founded the first of his workingmen's choirs, *L'Aurora*. Torras i Bagés was born in 1846 and Manuel Milà i Fontanals' brilliant performance in the competitive exams earned him the post of full professor of Literature at the University of Barcelona, starting on March 8, 1847. Also in 1847, Xavier Llorens i Barbà won his professorship in Philosophy at the same university; the war of the *matiners* broke out and was to continue for two entire years; the Liceu opera house was inaugurated and *La España Industrial* founded; the Board of Trade was suppressed; the current façade of Barcelona's City Hall was built; Felix Torres i Amat died and Prosper de Bofarull began publishing the extremely useful *Colección de documentos inéditos del Archivo General de la Corona de Aragón*. In 1848 Pablo Piferrer and Jaume Balmes died and the Barcelona-Mataró railway line - the first in Spain - went into service. In 1849 Father Claret founded his order of missionaries, the *Congregación de los Misioneros del Corazón de María* and was appointed archbishop of Santiago, Cuba. And last but not least, as mentioned at the beginning of this article, Lluís Domènech i Montaner was born.

He was born in the family home on the Calle Nueva de San Francisco. His parents were Pedro Domènech i Saló of Sant Just Desvern and Maria Montaner i Vila, eldest daughter of a family whose home in Canet was known as *El Castell de Santa Florentina*. Lluís Domènech's father owned one of Barcelona's leading book binderies and later branched out into publishing.

Lluís had two older sisters, one of whom died very young, and a brother who died shortly before their father, making Lluís the oldest male child. Not long after Lluís was born, the family moved to the Rambla de Santa Mònica where Lluís spent his childhood, becoming fast friends with the Elias de Molins children who lived on the same street and were schoolmates at the Colegio Galabetti.

During those years a number of things happened in Catalonia that probably shaped the character of young Domènech i Montaner. Chief among them was the first edition of the Jocs Florals poetry competition, which was held in 1859 when he was not yet 9 years old. This colorful event may well have contributed towards the development of the seemingly contradictory style that was to be his hallmark in the future and which could be labelled "medieval Modernisme."

Another event which must surely have impressed him as much as it impressed almost everyone else in Catalonia was the 1860 African war (the last war to enjoy popular support in Catalonia) in which General Prim and the Catalan volunteers played a major role. He must also have been impressed when Verdaguer was awarded prizes at the Jocs Florals in 1864 and again in 1865, praised on the former occasion by Mistral in words that turned out to be prophetic and on the latter, wrapped in a symbolic embrace by Mariano Aguiló. These events may have planted the seeds of his great admiration for the poetry of Verdaguer.

Meanwhile, after completing secondary school Domènech i Montaner moved to Madrid to study civil engineering. His artistic leanings soon led him to transfer to the School of Architecture where Mélida and Magdalena were among his classmates. Awarded a grant to study in Rome, he was forced to return to Barcelona after only a short time due to the death of his father. He completed his studies in 1873.

Some five years earlier a major event had shaken Spain's political life to its very foundations: the September 1868 revolution marked the beginning of a period of unrest and upheaval which did not end until 1874 when the Bourbon monarchy regained the throne. Outside of Catalonia the upheaval largely took the form of verbal harangues and purely superficial violence that did not seriously address the problem of actually changing the country's political and social structures. In Catalonia, however, radical, though not immediately visible, changes took place.

The end of the last Carlist war left the rest of Spain with a feeling of disenchantment and scepticism that led to a lengthy period of political stagnation but in Catalonia the demise of the old order triggered the appearance of new ideological ideas that were soon to have an impact on political life.

In brief, the evolution of the Carlist movement did a great deal to foster the emergence of a right wing faction in Catalan nationalist politics while the evolution of Republican federalism did the same for a left wing faction. Meanwhile, the advocates of protectionism and the economic interests of the country gradually grew closer to the Carlists while Republicanism became increasingly attractive to the people who favored turning the Catalan literary and linguistic *Renaixença* into a political movement. Domènech i Montaner was among these latter. In 1869, following lively discussions in the Café de Francia, the Suizo and the back room of the Farmacia del Pino, the first Catalan nationalist political association, La Jove Catalunya, was formed under the leadership of Riera i Bertrán, Aulèstia, Ramon i Vidales, Ubach i Vinyeta and Picó i Campamar. Lluís Domènech, who was barely 19 years old at the time, was among the members of the new organization along with Francesc Matheu, Angel Guimerà, Pere Aldevert, Pella i Forges, Roca i Roca and many others.

The mouthpiece of the new association was the weekly journal, *La Gramella*, which was published for most of 1870 under the direction of Francesc Matheu. The weekly's name clearly reveals that the group's idol was the legendary Fiviller. This is a name to be remembered.

La Renaixensa soon succeeded *La Gramella* as the voice of La Jove Catalunya. The first edition of *La Renaixença* was published on February 1, 1871, also under the direction of Matheu and with much of *La Gramella's* former staff.

This was the start of a period of Catalan nationalist politics captained by the charismatic Valentí Almirall. Emerging from the ranks of Republican federalism he quickly saw the advantages to be gained from the increasing importance of the four political factions mentioned above. With great determination and often with notable success he seized the opportunity to campaign for nationalism. In 1879 he began publishing *Diari Català* the first daily newspaper ever to be printed entirely in the Catalan language. The following year he organized the first congress of Catalan nationalists. In 1881 he made the final break with the Republican federalism of Pi i Margall. In 1882 he founded the Centre Català, with its motto: "Catalunya i avant." (Move ahead with Catalonia). In 1883 the second congress of Catalan nationalists was held. In 1884 the Centre Català became openly political. In 1885 Almirall was the guiding spirit behind the *Memorial de Greuges* (List of Grievances) which was presented to King Alfonso XII by a commission of prominent Catalans. In 1886, Almirall reached his highest point, publishing *La Catalanisme* and presiding over the Jocs Florals in Barcelona. This same year he founded a school, the Centre Escolar Catalanista, under the auspices of the Centre Català.

Throughout these years, Domènech appears to have remained loyal to the people behind *La Renaixença* and probably adopted the same attitude they did: opposing Almirall up until he founded the Centre Català and then collaborating with him. Still, Almirall was a difficult person and came from a very different background than Domènech's friends so it was inevitable that they would clash between them.

In 1887, preparations got underway for the following year's World's Fair in Barcelona. Almirall was actively opposed to the Fair while other members of the Centre and Domènech i Montaner in particular not only approved of the idea but were willing to become enthusiastic collaborators. This difference of opinion, combined with the personality clashes and the different backgrounds mentioned above, caused a number of valuable members to resign from the Centre. Among them were Guimerà, Joan Permanyer, Güell i Bacigalupi, Ferran Alsina, Lluís Domènech i Montaner and almost the entire youthful staff of the Centre Escolar Catalanista, who immediately founded the Lliga de Catalunya, under the leadership of Francesc Romaní i Puigdengolas, who was soon succeeded by Domènech. The Almirall years (1879-1887) had ended and the years of Domènech i Montaner (1887-1904) were about to begin. *La Renaixença*, which had begun appearing daily on New Year's Day 1881, was naturally the mouthpiece for the new group.

La Renaixença was basically the voice of what could be called the politically-involved literary branch of Catalan nationalism. It was more radically doctrinaire than other nationalist publications and showed a marked preference for cultural issues. The success of the literary movement (remember that Verdaguer's *L'Atlàntida* was published in 1877 and that Angel Guimerà that same year won all three of the prizes regularly awarded in Barcelona's Jocs Florals) must have given the people involved in it a certain importance on the political scene. Domènech was not really a member of the literati as such, but he was passionately interested in history, particularly art history, and archeology and had always moved in literary circles. In 1881 he was on the jury of Barcelona's Jocs Florals. And we must not forget that he was an architect, i.e. both a craftsman and an artist, a person who made useful and essential things that were also beautiful. Thus he was the best person to symbolize the Catalonia of his time, which was populated by a mixture of businessmen and manufacturers, artists and literati who were not always readily distinguishable from one another.

The 1888 World's Fair made Domènech popular as an architect. He designed the restaurant, which the public baptized as the Castell dels Tres Dragons, and the 1000-bed Hotel Internacional which had been built in only 53 days, according to Rosend Serra i Pagés who recounted the feat in his speech to the Acadèmia de Bones Lletres in June 1924.

The Lliga de Catalunya played a major role in other events that took place during the World's Fair. Although Barcelona's Jocs Florals customarily took place the first Sunday in May, the organizing committee, most of whose members belonged to the Lliga, opted to postpone them that year so that Queen María Cristina could officiate. Almirall's faction objected and organized its own literary competition on the usual date. It didn't cause much of a stir while the "official" Jocs Florals were a resounding success. Sagasta, who was the Chief of State, pronounced the traditional opening phrase in Catalan. Menéndez Pelayo, acting as Master of Ceremonies, read his famous speech on the Catalan language. The presence of the Queen did nothing to hinder Catalonia from respectfully but firmly and clearly stating its aspirations.

On the occasion of the Queen's visit to Barcelona the Lliga de Catalunya sent her a message in Catalan, saluting her as the Countess of Barcelona and requesting that Catalonia be given greater autonomy.

The Lliga's appeal to the queen was highly reminiscent, and in fact almost a copy, of the "Statement of Grievances" which Almirall had submitted to Alfonso XII three years earlier.

On February 17, 1889, while Domènech i Montaner was its president, the Lliga de Catalunya organized an homage to Joaquín Rubió i Ors on the occasion of the 500th anniversary of the publication of his first poetry in Catalan. The event, which had been scheduled since the previous December 27th was held in the Congress Hall of the World's Fair Palace of Science. Domènech i Montaner concluded his keynote address with the following words: "And to conclude, dear maestro, I wish to say that another generation is gathered here today to honor you, not a generation of poets but one of spirited and patriotic youth.

"Your beloved pine... now dominates the mountains... and one day will shelter a great and free nation beneath its branches."

Joining Domènech in this homage were such figures as Angel Guimerà, Picó i Campamar, Narcís Oller, Dolors Montserdà, Bonaventura Bassegoda, Dámaso Calvet, Viada i Lluch, Pons i Massaveu, Riera i Bertran, Torres i Reyató, Francesc Matheu, Jacint Verdaguer, Emili Vilanova, Ubach i Vinyeta, Franquesa i Gomis, Careta i Vidal and many others. At this point Domènech i Montaner was obviously a public leader.

During the early part of 1889 the Lliga de Catalunya campaigned energetically against the proposed Article 15 of Spain's Civil Code. Protest actions throughout all of Catalonia resulted in major changes in the article and due respect for Catalonia's civil rights.

At the end of 1890 the Centre Escolar Catalanista, an affiliate of the Lliga de Catalunya, elected Enric Prat de la Riba as its president. Prat de la Riba had been a member of the Centre since 1887 and among his companions were Verdaguer i Callis, Puig i Cadafalch and Durán i Ventosa.

Under the dynamic leadership of Domènech i Montaner and his associates the Lliga de Catalunya soon attracted the attention of numerous organizations and publications with

Catalan nationalistic leanings, and in 1892 they all merged in the Unió Catalanista, with Domènech i Montaner as President and Prat de la Riba as Secretary. As of then Domènech became the leading figure in Catalan politics.

The Unió Catalanista held its first convention on March 25th and 27th, 1892. It was held in the Manresa City Hall and was presided over by Domènech i Montaner with Prat de la Riba and Soler i Palet acting as secretaries. In addition to Domènech and Prat de la Riba, other speakers included Permanyer, Guimerà, Aulestia, Picó i Campamar, Joaquím Vayreda and Font de Rubinat. The famous *Bases de Manresa,* which for a long time remained the ultimate expression of Catalonia's grievances, were approved at this convention.

Unió Catalanista held subsequent conventions in Reus (1893), Balaguer (1894) and Olot (1895). In 1895 Lluís Domènech was such a prominent figure on the Catalan political scene that he was chosen to preside over Barcelona's Jocs Florals. That same year fellow members of the Lliga de Catalunya also gained public recognition: Guimerá was elected president of the Ateneu Barcelonés and Permanyer became president of the Acadèmia de Legislació i Jurisprudència. Domènech himself became President of the Ateneu the following term (1898-1899).

Meanwhile the wars in the Spanish colonies were causing new upheavals on the political scene. A little known anecdote demonstrates just how prominent a figure Domènech was at this time. Responding to rumors that a U.S. squadron was about to attack Barcelona, Domènech i Montaner led a delegation of prominent Catalans to meet with the Captain General. Spreading out a map of the Barcelona area, he pointed out that Barcelona's fortifications were so antiquated and useless that the city was virtually defenceless and suggested that Captain General consider declaring it an open city.

The unfortunate ending of the war against the United States and the loss of Cuba, Puerto Rico and the Philippines was a terrible shock to many and triggered the emergence of the famous generation of 98, a number of brilliant men who were pessimistic, demanding, and highly sceptical about Spain's chances of recovery. The generation of 98 had no members in Catalonia: the Catalan leaders, with Domènech i Montaner at their head, had begun working together in 1887 and had reached the peak of their prominence five years later in 1892. To them the defeat in the colonies was an extraneous issue rather than anything that had a direct and fundamental effect on them. Backed by Catalonia's upwardly striving society they continued to be enthusiastic and optimistic. Although Catalonia was the part of Spain hardest hit by the economic repercussions caused by loss of the colonial markets and was to need some fifteen years to assimilate and compensate for this, the region did not lose the vitality and thrust that had been slowly but surely built up over two generations of its renaissance. This is particularly understandable when one recalls that in addition to Domènech i Montaner there was a whole corps of brilliant men involved in Catalonia's public life at that time, among them Verdaguer, Guimerà, Maragall, Costa i Llobera, Torras i Bages, Narcís Oller, Santiago Russinyol, Ignacio Iglésias, Rubió i Lluch, Miret i Sans, Balarí, Prat de la Riba, Bartomeu Robert, Durán i Bas, Puig i Cadafalch, Gaudí, the Llimonas, Blai, Clarà, the Vallmitjanas, Meifrén, Galway, Nonell, Cases, Pedrell, Millet, Nicolau, Vives, Albéniz, Granados and many others and coming up behind them was a whole new generation that compared very favorably with its predecessors.

Anyone attempting to put Spain back on its feet would naturally be attracted by this example of spirit and political commitment and this was the case with general Polavieja who, illogically enough, had become a symbol of Spain's recovery. Wanting to attract Catalan support in order to strengthen his position, the general sent an emissary to Domènech i Montaner to begin negotiating an agreement based on administrative decentralization. In the course of these negotiations the General sent a letter to Domènech in February 1898, promising to support an economic agreement for Catalonia, reorganize municipal life, merge the governments of the four Catalan provinces into a single one, give autonomy to the Catalan universities and respect Catalonia's civil rights.

These negotiations inspired a new message to Queen María Cristina which was sent on November 15 of that same year by Dr. Robert representing the Societat Econòmica Barcelonesa d'Amics del País; Sallarès i Pla representing the Foment de Treball Nacional; the Marqués de Camps representing the Institut Agrícola Català de Sant Isidre; Domènech i Montaner representing the Ateneu Barcelonés and Sebastià Torres representing the Lliga de Defensa Industrial i Comercial. The grievances expressed therein were similar to those mentioned in the letter from Polavieja. Needless to say it was really Domènech i Montaner and Prat de la Riba who were behind this action.

Polavieja's campaign enjoyed a certain success. In March 1899 Silvela formed a cabinet with Polavieja and the Catalan Manuel Durán i Bas as Minister of Justice. Dr. Bartomeu Robert, a close friend of Domènech's, was appointed Mayor of Barcelona. Duran i Bas also exerted his influence so that Josep Morgades and Josep Torras i Bagés were respectively named bishops of Barcelona and Vic.

Soon this new attitude towards the aspirations of Catalonia encountered serious obstacles and both Polavieja and Durán i Bas left the ministry that same year.

It was also in 1899 that the Catalanistas first presented candidates to the Spanish Cortes, with Ramón de Abadal winning a seat for Vic and Leonci Soler i March being elected for Manresa.

Domènech i Montaner had gradually grown somewhat apart from his friends in the Unió Catalanista and towards the end of 1899 he joined the Centre Nacional Català. which was headed by Narcís Verdaguer i Callis.

Among the other members were Domènech i Montaner's close friend, Jaume Carner; Prat de la Riba and Cassas-Carbó. The Centre Nacional Català was more radical than the Unió but respected the 1892 *Bases de Manresa* "both in spirit and literally, though more in spirit than literally."

During these months there was an active campaign in favor of the economic agreement and a movement known as the *tancament de caixes,* by which Catalans refused to pay their taxes in protest against the tax increases planned by Fernández Villaverde. The government responded to this protest with embargos and arrests. Domènech does not appear to have been directly involved in this affair. Perhaps his concept of politics led him to keep a distance from these conflicts of interest. Still, his friend Dr. Robert reached the peak of his popularity at this time, having resigned from the office of mayor of Barcelona's in order to avoid having to take action against delinquent taxpayers.

This was the state of affairs when elections to the Spanish Cortes were held on May 19, 1901. The Centre Nacional Català 'and the Unió Regionalista, founded by such former followers of Polavieja as Lluís Ferrer-Vidal, Dr. Fargas and Fernando Agulló, presented what immediately became known as "the candidacy of the four presidents": Dr. Robert, President of the Societat Econòmica d'Amics del País. Albert Russinyol, President of the Foment del Treball Nacional, Lluís Domènech i Montaner, who had been President of the Ateneu Barcelonès during the two previous terms and Sebastià Torres, President of the Lliga de Defensa Industrial i Comercial. The close collaboration between these latter two organizations led them to merge just a few weeks before the elections, giving birth to the Lliga Regionalista on April 25, 1901.

The candidacy was a resounding success, undermining the entire system of political bossism, and from then on elections in Catalonia, and particularly in Barcelona and the other major Catalan cities, demonstrated what the people really wanted. This was an event that would live long in the memories of an entire generation. Humoristic periodicals picked up on the story - an indication of its tremendous popularity - and ran caricatures of the winners. Their comments, even when satirical, revealed their respect for Domènech i Montaner. One of those publications said that of the four presidents, one thought but didn't speak (Domènech i Montaner), another (Robert) spoke about what the former thought, the third (Russinyol) spoke but didn't think and the fourth (Torres) neither thought nor spoke.

But beneath the euphoria of triumph there was hidden strain among the winners and it was not long before it came to the surface. Domènech seems to have been discreetly elbowed out of the leading position and two opposing factions emerged, one headed by Jaume Carner and Ildefons Sunyol and the other by Prat de la Riba, Verdaguer i Callis, Puig i Cadafalch and Cambó. Dr. Robert's tremendous prestige was still sufficient to keep things under control, but after his sudden death on April 11, 1902 the tension was ready to come out in the open as soon as an occasion arose. Domènech had lost his close friend Robert, a gap had opened between him and his old companions from the Unió Catalanista, and Prat de la Riba, his brilliant second-in-command, was steadily moving into first place and wanted to take over leadership of the political movement. Gradually the prominence Domènech had enjoyed since 1887 began to decline.

Still, Puig i Cadafalch eulogized him in a study published in the December 1902 edition of the magazine *Hispania*. And in the first months of 1903, Antonio Maura, a member of Silvela's cabinet, considered Domènech so prominent among Catalan politicians that he met privately with him in Barcelona to try to work out a way to satisfy Catalonia's aspirations. Domènech insisted that the unity of Catalonia, its language and culture, its civil law, and the economic agreement had to be guaranteed and urged the Majorcan minister to immediately enact laws to this effect. Despite an upsurge in republican feeling, Domènech i Montaner was again elected deputy to the Cortes in the elections of April 26, 1903. That same year he played an important role in the Congrés Universitari Català where he gave a speech that was well ahead of its time, making a distinction between research and teaching just as he did in practice as a faculty member of the School of Architecture.

But it would not be long now before the final break that would put an end to the political prominence Domènech i Montaner had enjoyed during the fifteen previous years. In April 1904 Antonio Maura, then President of the Council of Ministers, brought King Alfonso XIII to Barcelona. Reports that the young king, who had only recently come of age, had certain anti-Constitutional attitudes (the famous "eastern" crises had erupted not long before) and that he was pleased by the recent and ephemeral victory of the Republican demagogue Lerroux over the Catalan nationalists in the 1903 elections, caused resentment over the royal visit. After initial disagreements, the Lliga Regionalista decided that its members would not attend any of the events organized on the occasion of the King's visit. Still, when the monarch visited the Barcelona City Council on April 7, Francesc Cambó (no doubt in agreement with Prat de la Riba) was present, heading a delegation of councilmen who were members of the Lliga. He gave a welcoming address in which he reminded the King of Catalonia's claims to autonomy.

The members of the Lliga who had advocated boycotting the King's visit were furious at Cambó for having ignored the party's decision. Among them was Domènech i Montaner who published an article entitled "Fiveller de cartró" in the weekly *Joventut* in which he bitterly censured the young Cambó's action. Domènech and Cambó never got along very well as is demonstrated by an incident that occurred shortly afterward. Prat de la Riba sent Cambó to see Domènech in an attempt to iron out their differences and Domènech sent him back to Prat with a message saying "don't send me children", scornfully alluding to Cambó, who was only twenty-eight.

Despite its original decision, the Lliga's Board of Directors now approved Cambó's action, triggering the resignation of a number of members, among them Domènech, Jaume Carner, Lluhí i Rissech and Ventosa i Calvell. They banded together and began publishing the weekly *El Poble Català* in November 1904. On May 1, 1906 *El Poble Català* began appearing daily. Domènech i Montaner designed the masthead of the new publication just as he had previously designed the mastheads for *La Veu de Catalunya* and before that for *La Renaixensa*.

But Domènech i Montaner was not really convinced by the leftist leanings of the new publication and soon opted out of the group, bringing his political career to an end. Domènech i Montaner was succeeded by Prat de la Riba as the leader of Catalan nationalism (1904-1917) who was in turn succeeded by Cambó (1917-1922). Nevertheless, Domènech continued to be a prominent figure in civic affairs even though he was no longer a major political personality. In 1904-1905 he was elected president of the Ateneu Barcelonista and was re-elected again the following term. He later held this office during the three terms from the end of 1911 to the end of 1914. The completion of his great architectural works, the Palau de la Música Catalana and the Hospital de Sant Pau, were major events that brought him once more into the public eye. In 1921, as his life was coming to an end, he was finally made a member of the Acadèmia de Bones Lletres.

Still, it seems surprising that after so many years of political activism Domènech played no part in events that were as important to Catalonia's history as *Solidaritat Catalana*, the *Mancomunitat de Catalunya*, the 1917 *Assemblea de Parliamentaris*, the 1919 campaign for a statute of autonomy or the movement that led to the 1922 *Conferència Nacional Catalana*. We know that his failure to participate was not due to a lack of interest or to any sort of inhibition. We know he was still capable of reacting with indignation and vituperation to the attacks on *Cu-cut!* and *La Veu* that took place in 1905, to the destructiveness of the Setmana Tràgica in 1909, to the German bombing of the Rheims cathedral in 1914. We know too that only a few years before his death he was still considering the possibility of joining together with some of his former companions and resuming his political activities. After the death of his son Ricardo in a train accident in 1918, he confessed that if those same companions had given him some evidence of their affection during that painful time, all the obstacles between them could have been overcome. But the only person who would have been capable of doing this, the only person who had ever influenced him in the past and could have influenced him again was Prat de la Riba, who had died a year earlier. The rest of his companions had either forgotten about him or remembered only too clearly the differences of opinion that had come between them. Perhaps Domènech's stern character, his overlay blunt way of categorizing people and their actions (a characteristic he shared with many others of his generation) made him difficult and not always desirable to deal with.

To conclude: this man, who had been prominent in so many fields, who had been a brilliant political leader during a long period that was particularly important for Catalonia, a man whose character was deserving of detailed study: harsh on the outside and gentle on the inside; a fighter; thin-skinned but sarcastic; a lover of the poetry of Verdaguer and Maragall, the novels of Dickens and Daudet, the music of Mozart; a thinker and a man of action, a great organizer and a hard worker while at the same time extremely careless with his own property; a man who was contradictory, but well worthy of admiration, spent the last years of his life deep in the shadows. The circumstances surrounding Domènech's death during the first months of Primo de Rivera's dictatorship were such that even then his genuine merits were not praised as they deserved.

Page 181, Spanish version

The Palau de la Música Catalana

David Mackay
Cuadernos de Arquitectura, 52-53, 1963, pp. 34-45

GENERAL OBSERVATIONS

The first time you see the Palau de la Música Catalana you are surprised and amazed. Later, as you get to know it better, you become utterly captivated by its beauty. Its delicate but well-defined structure; its color, one could almost say its complexion, which varies according to the light; its order; the sense of motionless calm that is so very Catalan; all these things are so attractive that as soon as you enter the building you are caught up in the web of its enchantment and forever enthralled. And how deserving it is of this wonder! If ever a building has effectively attracted the attention of its public and become part not only of the national but the European heritage as well, this building is the **Palau de la Música Catalana**.

How the *Orfeó* was born

Inspired by the international choral contest held during the 1888 World's Fair, the idea of a Catalan choir, the *Orfeó*, was first discussed one afternoon at a gathering in the *Café Pelayo*. The idea materialized in 1891 with the founding of the *Orfeó Català*, a 28-voice choir under the direction of Lluís Millet and with the enthusiastic support of the *Lliga de Catalunya*. The choir's first headquarters were on Carrer Lladó and were shared with the *Foment Catalanista*. In 1893 the *Orfeó* moved to a modest flat on Carrer Canvis Nous and in 1894 to premises on the Carrer Dufort which had been decorated in neo-Egyptian style by Lapeyra i Riera. In 1896 Antoni Maria Gallissà won the contest for the best design for the Orfeó's *senyera*, or symbolic banner, to which Joan Maragall dedicated his famous song. In 1897 the choir moved again: this time to the Moxó building on the Plaça de Sant Just. On October 13, 1904 the site on the Carrer Alta de Sant Pere was purchased and Lluís Domènech i Montaner contracted to design the building. Domènech was 54 years old at the time and at the height of his career. A member of the Spanish parliament and an ardent Catalan nationalist, he was a logical choice to design a building which, though simply described as "the headquarters of the Orfeó Català and a large auditorium", had to symbolize the entire strength of Catalonia's cultural *Renaixença*. Excavation work got underway on April 10, 1905 and the cornerstone was laid on April 23rd as part of the *Festa de Sant Jordi i la Pasqua de les Flors* celebrated in honor of Catalonia's patron saint. By October 1906 money was running out and Joaquín Cabot tried to persuade the artisans involved in the project to donate their work. In an article describing the building's progress, Vicente de Moragas also called for help to pay the 600,000 peseta outstanding debt. On Sunday, February 9, 1908, the building was at last blessed and inaugurated.

The final cost was between 800,000 and 900,000 pesetas. An editorial in the weekly *Aurora Social* commented, "This is a true palace of music. We hope that the Orfeó Català will be able to continue making its honorable and worthy contribution to peace, the national spirit and the arts." The Barcelona City Council chose the Palau as the building of the year and awarded it a commemorative plaque.

General design of the building

All buildings are conceived and designed as a whole. Although every aspect of a building can be discussed separately, no single feature is more than a part of the whole and is thus directly related to all the other features of the building. The plan of the Palau was dictated by the tremendously irregular site on which it is located and by a logical grouping together of the building's different functions. The covered porch-like space between the two façades makes a clear division between the lobby and offices with their direct access to the street and the auditorium, which is located one flight up.

The entire building is an exercise in the intelligent use of space. First of all, there is no abrupt separation between the exterior and the interior. Even when you are inside the building you are still in touch with the outside, whether physically through access to the many balconies on the building's façade or psychologically via the large expanses of glass. Secondly, there is a feeling of space everywhere, mainly because there is a profusion of doors, windows and glass partitions, but also because of the way different areas are defined only by differences in level, by being oriented towards a different direction, or by simple differences in the designs on the tiles used. Thirdly, the architect's use of space is of an exceptional quality: the main entrance with its stationary twin cubes, the breathtakingly dynamic main staircase, the architectural calm of the entrance to the rehearsal room below the auditorium and the exhilaratingly cubic volume of the main auditorium which is exactly as high as it is wide. Another outstanding feature is the quality of the light.

There is light everywhere: natural light shines into the lobby from the street; the staircase is lit by diffused natural light; jets of bright overhead light contrast with the low-toned, pinkish light on the landings and, last but not least, the rosy color of the auditorium gives off a fresh and luminous light. It is a building definitely designed to be seen by day (its night-time appearance has recently been marred; the original hanging glass lamps have been replaced by fluorescent tubes and a few insipid bare bulbs).

The best known and least understood feature of Domènech's work is his use of ornamentation: best known because it is ubiquitous, least understood because no one really looks at it. With the current popular trend towards quickly perceived images people no longer look at details, perhaps because this requires a deliberate mental effort. The Palau is dominated by detail and the synthesis of patterns and freehand design is truly masterly.

The wainscoting dances through the building always at a single steady rhythm, a rhythm marked by square tiles with a floral design in relief which changes into a delightful circle of musical notes on the tiles inside the auditorium and both inside and outside the rehearsal room.

The designs on the tiles are extraordinarily subtle. For example: the tiles in the top floor balcony foyer have a flower and leaf design in red and green; in the corridor behind the boxes the design is of yellow and green leaves; the tiles in the side passages have yellow and red floral designs. In addition, the pattern formed by combining solid color and decorated tiles varies from one area to the next, but always echoes the pattern of the preceding area. You are constantly aware that the architect was intensely, intellectually concerned with the ornamentation used throughout the building. This is evident in every detail, from the balustrade where leaves and flowers alternate on the capitals to the general, though not absolute, tendency for the decorative designs to evolve from the realism used on the lower floors of the building into free abstraction on the upper floors.

Historical consequences of this design

Like most creative architects, Domènech constantly corrected his plans, not only on the drawing board but also during construction. A comparison of the original blueprints and the final building leaves no doubt about this. The concept is clearer and more simple in the original plans, where there was a light shaft that ran the entire length of the building so that both sides of the auditorium and the staircase received equal light. One notes how Domènech was constantly battling the irregular site: if the building had been erected on an open plot of ground it would have been acclaimed throughout the world. It was actually conceived as an extremely ornate glass box; a huge, opulent, sparkling, transparent jewel. As the building progressed Domènech and his associate, Francesc Guàrdia, refined the details and the ornamentation. Among the changes Domènech made was the addition of a secondary staircase; the partitions he had planned in order to screen the light that came through the windows were moved back slightly to separate them from the actual structure of the building; the balustrade of the main staircase was moved away from the wall. The great tragedy of the Palau de la Música Catalana is that it has never been properly understood by the people of Barcelona who, with an utter lack of sensitivity, have demanded and allowed changes that are completely alien to the true cultural spirit of the building.

DETAILED DESCRIPTION OF THE BUILDING

The exterior

The first thing to note about the exterior of the Palau is that the two façades were designed as a single unit so that the same rhythm of line continues around the corner and along the two side streets. This can readily be seen in one of Domènech's early sketches. But paradoxically enough, the view from every one of the streets is limited and obstructed by Miquel Blay's huge sculpture which was erected right on this rounded corner. The truth is, the entire façade is a paradox destined to resolve opposing elements and in it one can simultaneously glimpse the different volumes, functions and levels of the floors inside. This has been achieved by moving the windows back so they are not flush with the outside wall and placing them both horizontally as in the ground floor offices or vertically as in the Millet Lounge. In the interior, function is the primary concern, to such a point that there is a blind window in the wall that gives on to the staircase leading to the third floor balcony so that the existence of the staircase is clearly marked on the outside wall. The use of ornamentation is highly controlled and is virtually limited to the open spaces, leaving the walls between them completely bare. The columns are covered in mosaic tiles with floral motifs and arabesques: when mosaics are used elsewhere they are inlaid flush with the brick walls.

The main entrance on the Carrer Alta de San Pere consists of two vaulted porticos: one is glass-enclosed and intended for people arriving on foot; the other is open and was originally intended for carriage traffic. The space above the entryway is boldly used in a manner not unlike work Le Corbusier was to do a number of years later. This is the site of the main balcony, three stories tall and set far back into the façade, which marks the location of the two lounges inside the building, the first of which is two stories tall. The balcony is bordered with two parallel lines of five columns each which rise perpendicularly to the street from the level of the non-existent third floor. The intercolumniation parallel to the street continues to the fourth floor, after which the columns continue upward in pairs, forming three arch-shaped openings which house the semi-circular balconies that project off the fourth floor lounge. The blank wall above them is slightly recessed, framing a large mosaic depicting the Orfeó Català, above which is a tiled cupola. This entire exercise in the use of space takes place between two bare rose-colored brick walls, one of which rounds the corner to meet with the façade that faces on to the side street. This façade is divided into four distinct parts: the main door and carport areas, the concert hall, the backstage area and the offices. The first area mirrors the main façade, including the lamps hanging from their corbels, but instead of the mosaic design there is a glass-enclosed gallery. The part that houses the concert hall is completely open, with five large windows, each of which is divided into three vertical parts and three horizontal parts which correspond to the three floors of the concert hall. The walls in the rear or backstage area are unadorned, like those in the reception area, but with a different use of windows. The entire façade is given a feeling of unity by the balcony that runs the length of the second story (orchestra level), with its iron balusters encased in green glass tubes. The windows of the offices below the concert hall are set back behind the columns, as though hinting at the possible existence of a completely independent building.

The vestibule and main staircase

The interior begins to subtly unfold at the very entrance, which is simple in both appearance and volume. The division between exterior and interior is marked by a light partition of wood and glass that is so discreet as to be barely noticeable. Observe how carefully the architect has separated the inside angle of this partition from the column by using a continuous strip of opaque glass attached with an angle bar that follows the irregular form of the column. The plaster ceiling has a moulding of glazed ceramic tiles in dark colors which housed the original tubular lights; the floor is paved with white marble squares laid on the diagonal. On the wall the wainscoting appears for the first time. Here it is of yellow tile with a floral design in relief combined with pale blue tiles, a yellow tile border and stone edging. Above this there was originally a huge Romantic-style mural by Massot. Going up three steps, you pass between two lamps (glass sentinels mounted on stone pedestals) and through a stone archway, on each side of which there is a narrow opening designed to hide but also reveal the double staircase, moving from a calm, passive space to a space that is dynamic, vital, exciting. The stone arches are repeated on the far side of the staircase at a lower level than the landing. This landing was designed so that it would be slightly behind the double staircase, forming a narrow balcony which led to the Orfeó café four steps down (changes have been made since the Palau was originally built and this recessed landing no longer exists). The wooden screen that separates the café from the rest of the building is a single partition running the entire width of the stone arches in front of it. The whole ceiling is taken up by the huge vaults of the staircase, which repeat the blue tiles and ceramic designs of the wainscoting. Two glass lamps with four white satellite globes and ceramic details highlight the space above the stone pillars at the foot of the staircase. No less than five different materials are used in the balustrade: the balusters themselves are bars of twisted steel enveloped in tubes of yellow glass with ceramic capitals and bases set between two stone fasciae, upon the uppermost of which rests a smooth white marble handrail.

The glass dividing walls on the middle landing are placed behind three stone arches. These openings permit light to flood the staircase and the upper landing, which is a key space and one of the building's most successful. The impressive view over the auditorium, as seen through the horizontal openings in the glass partition and balanced by the tall glass doors to the Millet Lounge, is one of the world's greatest architectural experiences. Beneath the five vaults of the ceiling the double staircase climbs straight up for two-thirds of its height and then turns towards the auditorium, soaring dynamically, curving, the two halves drawing closer to one another on the second floor balcony and meeting above the entrance to the auditorium. And in the midst of this space, in the bend of the stairs, the two pedestal lamps again appear, giving a spectacular emphasis to the entire sweeping space. These are the same lamps used on the façade and in the lobby and somehow suggest a procession which begins outside the building and ends just here, at the door to the concert hall.

The concert hall

The concert hall is one of the world's most beautiful. Not only did it revolutionize the history of architecture, but it is also a major architectural treasure. It is impossible to fully and accurately describe this space, which is at once simple, complex, magical and paradoxical. Only a poem could depict this extremely humanized space.

The auditorium is rectangular with stalls on both sides of the main floor seating area that end at the same level as the stage itself. The organ is located in the center of the back wall of the stage on a level with the second floor. Behind it, glass walls surround the chancel and continue along both sides of the auditorium so that the side balconies seem to be floating in space. These balconies circle the concert hall and are interrupted at the proscenium arch by enormous stone buttresses which contrast with the lightness of the other features of the building, balancing its composition and visually anchoring it to the ground. Still, even these solid walls have a certain lightness about them, split open as they are to allow access from the wings and topped with Gargallo's exuberantly baroque sculptures which lean outward, almost meeting slightly off center at the top of the proscenium arch. This heavy, almost violent type of sculpture is essential in order to counteract the delicateness of the rest of the auditorium and attain the quality of serene space that is the hallmark of the concert hall. This sculpture is repeated like an echo at the back of the auditorium where it punctuates the change of volume to the squareness of the top floor balcony, where the ceiling is slightly higher.

The floor-to-ceiling windows on each side of the auditorium are like two glass curtains and their rose-colored panes are decorated with garlands of colored glass designed to be viewed both as a whole and in the detail of every leaf. This huge glass surface is unbroken except at the level of the highest balcony, which passes above the staircase and the lounges to reach the façade, and when the building next door penetrates into the space of the Palau, making one aisle of the balcony a blind passage.

The secret of the auditorium's success is that it creates a space that draws the eye naturally, but not exclusively, towards the stage. The unity between the stage and the auditorium is constantly apparent.

Three-quarters of the wall behind the orchestra seats is a glass partition which can be opened completely in order to make the auditorium larger. The full-length side windows can also be opened so that the outside balcony can be used during intermissions. The auditorium is entered by rounding the glass partition beneath the low ceiling of the second floor and this low space provides a dramatic moment - what Le Corbusier would have called a "silent period." There is nothing oppressive about it, thanks to the side walls of glass and the exposed corbels that support the gallery, which forms a slight overhang above the first tier of boxes, giving it a pleasantly cozy feeling.

Neither do you have the oppressive feeling of being at the focal point of the building when you are on stage; instead you feel enclosed within the auditorium but not really part of it because the space between is broken up by the side buttresses. The rear wall of the stage curves upward beneath a balustraded gallery. The arches in the auditorium continue here, but now in a double rhythm with small vaults fanning out above them. Behind these stone columns with their hewn capitals is the magical pink stained glass window with floral garlands and a blue and pink triangular border design which echoes the pointed arches of the main windows. Then, to top it all off, the ceiling opens into a semi-circular balcony with a blue and yellow leaded glass dome that echoes the formal design of the skylight in the center of the auditorium. The typical wainscoting is repeated at the back of the stage in solid orange and pink tiles and above this, eighteen female busts playing musical instruments jut out from the wall. These busts, almost certainly the work of Arnau, have mosaic bodies which are linked one to another by garlands of flowers against a background of chips of rust-colored tile. Special mention must be made of the use of wood, metal and tile in the musical instruments; the sensitive handling of the legs and feet of three of the figures, which are fashioned of large pieces of carefully cut tile rather than tiny mosaics; the way the figures are outlined in white so that line predominates over the solid masses of color. (This technique was probably used to emphasize the figures which should be viewed from a distance.)

The dress circle is subtly divided into two parts by the balcony, which is not directly above it. Thus the front rows of the dress circle are part of the auditorium's open space while the back rows are situated beneath a low ceiling between the two columns which support the upper balcony. The rear part of the dress circle is reached directly from the vestibules on either side and is divided into three sections, each of which lines up exactly with the balconies which open out above the staircase.

The floor of the dress circle's side stalls, like that of the orchestra stalls, is flat. The ceiling combines the broad vaults of the ground floor ceiling and the narrow vaults used in the auditorium. The broad vaults are used in the corridor while beneath the overhang the narrow vaults run parallel to the vaults on the auditorium ceiling. The ornamentation of these small arches echoes that of the main ceiling with single flower motifs winding around the columns. The design is similar to that used on the columns downstairs, but with more linear movement. The flooring is quarry tiles laid on the diagonal and combined with glazed tiles in a variety of designs.

The upper balcony projects in an overhang from the small rectangular windows on the main façade to the auditorium where it divides into two side balconies which run past the buttresses at the proscenium arch and meet at the organ at the rear of the stage. Here, beyond the oval crown of the balcony, the auditorium attains its full volume: here the decoration on the full-length windows ceases to be naturalistic and becomes heraldic; here the columns with their asymmetrical crowns of lights rise upward to form pointed arches that run the length of the auditorium.

The line of the ceiling continues back from the top floor overhang, forming a sort of wainscoting on the side walls. This ends in a simple dado on the back wall which clearly marks the boundary between the upper and lower balcony seating areas. The original wainscoting combined large brown tiles with pink tiles that were one-fourth the size of the brown tiles. This combination of colors was intended to mask the wall that intrudes from the next door building and cause it to merge with the vibrant colors worn by the seated audience. (The pink tiles have now been painted over.) The frieze atop the wainscoting is made of mosaic chips.

The flat green tile ceiling is extraordinary in its structural clarity, with girders that run the width of the auditorium, narrowly spaced rafters and, between them, the tiled vaults. In the center is a superb glass skylight which is one of the best uses of leaded glass in history. It is like a suspended ball of fire in which circles of dark red, orange, light yellow and brown glass become realistic flames, and flashes of blue lightning blend into the cold greens, blues, purples and whites of the forty maidens placed with geometric regularity around the skylight's outer edges.

The lounges

The Millet Lounge on orchestra level is the most important of the two lounges. It is a large, austere space two stories tall. Its most outstanding feature is a floor-to-ceiling wood and glass curtain wall that opens on to the colonnaded balcony above the Palau's main entrance. The upper part of this curtain wall is now a series of wooden leaves, which is practical for purposes of ventilation. The room is extremely simple, with bare walls, pink stucco wainscoting and an almost bare ceiling divided into eight wide vaults, of which the six central ones coincide with compartments of the curtain wall. The center of the glass wall projects slightly outward above the double doors on the ground floor. The head wall which gives out over the side street is recessed to form an alcove where a section of the curtain wall is repeated. The entrance from the staircase is an ornate wood and glass partition which is attached to the wall independently of the stone columns. The original flooring of quarry tile was as austere as the rest of the room, but has now been replaced by white marble. This room was almost certainly planned as a deliberate contrast to the richly decorated auditorium.

One of the most surprising things about the Palau is the pure geometry of the second floor lounge, below the upper balcony. Its white, arched ceiling, the intense natural light that floods in through the four full-length windows, the simple and direct geometry of its lines and shapes and the absence of almost all ornamentation combine to produce an impact comparable only to the impression caused by the space where the main staircase ends at the entrance to the auditorium. The lounge is a beautifully handled space with a simplicity of structure, detail and decoration. The room consists of three large vaults with an additional small vault at each end, and a tile edging that emphasizes the line of the three central vaults. The arches are covered in greenish yellow grooved tiles which alternate with a chestnut leaf design in relief. The walls are painted olive green above the typical tile wainscoting. The stone columns are oval-based and the joints marked by a deep groove.

Curiously enough, Domènech did not repeat the pilaster-shaped columns on the façade here as so many other architects would have done and this does a great deal to shape the special quality of the lounge. The flooring is red terra-cotta with an inlay of grey and patterned tiles that matches the placement of the vaults. The tiles that outline the vaults echo the motif of the passage that runs around the gallery: red and pink flowers on a white background. The ceramic wainscoting is also used as the facing for the bar while the real wainscoting in this area beneath the vaults consists of two horizontal wooden planks attached to the plaster wall. Note how the cupboard doors are simply dovetailed panels and the slender crosspieces also run horizontally between the doors.

Rehearsal room and offices

The ground floor rehearsal room, located below the stage, is one of the delights of the Palau. The semi-circular shape is again used here, but with the addition of a passageway with an office cubicle on each side. Like all the rooms on this floor, these offices are almost completely glass-enclosed. Originally the glass continued around behind the columns on the stage wall and natural light entered from the room where the archives are located. Note the masterly use of iron in the railing that borders the seating area.

The archive is located next to the rehearsal room and is notable for the simplification of detail and for an ingenious spiral staircase that leads to an overhanging balcony.

The rest of the ground floor houses the offices of the *Orfeó*. Each office is divided by glass partitions, creating a spatial unity despite the smallness of the cubicles. The use of different lamps and a different design on the wainscoting and floor tiles in each room gives every office its own personality. The building's inner courtyard originally began at this level and bathed the ground floor in bright daylight, but this open space has since been built up.

Furnishings

Among the furniture in the Palau are some interesting chairs, tables, benches, desks, etc. Their frankly rational design is combined with ornamental touches in the same general style as the rest of the building. The café tables are particularly worthy of note as were the original seats in the auditorium, long since replaced.

List of collaborators

Chief architect - Lluís Domènech i Montaner
Contractor - Josep Gabriel
Assistant architect - Francesc Guardia
Reinforced and rolled iron - Sociedad Material para Ferrocariles y Construcciones
Wrought iron - Hijos de J. Plana, Donsomas y Lacoma
Light ironwork - Pedro Corbella, Domingo Pascual, Cugat y Cadena, Botey hermanos
Carpentry - Francesc Garrriga
Plumbing - Antoni Vill-lloch
Tiles - Escofet, Macià i Torres, Cosme Toda
Imitation stone - Sucesores de Morell
Reinforced concrete - Claudio Durán
Fire clay - Cucurny
Asphalt - Sociedad Pavimentos Modernos
Electric buzzers and lightning rods - Federico Fonts
Chimneys - Hijos de J. Preckler

Electricity - Compañía Barcelonesa
Electricians - L. Horeter; Tomás y Fernández
Sanitary fittings - Lacoma hermanos
Water and fire prevention services - Sociedad General de Aguas

Decorators

Sculpture prototypes - Miquel Blay, Eusebi Arnau, Pau Gargallo
Glaziers - Rigalt, Granell & Cía.
Stone sculptors - Federico Bechinni, Francesc Modolell
Marbler - Victor Colomé
Tilers - Mario Maragliano, Lluís Bru, Lluís Querol
Metalwork - Domènec & Cía., C. Caritg
Glasswork (balusters and lamps). Juncosa i Torrida, Torres i Cía. Juan Vilella
Majolica, ceramic and lustre tiles - Josep Orriols, Modest Sunyol, Antonio Villar (Valencia), Cosme Toda, Jaume Pujol, Torres & Macià, Pasqual Ramos, J. Romeu, C. Guillemón
Painters - Villaró & hijo
Furniture - Sebastián Miarnau, N. Sánchez
Velvets - Pedrerol y Ribó hermanos

SUMMARY AND CONCLUSIONS

Historic importance

The building itself is not only a superb example of architectural qualities, but also occupies an important place in architectural history. Designed in 1894, it is a unique example of an extraordinary synthesis of the Morris movement, the stylistic essence of *Modernisme,* the development of cast iron framing and the birth of rational and scientific architecture. It is the most important link between Art Nouveau and Rationalism. It is like a rare flower in the European architecture of its time.

LIST OF ALTERATIONS AND MUTILATIONS

Exterior

1. The main doors have been replaced by "Security" models.
2. Double windows have been placed in all the openings in the auditorium in order to muffle sound from the exterior. As a result, the artistry with which the different materials on the façade were separated can no longer be appreciated. (A better solution might have been to close the adjacent streets to traffic).
3. The tile lanterns on the façade have been replaced by neo-classic copies in iron.
4. The corner tower has been demolished.
5. The tiles on the central cupola above the façade have been changed.

Vestibule

6. The mural by Massot has been replaced by a photograph.
7. The tiles bearing the initials of the Orfeó Català have been replaced by marble tiles.
8. The staircase landing has been widened to highlight the access to the café.

Café

9. The entry doors have been moved from the center to the ends of the wall.
10. The bar has been replaced and its location changed. It is now opposite the axis of the corridor where the offices are located, which completely changes the distribution of the space.
11. All the original lamps have been removed. The central lamp is now in the Sala Millet and the small wall lamps have been relegated to the attic.
12. The door between the café and the former dining room has been bricked up. The wainscoting has been extended, using the tiles with a musical motif rather than the correct floral motif.
13. The room adjacent to the café has been redecorated in a style that is different from the rest of the building.

Offices

14. The side courtyard has been built up to provide more space for ground floor offices and two lounges on the upper floors. This is unquestionably the most important change that has been made and it has caused the auditorium to totally lose its feeling of lightness and transparency. Fifty percent of the office area no longer has either direct light or ventilation.
15. The windows in the rehearsal room have been filled in.
16. The benches in the rehearsal room have been replaced by wooden veneer chairs.
17. The lamps in the rehearsal room have been changed.

The Staircase

18. In 1915 the plaque dedicated to Vidiella was placed in the middle of the woodwork on the middle landing, which throws the entire staircase out of balance. The head of the staircase is closed off with draperies that block the light.
19. Two glass display cases were added on the main landing.

Sala Millet

20. The position of the band of colored glass on the doors has been changed.

21. The ceramic tile flooring has been replaced by white marble.

22. The full-length windows leading to the terrace are permanently closed and hidden by a thick opaque curtain. The upper shutters were added many years ago.

The Auditorium

23. The original flooring has been replaced by pink terrazzo.

24. The chairs and benches have been changed.

25. The railings on the different levels have been changed, with a balustrade replacing the former iron, tile and glass railings.

26. Many features of the lamps entwining the columns have been eliminated.

27. Bru's tiles and the wainscoting on the stage have been painted over so they are all the same color.

28. The stage lighting is new.

29. The side lounges were added, closing off the former full-length windows.

30. The glass side doors are now virtually inaccessible as they have been covered with a second sheet of glass, which makes it impossible to use the balconies during the intermissions.

31. The tiles at the rear of the upper floor have also been painted over.

32. The living quarters above the auditorium have been substantially changed.

Restoration and Conservation

This building is the responsibility of the people of Barcelona who, together with all Catalans, are fortunate enough to own and conserve this jewel, fruit of their fervent patriotism. It is of capital importance that Catalonia preserve its fundamental treasures: the Palau should be declared a national monument without delay and funds should be made available in order to return it to its original splendor. We are certain that the City Council of Barcelona, this city that has lived the most extraordinary architectural adventure of the close of the century, that has benefited from the tireless efforts and the instructive work of a man like Domènech i Montaner, will not hesitate to save these relics that are much more alive and more abundant than so many other vestiges of architecture. But even beyond local considerations is the interest of all Europe.

As Joaquím Cabot wrote, the Palau is to the Catalans, "our ancestral home, the temple of Catalan art, the palace of our Renaissance." And, in this reappraisal of the Palau de la Música Catalana, in this call to the Catalans to preserve it and appreciate it, we recall Cabot's call to the nation:

"*Bona mare, aquí teniu una casa, un reliquiari, un temple, que és vostre i rés més que vostre. Entreu-hi, si vos plau, aspireu son ambient, mireu sa fesomia, palpeu-ne l'ossera, escolteu els batecs de son cor, i no trobareu rés més que carn de la vostra carn, sang de la vostra sang i esperit del vostre esperit."*

Page 190, Spanish version

Revival of the Industrial Arts

Oriol Bohigas
Lluís Domènech i Montaner, en el 50é Aniversari de la seva mort.
Lluís Carulla i Canals, 1973, pp. 36-41

By this time, Domènech had attained the cultural and popular recognition that led him to the two main events in his political career: the meeting of the Unió Catalanista in Manresa in 1893 and the famous candidacy of the four presidents in 1901, which provided the basis for the political leadership of Catalan nationalism. During these years, Domènech was the embodiment of *Modernisme* and the group effort that it represented as both a national renaissance and a cultural reaffirmation, seen within the context of a whole that embraced everything from history to poetry, from painting to architecture, from music to the industrial arts.

The revival of the industrial arts was one of the most distinctive features of this quest for a whole in the realm of design, and Domènech played a predominant role in this movement. The history of the revival in Catalonia still remains to be written because, although the documents at our disposal enable us to quantify and even qualify production, they do not really clarify the ideological purposes the movement pursued. However, it is apparent that it was influenced by the new trend that had begun in England as a reaction against the definite separation of art and industry, a consequence of artists moving away from the applied arts and of the autonomy of design and production in the new industrial systems. This separation led to the impoverishment of industrial production, as was shockingly apparent in the Great Exhibition of 1851. The reaction began in England in the mid-19th century with a group of reformists led by Henry Cole, who launched an intense publicity campaign in favour of reuniting art and industry. However, no specific solutions were proposed for this reunion. Cole was primarily engaged in denouncing the situation, striving to show the aesthetic value of objects used in the past and to convince industry that it needed designs with a strong artistic sense. He did not realize that reconciliation was impossible due to the social structures behind art and industry. In Catalonia, the equivalent of this stage was a series of programs and industrial art exhibitions that began in 1822, but gained momentum after the 1860s.

The works of John Ruskin and William Morris, collected and promoted by the Arts and Crafts movement in the last third of the 19th century, address the very essence of the problem: the industrial system has led artists and craftsmen away from genuine production processes, and industry lacks creative elements of its own because its very nature excludes them.

Thus, industry -the product of capitalism- can do little more than deceitfully and dishonestly appropriate the long lost values of craftsmanship and handmade goods, which still embody the corporate spirit of the guilds and the utopian image of romantic socialism. Therefore, the point is to avoid the ugliness of industrialization and recapture the spirit of ancient crafts. It is also to shun modernity and partake in a revival of the Middle Ages.

Although this position entails an apparently reactionary view, it is a known fact that it marked the beginning of a revision of the phenomena of art and design because it clearly established that it was impossible for industry to assimilate art in its traditional sense and because it attempted to bring cultural relevance back to everyday objects. When Morris's followers -W. Crane, R.N. Shaw, C.R. Ashbee and C.F.A. Voysey and some of the Art Nouveau architects overcame their prejudices against industry and left stylistic imitation behind, the step towards the new concept of industrial design was definite and all it took was the Deutscher Werkbund and then the Bauhaus to lay the foundations for the new process of formal creation within the productive framework of the manufacturing industry.

Medievalism and Nationalism

As I mentioned earlier, we do not know much about the ideological background of the revival of ancient crafts in Catalonia during the *Modernista* period, but we can assume that it was similar (though on a smaller scale as its industrial context was less violent) to those of the Arts and Crafts artists. There were only two major differences: on the one hand, the medieval focus and the organization of guilds in Catalonia was linked to the re-establishment of the region's own identity, both in terms of the political relevance of medieval Catalonia and the memory of the loss of the country's political and social structures as a result of the disastrous War of the Spanish Succession. Therefore, echoes of European culture found local political support. The guilds and crafts were also part of a political statement. For example, In his presidential speech for the Jocs Florals, Domènech mentions the books that were used by the guilds for their graduation tests, delivered with more political than artistic passion: "the shapes of the drawings shrink; uncertain, heavy hands sketch coarse, hesitant lines of incomplete pictures of vulgar composition. Suddenly, right after a nondescript page, the subject matter changes: instead of jewels, battles and sieges, figures of soldiers and details of arms." The authors of the drawings participate in the struggle that will put an end to their tradition: "the final drawing brings a tear to the eye: with innocent vanity, the author paints a military figure from the beginning of the 18th century in a white uniform with red trim! It bears the date of the last victories of King Carlos before his flight and the fall of Barcelona... and then you turn the page and find blank pages. The guild also died serving its country."

I must mention that this Catalan nationalist spirit is very different from the ethical and political aspirations of the men in the Arts and Crafts movement and most of the designers in the French movement. I believe the revival of industrial arts in Catalonia did not imply any socialist ideology or any ethical intention of offering aesthetic products to the masses. Although for some Catalans that was a more or less explicit intention, a conscious statement to that effect was never made by the architects and craftsmen. In fact, they tended more towards elitist refinement -Domènech i Montaner would be no exception- while the necessary ethical concern was channelled towards nationalistic statements, always within the bourgeois context to which they belonged.

The time difference between the Catalan revival and the Arts and Crafts Movement

A second important difference lies in the dates of the two movements. Because the Catalan renewal took place later than the Arts and Crafts movement it overlapped with *Modernisme*, and therefore with a more fully developed sense of architecture, which had faith in the new technology and the use of the tools provided by industry. This overlap freed the new crafts from an excess of reactionary nostalgia and later brought them closer to the development of an industrial art. Unfortunately, this process was temporarily halted, not to be resumed until a progressive line was reinstated in Catalonia.

It is surprising that the architects who were most closely involved in the rationalist movement of *Modernisme* were precisely the same ones who devoted the greatest efforts to reviving the arts and crafts. And the leader of them all was unquestionably the tirelessly active Domènech i Montaner.

The workshop at the *Castell dels Tres Dragons*

Shortly after the World's Fair ended, Domènech set up a workshop in the Café-Restaurant building, with the purpose of finishing it as desired by Mayor Coll i Pujol. At the time he was also in charge of decorating the buildings in Comillas, and the workshop became a hub of experimentation and research for the revived arts and crafts as well as a meeting place for the pro-Catalan political figures in Barcelona. Among the active participants in the workshop were the architects Antoni M. Gallissà and J. Font i Gumà. According to Domènech, they revived a wide range of arts and processes: "cast bronze, forged iron, terra cotta, majolica tilework, wood carving and decorative sculpture."[4] It was there that Eusebi Arnau began his career as a sculptor; he eventually became an essential member of Domènech's team. It was also there that Quintana came, after arriving from Madrid with a recommendation from Arturo Mélida, and started working on decorative sculpture. Francesc Tiestos began working on floral motifs of hammered sheet iron, which became a distinctive feature of *Modernista* ornamentation. The most complex ceramic techniques were also revived. Domènech himself researched them in Manises, where there were still some old craftsmen who worked in the traditional style. Domènech spent virtually all his professional life researching and promoting these crafts and all his buildings feature work done by this new generation of craftsmen and sculptors: the tile designers Maragliano and Bru, the furniture designer Gaspar Homar, the sculptors Eusebi, Arnau, Miquel Blay, Pau Gargallo, the modelmakers Escaler and Modolell, the illustrator Francesc Labarta, the metalworkers Masriera i Campins, the glassmaker Antoni Rigalt, and many others.

Page 192, Spanish version

The Decorative Arts in the Architecture of Domènech i Montaner: Structures and Symbols

Lluís Domènech i Girbau

Lluís Domènech i Montaner - Arquitecto, 1850-1923. Madrid, Colegio Oficial de Arquitectos, 1980, pp. 5-10

Modernisme and particularly the work of Domènech i Montaner have been interpreted primarily from the viewpoint of the Modern Movement in the crucial moments of its revival in Catalonia (1950-1960) and it is no wonder that when comparing the modernist and rationalist styles of architecture, both are regarded as equally valid. Following the tendency of critics in the rest of Europe, Catalonia too tried to give a "modern interpretation" of architecture, delving into the past in an attempt to discover the origin of the break with classical architecture and the appearance of the first signs of functionalism. Obviously, *Modernisme* lived up to its noble parentage and provided modern architecture with an unsullied birthright. At the same time, it was discovered that behind its tangled jungle of ornamentation *Modernisme* revealed modern structural concepts and thought processes that eloquently expressed the logic of architecture, thus rescuing the style from the disgrace into which it had been plunged by its detractors during the 30s and 40s.

Leaving aside the cultural objectives of the times, this latter-day interpretation of *Modernisme* necessarily involved a certain let-up in the search for rationality and a slight tendency to overlook the language of ornamentation.

A series of circumstances has made it possible to vary the approach to architecture and focus on the subject of ornamentation as a meaningful and primordial part of *modernista* architecture. This article will thus contribute to a virtually untouched field for researchers and writers by examining the subject in terms of the work of my great grandfather, Domènech i Montaner.

We must begin by clearing up the misunderstanding perpetrated by others who did not realize that although rejection of ornamentation was one of the fundamental ethical principles of the Modern Movement, this same ornamentation was vitally important to *Modernisme* and the parallel movements that took place elsewhere in Europe at the end of the last century and that knowing this goes a long way towards explaining the significance of the work of *Modernist* architects.

Viewing *Modernisme* through contemporary eyes produces a distorted vision of the style. In order to see it in its proper perspective, let us take a brief look at Giulio Carlo Argan's intelligent proposal for a way to make the "concept of architectural space evolve from the Baroque period until the present." Argan proposes categorizing the history of pre-Baroque architecture as "representational architecture" in which the architect believes that he is imitating a reality that is outside himself, an objective reality. Argan explains that use of an historic-philosophical process enabled Nature and classical art to be identified as part of this "reality" because "artists admit that Nature is much more complex than what we are taught by empirical experience and that, above all, the appearance of Nature cannot be captured because it is in a constant state of transformation and must instead be represented through its basic forms, its structural elements or, to put it in other terms, its laws." Classical art is the art form that best embodies these laws.

Argan goes on to propose a counter-model for the post-1600's when, the work of Borromini caused a gradual acceptance of the idea that the architect does not "imitate" a space or reality that exists outside himself but that this reality is gradually "determined" by the architectural forms themselves. The architect no longer "imitates" space. Instead he "creates" space. Argan also makes a statement that is important in the context of this article. "It is a basic and fully accepted premise of contemporary architecture, present-day architecture, that the architect is the person who determines the space in which the community will live its life."

This statement is completely in line with the principles of the Modern Movement which establish the *a priori* need to begin each project anew, to find a different solution for each design problem, to ignore the figurative and symbolic worlds of History in an honest attempt to correctly approach the problem of designing for a new society.

It has taken centuries to arrive at what Argan calls "space-determining architecture." During this time the "representational architecture" that provided an objective vision of the world and of the history of Nature and classical tradition has weathered a variety of crises and been resurrected a number of times. But one architectural idea survived the desperate impulses and lucid criticisms of Borromini and Guarini and the Enlightenment's revolutionary attempts to reinstate a classical language and imbue it with new meaning and this idea filtered down to the Modernists like Domènech i Montaner who developed a style of design that was to become almost totally lost with the advent of Rationalism. This was the idea of typology.

In terms of "representational architecture", a *type* is the intrinsic need of this sort of architecture to work with a composite of architectural elements without threatening the existence of any one of them. *Type* then is a general idea of the shape of a particular space and may be interpreted in a variety of ways so long as each interpretation fits within the general framework of the particular type of architecture involved.

It is important then to establish that the designs of Domènech and his contemporaries clearly belonged to a typologist tradition which renders them anti-modern although at the same time their use of ornamentation goes a long way towards making their buildings dynamic, non-historic and anti-traditional and gives considerable significance to designs which are to a greater or lesser extent linked to classic academic tradition.

The definition of typology in terms of representational architecture strikes me as self-evident. Even at its most visionary, the architecture of Domènech's period remained true to the idea of stylizing and modifying a cultural heritage rather than abandoning it in favor of methodological, analytical ideas with their machine-age approach to modern architecture. Although his well-known essay, "In search of a National Architecture," begins by stating that the new human and technical problems of his day cannot be solved by imitating the architecture of the past he goes on to examine the possibility of synthesizing the values of this heritage in order to develop an approach to architecture that would be new but still inextricably linked to the history it aims to surpass. Domènech concludes by saying: "This will perhaps be branded a new type of eclecticism. If being eclectic means trying to put into practice all valid doctrines, which if they are truly valid cannot be contradictory regardless of their origins; if eclecticism means assimilating the elements we need to live a healthy life the way plants absorb air, water and earth; if being eclectic is an offence because it means believing that every generation has left us something worthwhile to be learned and wanting to study and apply it, then I am a confirmed eclectic."

Consistent with this desire to integrate the past, Domènech's architecture develops the typological content in an endless variety of ways which matured over a long period of time that started with courses in copying famous buildings at the School of Architecture. These courses were of unquestionable educational value and throughout his life Domènech continued to study and visit examples of architecture which made up the fund of ideas that surpassed the monotony of Vitruvius. Among the surviving material in Domènech i Montaner's archives are close to one thousand photographic plates of Romanesque architecture taken in the course of a trip by donkeyback through the Pyrenees at the end of the last century. The story told by my grandfather, Pere Domènech, strikes me as very typical of those days: a number of these photographs, conveniently palmed from my great grandfather's archives, just happened to turn up in Puig i Cadafalch's well-known book on Romanesque architecture. Another impressive feature of Domènech i Montaner's archives was the large number of German texts describing different types of civic buildings that were considered innovations at the time (hospitals, concert halls and hotels). This material, together with his continuing study of Art History, rounded off his knowledge of architecture.

Having mentioned the fact that typological thought by nature requires a detailed prior knowledge of structures, I will now attempt to explain why the language of ornament was one of the most eloquent voices of the period.

I believe that this eloquence came from two sources. First, there was a close relationship between the use of ornamentation and handicrafts in which the latter represented 19th-century society's moral reaction to the brutishness of machines and was at the same time an attempt to establish a system for designing human environments based on the new techniques of mass-production and industrialization. It is not far-fetched to draw a parallel with Ruskin and Morris: the Catalan provincial government was promoting interchanges with the British movements that fostered relations between art and industry. In addition, the work of Domènech and Gallissà in the café-restaurant "*Castell dels Tres Dragons* " built for the 1888 World's Fair clearly reveals the moral and even political ends being pursued by promoting arts and crafts. Because ornamentation was handcrafted and required a lot of thought, it became the young bourgeois society's critical response to progress.

Domènech's decorative language is also meaningful because of its capacity to symbolize sentiments and desires which were in tune with the romantic and idealistic philosophy of the times.

Turn-of-the-century ideas are difficult to understand for people educated after the major social changes of the 20th century had taken place. They mainly tended to enshrine abstract values, whether collective ideas like progress, industrialization, a sense of national identity, or individual ideas - a category which includes most philosophical thought and aesthetic values.

I believe that there is a logical and simple connection between this type of romantic thought which ranges from the impenetrable Nietzsche to the political reasoning of the times and the media through which artists, musicians, writers and architects expressed their ideals.

Artistic form permits "themes" to emerge from within the compact, settled structure of a given work. These "themes" are individualized symbols which quickly transmit the moral content of the particular work and effectively express the abstract ideal behind it.

Domènech's admiration for Wagner's music may have been more an appreciation of the mastery and effectiveness of the compositions themselves, of the balance between background music and *leitmotif* than a feeling of intimate communion which was not consistent with his character. This music, which brilliantly communicated messages so attractive in their day as the message of the Welsas' love, Wotan's renunciation of power, the triumph of spring and nostalgia for a paradise lost, made a lasting impression on all artists who were then struggling to express similar ideas in their works.

Domènech's use of heraldic symbols can be explained by the fact that the architect found it a good way to project ideas, using a code which permitted him to transcribe messages whose historical-political content was obviously justified in those days.

I could continue to list the collateral knowledge that enabled Domènech to arrive at a synthesis of his first, central idea and the added design features which are the true language of *modernisme*. In Domènech's work there is a continuous interpenetration between his plans and painstaking research for no apparent purpose other than to bring into *"rilievo"* the endless fund of signs and symbols hidden in the nooks and crannies of history.

But just as the use of ornamentation does not imply that a building's purpose or meaning is frivolous or a matter of empty formalism, neither does it make the building incoherent or awkward. Learning how to relate an architectural idea to its actual building was a fundamental part of the training of *modernist* architects in general and Domènech in particular.

Historians have explained how the French Cartesian tradition established a line of thought which scientifically linked Monge's descriptive treatises to the analyses of Rondelet and reached its culmination in the work of Viollet-le-Duc, who was undoubtedly the individual who had the greatest influence in shaping Domènech as an architect. His simultaneous control of form and construction, his ability to design using a prior knowledge of the technique of bonding and stonecutting keeps Domènech's work from being overwhelmingly causal or picturesque as might be the first impression caused by his designs or his buildings. Domènech's fluent use of ornamentation is a curious mixture of symbols (texts and designs, coats of arms, symbolic sculptures) and elements which are intrinsically architectural. Grillwork crowned by pennants, grotesque masks growing out of header beams, mortised wood in zoomorphic shapes are all things that have been fully incorporated into the architecture itself and have become essential to its design and justifiable in terms of its construction.

The structure of Domènech's design process gradually becomes clear. He begins with a well thought-out typological proposal (the numerous solutions he prepared for the competition for designs for public schools are an eloquent example of this). He then approaches the form of the building in terms first of its volume and principle elements. To this rough outline, in which towers, openings, imposts are barely hinted at the basic features of the building are gradually added. A repetitive "pattern" is found and gives voice to that dialogue between arches and columns, bricks and iron which Louis Kahn attempted to resuscitate in modern architecture.

Every "pattern" has its logic of form and construction and can simply be traced and moved to any part of the building. The symbol which is part of the initial design will appear at just the right time, but its undefined outline will await the hand of Arnau, Gargallo or Brú so that at last a nymph or a flag will appear.

Page 196, Spanish version

Biographical Chronology

1849
Born in Barcelona on December 27th.

1870-1873
Studied at the School of Architecture, Real Academia de Bellas Artes de San Fernando, Madrid.

1873
Awarded a degree in Architecture on December 13th. Travelled through Europe with his friend and fellow architect Josep Vilaseca i Casanovas.

1875
Began teaching at the Barcelona School of Architecture, as an acting lecturer in topography and mineralogy.

1876
Collaborated with Josep Vilaseca on the preliminary design for a chapel for the church of Nuestra Señora de la Bonanova, Barcelona.

1877-1888
Domènech and Josep Vilaseca won the Barcelona provincial government's contest to design a building to house the public education institutions (which was never built).

1877-1896
Acting professor of Applied Physics and Natural Science in Architecture, Building Ventilation and Characteristics, Handling and Manufacture of Materials.

1878
Published "En busca de una arquitectura nacional" ("In Search of a National Architecture") in *La Renaixensa*.

1881
Designed the masthead for *La Renaixensa*.

1887-1888
Elected to membership in the Real Academia de Ciencias Naturales y Artes de Barcelona, Fine Arts Division (June 16, 1888).
Appointed architect and Works Director for Section V of the Barcelona World's Fair (June 30, 1887).
Awarded a diploma and gold medal for the Fair buildings (1888).

1891
Member of the Municipal Advisory Board for the Belles Artes, Indústries Artístiques and Reproducions museums, Barcelona.

1892
President of the Unió Catalanista (*Bases de Manresa*).

1895
President of the Jocs Florals literary competition, Barcelona.

1898
First president of the Ateneu Barcelonés, 1898-1899. Re-elected for six other terms (1903-04, 1904-05, 1905-06, 1911-12, 1912-13 and 1913-14).

1899
Won the competitive exam for the post of professor of Building Theory and Composition and Projects II and III at the Barcelona School of Architecture.
Designed the masthead for the newspaper *La Veu de Catalunya*.

1900
Appointed Director of the Barcelona School of Architecture.

1901
Elected to membership in the Real Academia Provincial de Bellas Artes de Sant Jordi, Barcelona.

1903
Attended the *Primer Congrés Universitari Català*.
Elected to membership in the Real Academia de Bellas Artes de San Fernando, Madrid.
Joined the Catalan Architects' Association.

1904
Designed the masthead for the newspaper *El Poble Català*.
Vice-President and member of the Permanent Committee of the VI International Architects' Congress, Madrid.

1909
Designed the Jove Catalunya trophy in homage to Angel Guimerà.

1920
Retired as Director and active professor of the Barcelona School of Architecture.
Named Honorary Director with faculty voting rights.

1921
Elected to membership in the Real Academia de Bones Lletres, Barcelona.

1923
Died in Barcelona on December 27th.

Page 197, Spanish version

Architectural Chronology

1874
Funerary monument for Anselm Clavé, in collaboration with Josep Vilaseca Casanovas. Cementeri del Est, Poblenou, Barcelona.

1876
Apartment building. Ronda de la Universitat, Barcelona.

1878
House for Francisco Simón, Carrer Larrad, Gràcia (the building has since been completely remodelled and is now a school), Barcelona.

1879-1885
Montaner i Simón publishing house, Carrer Aragó, 255 (now the headquarters of the Fundació Antoni Tàpies), Barcelona.

1887
Ateneu Catalanista, Riera de Sant Domènec/ Carrer Ample, Canet de Mar, Barcelona.

1887-1888
Café-Restaurant for the World's Fair. Parc de la Ciutadella, Barcelona.
Gran Hotel Internacional for the World's Fair, Paseo de Colon (demolished after the Fair).
Remodelled the City Hall, Plaça Sant Jaume, Barcelona.

1889-1890
Casa Roura, Riera de Sant Domènec 2, Canet de Mar, Barcelona.

1889-1899
Worked in Comillas, Santander: remodelled the seminary and cemetery. Designed headstone for the tomb of the first Marquis of Comillas; monument to Antonio López.

1889
Remodelled apartment building, Carrer Trafalgar 44. Barcelona.

1890
Apartment building, Balmes 67, Barcelona.

1890-1893
Palau Montaner, Carrer Mallorca 278, Barcelona.

1893
Casa Agustí, Carrer Roger de Flor/ Pep Ventura, Badalona.

1895-1898
Casa Thomas, Carrer Mallorca 291-293. Barcelona.

1897-1919
Pere Mata mental hospital, Paseo Briansó, Reus, Tarragona.

1900
Casa Rull, Carrer Sant Joan 27, Reus, Tarragona.

1901-1907
Casa Navàs. Plaça Mercadal 7, Reus, Tarragona.

1901
Designed the Hospital de la Santa Creu i de Sant Pau (first stage of construction, 1902-1912), Avinguda Sant Antoni Maria Claret 167, Barcelona. Received the 1912 Barcelona City Council Award for the Building of the Year.

1902
Apartment building, Carrer Girona 113. Barcelona.
Remodelled the Casa de l'Ardiaca as headquarters for the Barcelona Bar Association (the artistic letter box still exists), Carrer Santa Llúcia 2, Barcelona.

1902-1912
Gran Hotel, Plaça Weyler 7, Palma de Mallorca.

1902-1903
Remodelled and decorated the Fonda España, Carrer Sant Pau 9-11, Barcelona.
Received the 1903 Barcelona City Council Award for the Year's Best Interior Decoration.

1903-1905
Casa Lleó Morera. Passeig de Gràcia 35, Barcelona. Received the 1905 Barcelona City Council Award for the Building of the Year.

1903
Monument to Dr. Robert (overall design for entire monument with sculptures by Josep Llimona). Plaça de Tetuán, Barcelona.

1905-1908
Palau de la Música Catalana, Carrer Sant Francesc de Paula 2, Barcelona. Received the 1908 Barcelona City Council Award for the Building of the Year.

1906
Restored the three columns from Augustus' Temple at the headquarters of the Centre Excursionista de Catalunya, Carrer Paradís 1, Barcelona.

1907-1909
Castell de Santa Florentina, Canet de Mar, Barcelona.

1908-1910
Casa Fuster, Passeig de Gràcia 132, Barcelona.

1911
Casa Casull, Carrer Sant Joan 29, Reus, Tarragona.

1913-1914
Bodega Cooperativa (winegrower's cooperative), L'Espluga de Francolí, Tarragona.

1913-1916
Remodelled the Joaquím Solà residence, Passeig del Firal, Olot, Girona.

1915-1920
Remodelled Mas Casanovas (now the Montsió convent), Carrer de l'Esglesia 82, Esplugues de Llobregat, Barcelona.